KB194465

그 남자들은 무엇에 충성하였는가

그 남자들은 무엇에 충성하였는가

정치군벌 하나회의 살아있는 망령 ◀◀◀

김재홍 지음

SIDEWAYS

들어가며

나는 많은 이들과 똑같은 절망감으로 2024년 12월 3일 늦은 밤의 비상계엄 사태를 지켜봤다. 그러다가 어느 순간 지금 벌어지는 일들과 내가 1980년대 말부터 1990년대 초에 이르기까지 파헤쳐 두었던 정치군벌 하나회의 궤적이 자연스럽게 겹쳤다. 이튿날부터 나는 과거에 써두었던 원고의 수북한 먼지를 털고 반복해서 읽었다.

민망한 말일지 몰라도, 난 내가 남긴 과거의 기록을 읽는 일을 멈출 수 없었다. 그 30여 년 원고들에 윤석열이 자행한 계엄과 내란의 뿌리가 빠짐없이 담겨있다고 느껴졌기 때문이었다. 그건 정말이지 씁쓸한 기분이었다. 우리는 전보다 더 나은 세상에 살고 있다고 생각했는데 사실은 그렇지 않았다. 과거 군사정권에서 제적을, 고문을, 해직을 겪고 당했던 나조차도 방심하다가 흠칫 놀란 기분이 든 건 어쩔 수 없었다.

내가 펜을 들고 군을 취재하기 시작한 것은 이른바 문민정부가 들어서기 훨씬 이전이다. 아직 실질적 군정 체제가 계속되고 있던 1988년, 나는 길었던 8년간의 해직 생활에 마침표를 찍고 《동아일보》의 정치부 기자로 복귀했다. 정치와 군대가 아직 완전히 분리되진 않은 시절이었다. 그때부터 직간접적인 루트로 군부의 중요 인물들을 취재했고, 1991년부터는 본격적으로 국방부에 출입했다.

이후 나는 1993년 김영삼 정권의 하나회 척결 전후까지 군대에 관한 많은 특종을 쏟아낼 수 있었다. 당시 정부의 군대 개혁에 내가 쓴 기사들이 큰 영향을 끼치고 있단 말도 종종 전해 들었다. 기자로선 영광스러운 시절이었다.

5공과 6공, 신군부 정권의 통치기구인 안기부와 보안사를 장악한 하나회 군벌은 소수 지배구조를 노골화했다. 박정희, 전두환, 노태우 시대에 한국 정치권력의 실체는 재벌도 정계 거물도 고시 출신 판검사도 아닌 정치장교들이었다. 하나회 군벌의 총구가 연출해 낸 12·12 쿠데타의 진상, 정규 육사 총동창회인 '북극성회'의 맥, 5성회와 7성회를 거친 하나회 군벌의 배태 과정, 공직 집권당 중진의원들이 군 장성에게 멱살잡이를 당한 국방위 회식 사건 등을 들추면 한국 정치의 과거가 그려졌다. 나아가 이러한 사건들은 2024년 한국 정치의 현재를 비추기까지 했다.

군의 어제는 대한민국의 현대정치사 바로 그것이었다. 10·26 사건의 김재규, 김계원, 박선호, 박흥주 피고인 등에 대한 군사재판 녹음테이프는 군정 권력자들의 술과 여자, 세력 싸움 그리고 정치공작을 적나라하게 증언해 주었다. 어느 정치적인 군인들이 박정희의 비호 아래 사조직을 만들어 이 나라의 권력을 향해 나아가는 과정은 우리 민주주의의 취약한 기반을 뼈아프게 폭로했다. 그 과거로부터 구분되고자 하는 김영삼 정부의 하나회 및 12·12 쿠데타 가담 장성들에 대한 대숙청 그리고 군부와 관련된 검은 정치자금과 물밑 로비를 파헤치면 지난 굴레를 벗어나고자 고뇌하는 군의 오늘날 모습이 드러났다.

나는 생각했다. 정치군벌 하나회와 30년간의 군부 통치가 지금 우리에게 남긴 유산에 대해서 더 명확하게 이해하지 않으면 우리는 앞으로 나아갈 수 없다고. 군대가 전과 같은 권세를 누리지 못한다고 해서 그 집단이 나라를 지배했던 때를 과거의 향수처럼 치부하면 안 된다고. 왜냐하면 바로 그 시절의 정치체제와 권력구조의 운영 원리, 최고지도자와 정당정치와 '비상사태' 같은 것을 대하는 사람들의 집단무의식이 우리 공동체에 지금도 내재해 있기 때문이다

그것을 극단적인 방식으로 기괴하게 반복했던 이가 윤석열이다. 그는 오래전 정치군인들의 파행을 온몸으로 구현하면서 이 땅에 군부독재 시절의 그림자를 다시금 드리웠다. 나는 2024년 12월 윤석열이 이 나라에서 숨죽이고 있던 어떤 망령을 되살렸는지를 보여줄 것이다. 앞으로 독자들이 이 책에서 함께 확인하게 될 내용이다.

역사는 반복된다. 그렇지만 동시에 조금씩 나아간다. 윤석열 대통령이 비상계엄을 선포하고 무장군인들이 국회에 투입됐다는 뉴스가 전파되자 많은 시민이 춥고 어두컴컴한 겨울밤, 여의도 국회의사당에 모여들었다.

국회의사당은 고사하고 후방지역에 돌연 군병력이 총을 들고 나타난 것은 1980년 5월 광주민주화운동 이후 45년 만에 처음 일이다. 60대 이상 세대가 아니고는 직접 경험하지 못했을 사건이다. 그러나 무장병력이 국회로 들이닥치자 의외로 시민들은 금방 내란의 흑역사를 연상하고 적극적인 저지 행동에 나섰다. 그것이 바로 수십 년간 축적된 역사적 교훈의 힘이었다.

그렇기에, 우리는 다시 역사를 읽어야 한다. 2025년 4월 4일 헌법재판소가 윤석열 대통령에 대한 탄핵소추안을 전원일치로 인용한 판결 이후, 많은 이들이 재발 방지를 위해 시스템의 개혁, 제도의 보완, 법적 정비가 중요하다는 사실을 이야기했다. 하지만 그것만으로는 충분치 않다.

우리가 더 이상 윤석열과 같은 지도자를 용납할 수 없다면, 우리의 독재자들과 정치군인들이 수십 년간 되풀이하며 윤석열에게 영감을 주었던 저 반헌법적이고 반민주적인 '정치행위'를 똑똑히 복기하지 않으면 안 된다. 그처럼 면밀하게 우리의 역사를 되돌아볼 때, 한강 작가의 말처럼 비로소 과거는 현재를 구할 수 있을 것이다.

이렇게까지 생각하자 나는 원고 작업에 바로 착수하지 않을 수 없었다. 이 책의 원고는 내가 1992년 집필했던 『군부와 권력』, 1994

년 집필한 『군1: 정치장교와 폭탄주』, 『군2: 핵개발과 극비작전』까지 세 권의 책에 기초를 두고 있다. 나는 그때 썼던 원고를 완전히 분해하고 재조립한 뒤 2025년의 시점에 맞게 새로이 집필하여 독자들에게 선보인다. 치열한 시간이었고, 밤잠을 아껴가며 작업했다. 나는 무언가에 홀린 듯 글을 쓰는 일을 멈출 수 없었다.

1990년대 초만 해도 군정의 긴 터널에 과연 끝이 있을지 예측할 수 없었다. 처음에는 권력과 특혜의 벽을 깬다는 의식으로 군 장성들에게 파고들었던 게 솔직한 심정이다. 2024년 윤석열 수하의 정치군인들을 보면서도 그 시절처럼 무겁고 막막한 감정에 사로잡혔다. 그러나 군대라는 조직에 관해 생각하면 생각할수록 군은 튼튼하게 보호되고 육성돼야 할 우리의 울타리임이 틀림없다는 생각에서 벗어날 수 없었다. 군의 어제에 얼룩이 묻어 있다고 해도 오늘과 내일에만은 국민 모두로부터 아낌을 받는 조직이 되어야 한다는 일념으로 이 글을 썼음을 밝혀 둔다.

2025년 4월 25일
김재홍

차례

제 1 장

그들의 총구가 향했던 곳은

군인을 나라의 간성(干城)이라고 부른다. 나라를 지키는 방패와 성벽이라는 뜻으로 붙여진 이름이며 군인들도 이 호칭을 좋아한다. 이 말속에는 군이 믿음직하고 건강해야 한다는 바람도 함축돼 있다.

우리는 무조건 강하고 용맹스럽기보다는 합리적이며 지혜로운 군대의 이미지를 더 선호한다. 전쟁에서 이기기 위해서도 저돌적으로 공격만 할 것이 아니라 물러서서 다시 한번 생각해 보는 자세에서 우러나오는 전략의 힘이 필요하다. 진정한 힘은 전략과 지혜에서 나오는 것이다.

더구나 이제 군대는 전쟁을 치르기 위해서라기보다는 전쟁을 하지 않기 위해서 존재한다는 금언(金言)에 많은 사람이 공감하고 있다. 대부분의 국민이 전쟁이 일어나지 않을 것이라고 잠재적으로 생각하는 나라에서 예산이 들어가는 전력 증강을 꾀하기는 어렵다.

하지만 '적(敵)'이 분명하고 전쟁 위협이 존재할 때는 그에 대처해야 한다는 생각에 모두가 자연스레 공감한다. 그렇기에 가상의 적과 위협을 만들고자 하는 유혹은 과거나 현재나 달라지지 않았다.

외부적인 안보 정세의 변화보다도 실제로 직업 군인들에게 더 심각한 사안들은 **진급, 보직과 처우 그리고 사회적인 명예 문제**로부터 비롯된다. 흔히 모든 직업인에게 진급과 보직 등의 인사가 인생살이에서의 성공과 실패 혹은 만족과 낙담의 척도라고 하지만, 특히 직업 군인들은 더욱 그럴 수밖에 없는 것으로 느껴진다. 군대가 급격한 피라미드 구조를 이루고 있는 계급사회인 만큼 어떤 다른 직업 분야보다 경쟁이 심하기 때문이다.

이와 같은 군 인사가 특정 출신, 학연, 지연 등의 정실 요소에 의해 좌우된다면 그 조직은 공동체적 삶의 생기를 상실할 수밖에 없다. 군기와 명령은 통용되겠지만 합리적 승복과 자발적 헌신은 사라진다.

그리고 중요한 것은 평소에 합리적 승복이 지배하지 않으면 비상시에 통용돼야 할 비합리적 명령이 받아들여지지 않는다는 사실이다. 군대 조직에서 비상시란 전쟁을 말하며, 전쟁에서 군인의 임무는 생사를 가르는 극단적으로 비합리적인 명령에 의해 수행된다. 이 점에서도 군대의 평소 지도 이념은 합리적이어야 한다는 게 분명하다. 군 인사의 왜곡은 군인 개개인의 삶을 황폐화하며 군의 사회적 명예가 흔들린다는 것은 집단으로서 군부의 위상이 위협받음을 뜻한다.

시민사회에서 군의 명예는 군이 민주적 가치를 얼마나 존중하는 가에 사활이 달려있다. 그러므로 1960년대부터 1980년대 말까지의 정치 상황을 놓고 비춰봤을 때, 그리고 2020년대 작금의 현실을 생각했을 때도 우리는 **군부와 권력의 상호 관계**에 따라 군의 명예가 달라졌다는 것을 짐작할 수 있다.

1980년대 말까지 실시된 각종 연구단체의 정치·사회 의식 조사 결과를 보면 한국 정치에 가장 큰 영향을 미치는 집단으로 언제나 군부가 1위에 올랐다. 그런데 대부분의 직업 군인들이 친척이나 친구 등을 만나러 시내에 나갈 때 군복을 입기가 꺼려질 만큼 따가운 눈총을 느꼈다고 실토했던 것도 바로 이 시기였다.

1988년과 1989년에는 5공 등 과거청산을 논의하는 국회 청문회에 군인들이 불려 나와 곤욕을 치렀고 언론 등을 통해 군부의 특권 의식에 대한 비판이 터져 나오기도 했다. 직업 군인들은 군복을 입은 채 시내에 나다니기가 거북할 정도로 심한 매도를 느끼지 않을 수 없었을 터다. 왜 그랬을까. 시민사회에서 군의 명예가 실추된 원인은 두말할 나위 없이 1979년 12·12 사건과 그다음 해 5·18 광주 민주화운동에서 비롯된다. 그 이후 신군부는 권력을 장악하게 됐으며 이로써 시민사회의 민주 규범을 깨뜨려 불명예의 씨앗을 뿌렸던 셈이다.

군은 30여 년간에 걸쳐 통치 그룹의 산실이라는 평을 받았고 이 때문에 그 본래의 위상과 다른 차원에서 국민의 눈길을 받아왔다. 박정희, 전두환, 노태우 전 대통령 등 3대에 걸친 집권자가 군인 출신이었고 그동안 국정을 운영하는 공직뿐 아니라 사회 각계각층의 핵심 요직을 군 출신자들이 다수 차지해 왔다. 이처럼 군은 우리 사회의 통치 세력을 공급하는 지배 집단 역할을 해왔음에도 국민 여론의 비판으로부터 면책되어 왔다. 법적으로는 군사기밀이라는 편리한 도구가 그들을 보호해 주었고, 법 이외에도 테러 위협과 같은 물리적인 힘은 기자들의 웬만한 용기를 꺾기에 충분했다. 즉, 우리 군은 민주적 가치, 헌법 질서와는 거리가 멀어도 한참 먼 조직이었다.

어쨌든 민주화 이후 1990년대에 들어서 군부는 한국 정치에 영향을 크게 미치는 집단에 대한 여론조사에서 국회의원이나 학생, 재벌 등의 다음으로 물러났다. 이는 군부가 그동안 외부의 정치 사회적 관심과 개입을 자제함으로써 일반 국민의 눈에 띄지 않았다는 의미다. 이른바 내부지향적인 임무 수행으로 눈을 돌리고 과거를 자성하는 시기가 펼쳐졌다.

군이 권력으로부터 초연하게 본연의 임무에 진력할 때 사회에서 군을 보는 눈은 달라진다. 군인이란 직업은 속세의 복잡다단한 인간관계와 욕구들을 떠난 탈속성(脫俗性), 전시에 생사를 넘나들며 임무를 수행해야 하는 위험성, 조직의 규율과 명령에 복종해야 하는 부자유성이라는 특성을 감수하기 때문에 다른 직업인들보다 더 존중돼야 한다고 생각하기 마련이다. 이러한 것들이 바로 사회 속에서 군의 명예가 강조되는 근거라고 해석할 수 있다. 그러나 군이 정치에 개입하고 권력을 행사하거나 기타의 세속적 이익을 추구하게 되면 그런 덕목이 깨지는 것은 당연한 이치다.

❚❚ 군인은 어떻게 나라를 지배했는가

1961년 5·16 이후 한국 정치는 군부 엘리트가 국가의 거의 모든 영역에서 결정권을 행사하는 실질적 군정이었다고 평가해도 틀리지 않는다. 그리고 30여 년 만에 군 출신이 아닌 민간인으로서 이 나라의 대통령이 된 이가 김영삼이었다. 1993년 김영삼 정권은 '하나회 척결'로 문민의 시대를 열었다.

그로부터 30여 년의 시간이 흘렀고, 분명히 군인들은 과거와 같은 권세와 영광을 누리지는 못한다. 그렇다면 우리 군대는 오로지 민주사회의 시민들에게 복무하는 집단으로 완전히 자리매김했는가?

아니다. 군인들의 힘은 과거보다 약해졌지만, 이번 2024년 12월 3일 비상계엄 사태에서 그들은 언제든 정치에 휘둘릴 수 있고 또 특정한 권력자와 결합해 정치를 극단으로 추동할 수 있다는 것을 보여주었다. 더 중요한 사실은 이것이다. **수십 년간 이 나라의 정치체제 그 자체였던 군인들이 밟아 온 과거의 역사에 바로 12·3 비상계엄 사태의 모든 것이 그대로 함축되어 있었다.** 우리가 과거 정치군벌이 어떤 식으로 나라를 지배해 왔는지를, 그 역사의 뼈아픈 지점들을 철저히 복기했다면 윤석열 사단의 폭주를 시작부터 막을 수 있었을 것이다. 과거를 제대로 되짚었다면 그 최악의 내란을 근본적으로 차단할 수 있었다는 말이다.

충성은 군인 정신을 압축한 단어다. 우리는 상관과 조직과 나라에 충성하지 않는 군인을 상상할 수 없다. 충성은 전시와 평시를 아우르는 모든 군대의 생활과 훈련에서 통용되는 개념이다. 다소 구시대적이지만 여전히 낭만적인 측면이 남아있으며, 그 속에 담긴 진정성은 우리가 가벼이 여길 수 없다.

우리는 옛날처럼 '나랏님'을 향해서 충성하는 군대를 바라지 않는다. 또 단순히 상관의 명령에만 충성하는 군대를 바라지도 않는다. 그러기에 우리는 이미 너무 합리적이고 민주적인 세계에 진입해 버렸다. 군인들은 오로지 이 나라를 위해 충성해야 한다. 그 말은 군인들이 이 나라의 근본적인 정의를 믿고, 헌법적인 정신을 믿으며, 이 나라의 국민을 믿는다는 것을 뜻한다. 나는 대한민국에 민주공화정이 수립된 뒤 우리 군인 대다수가 이러한 신념을 가졌다는 사실을 알고 있다. 그러나 내가 이 책에서 다루게 될 그 남자들은 그렇지 못했다.

남자들은 대개 꿈 많은 젊은 시절을 군에서 보낸 경험이 있다. 그래서 군대 생활을 얘기하면 추억과 시련이 함께 떠오른다. 남자들의 술자리에서 "내가 군대에 있을 때…"라는 얘기가 나오는 일은 흔하다.

그러나 각 개인이 떠올리는 군대와 사회 집단으로서 군의 실체 사이에는 의미상 커다란 괴리감이 놓여있는 것이 우리의 현실이다. 왜일까. 그 이유를 한마디로 말한다면, 군 조직을 이용해 권력을 장악한 이른바 정치군인들 때문이다.

과거엔 한국 사회에서 가장 조직화되어 있으며 또 근대식 교육을 받은 집단이 군 장교들이었다. 최소한 1960년대까지만 해도 그랬다. 군 장교들이 다른 집단에 비해 상대적으로 우월한 응집력과 교육 배경을 가졌었다는 사실은 여느 후진국 못지않게 길었던 군정 터널을 설명할 수 있는 근거가 된다.

정치인, 관료, 학자, 언론인, 기업인, 종교인 등은 스스로 세력화하지 못했고 시민사회의 지지를 조직화하지도 못했다. 물리적인 힘을 가진 군부가 시민사회에 복속할 만큼 정치인이나 지식인들이 영향력을 확보하지 못한 것이다. 이로 인해 조직화된 소수의 군 장교들이 비조직화된 다수 국민을 지배했다.

자유의사에 따라 공권력을 위임하고 그에 대한 복종의 의무를 약속하는 정치 과정이 물리적인 힘에 의해 무력화된 것이 우리 군정사(軍政史)의 골자였다. 5·16과 12·12 그리고 5·18에서도 보았듯이 권력은 과연 총구로부터 나왔다. 일반 국민은 통치의 대상일 뿐이었다.

군정 제1세대인 박정희 대만 해도 정권을 창출한 총구가 일반 국민을 겨누지는 않았다. 군정 제1세대가 제압해야 할 우선 대상은 비판적 지식인과 시민사회의 압력단체들이었다. 그러나 군정 제2세대, 이른바 '신군부'에 와서는 권력을 만들어내기 위한 총구가 직접 국민에게 겨누어지고 말았다. 광주의 참상은 아직도 우리에게 역사적 트라우마로 깊숙하게 자리하고 있다.

그렇지만 이런 서술을 박정희에 대한 긍정적인 평가로 생각해선 안 된다. 최소한 윤석열 사단의 내란 사태에 분노한다면, 노상원의 수첩에 적힌 반국가 세력의 "수거"와 "수집소 처리" 같은 말들에 치를 떤다면, 우리는 그 모든 **파괴적인 뿌리**가 박정희로 거슬러 올라간다는 사실을 외면해선 안 된다.

1972년 10월 17일 밤을 생각해 보자. 박정희가 국가비상사태 선언과 함께 국회 해산을 선포했을 때 국회는 국정감사 중이었다. 박정희 정권은 국정감사를 마치고 귀가하는 신민당 국회의원 20여 명을 중앙정보부, 보안사, 군 헌병대에 불법적으로 강제 연행해 분산 구금했다. 야당 의원들은 혹독한 고문 악행을 당했다. 대부분 김대중과 김영삼의 측근 의원들이었다.

1975년 2월 28일 서울 국제호텔, 그중 13명의 전직 야당 의원들이 합동 기자회견을 열었다. 그들은 자신들이 정보·공안 기관에 잡혀가 겪었던 가혹행위에 대해 증언했다. 유신체제 아래 언론 자유가 없던 시절이어서 제대로 보도되지 않았고 사료도 미비하지만, 우리는 그 증언의 기록을 갖고 있다. **정보기관이 국민의 대표인 국회의원들을 불법 감금해 놓고 무자비하게 고문 폭행한 사실은 오늘날의 관점에서 보면 '국가폭력에 의한 폭동적 내란'에 해당한다. 물론 유신체제가 헌법을 반민주적이고 위헌적으로 변형시킨 것이 이미 '정치적 내란'에 해당했지만 말이다.**

그것은 남미 아르헨티나의 군사독재자 호르헤 라파엘 비델라가 1976년 정치적 반대자와 비판 세력을 대상으로 자행한 '더러운 전쟁'과 다르지 않았다. 1972년의 한국판 더러운 전쟁은 아르헨티나의 파시스트 독재정권보다 훨씬 먼저 저질러진 부끄럽고 비인간적인 악행이었다. 정보·공안 기관이 국민의 대표인 국회의원들을 한두 명도 아니고 20여 명이나 불법적으로 강제 연행해 감금해 놓고 고문 폭행했으니, 이것을 '더러운 전쟁'이 아니라면 무어라 규정해야 좋을 것인가.

‖ 정치군인의 탄생

해방과 함께 민주 정부를 수립한 후 군병력이 정치권이나 민간 영역에 투입된 내란의 흑역사는 1950년대 초반으로 거슬러 올라간다. 한국전쟁 중 피난 수도 부산에서 이승만이 일으킨 **1952년의 정치파동**이 그 첫 장을 연 것이다. 이승만은 야당이 장악한 국회 간선제로 자신의 대통령 재선이 어려워지자 국민 직선제로 바꾸는 발췌개헌을 강행하려 했다. 야당이 장악한 국회를 인정하지 못하는 최고지도자, 지금의 우리에게도 익숙하지 않은가?

야당이 반대하자 이승만은 참모총장 이종찬에게 군병력 동원을 지시했다. 그러나 이종찬은 군의 정치적 중립을 고수하며 이승만의 지시를 거부했다. 육군본부 작전참모부 대령이던 박정희는 이에 자신이 존경하는 일본 육사 선배인 육참총장 이종찬을 찾아간다. "총장 각하, 군사혁명으로 나라를 구해야 하지 않겠습니까." 박정희의 쿠데타 건의에 이종찬은 "군은 정치적 중립을 지켜야 한다."라며 면박을 주고 돌려보냈다. 이때부터 박정희는 군사쿠데타를 입에 달고 다녔다. 그는 군내에서 위험인물로 많이 알려져 있었으나 당시만 해도 정부 전복 쿠데타 음모를 적발하고 처벌하는 방첩 보안부대 기능이 취약했다.

이종찬은 일본 육사 출신으로 태평양전쟁에서 공을 세워 일본군의 최고 훈장인 금치훈장을 받았다. 할아버지 이하영과 아버지 이

규원이 철저한 친일파로서 일본의 높은 귀족이었지만, 자신은 그 작위를 물려받는 일을 거부하고 자신의 과거를 깊이 반성하는 행적을 보인다. 그는 1930년대와 1940년대 일본에서 군 복무를 하며, 일본이 차츰차츰 군국주의에 경도된 뒤 제2차 세계대전을 일으키고 패망한 과정을 지켜보았다. 나는 그가 그때 '**군대가 정권을 잡거나 정부를 움직이면 안 된다**'는 교훈을 얻었다고 본다. 박정희는 정반대였다. 그가 일본의 군부가 권력을 잡는 데 결정적인 역할을 했던 1936년의 2·26 쿠데타에 커다란 영감을 받고 '일본 젊은 우국 장교들의 거사'를 동경했던 것은 잘 알려진 사실이다.

어쨌든 이승만은 이종찬을 참모총장직에서 해임하고 영남지구 계엄사령관이던 원용덕 남조선국방경비대 사령관에게 군대 동원을 명령했다. 원용덕은 개헌안에 반대하는 야당 국회의원 50여 명이 탑승한 통근버스를 버스째로 강제 연행했다. 집권 세력이 군대의 폭력을 통해 국회 기능을 짓밟은 첫 사건이었다.

그 후 이승만은 원용덕을 헌병 총사령관으로 임명해 정치적으로 이용한다. 최초의 정치군인은 원용덕이지만 군대 동원으로 그 자신이 권력을 찬탈한 것은 아니기 때문에 쿠데타를 일으켜 정권을 찬탈한 정치군인 박정희, 전두환, 노태우와는 차이가 있긴 하다. 원용덕은 4·19 혁명 후 구속돼 15년 형을 선고받았으나, 박정희가 5·16 쿠데타를 일으킨 후 1963년 특사로 풀려난다. 전두환, 노태우가 내란죄로 1995년 구속돼 사형과 무기징역을 선고받았다가 1997년 사면된 사례와 함께 정치군인을 제대로 단죄하지 못한 반역사적 기록이라 평가된다.

이승만은 6·25 전쟁 중인 1952년 피난 수도 부산에서 자신의 대통령 재선을 위한 발췌개헌을 도모하면서 반대하는 야당 국회의원들을 군대 동원으로 위협해 개헌안 통과를 강행했다. 그로부터 불과 2년 후인 1954년 이승만은 또다시 헌법상 규정된 대통령의 3선 중임 금지조항을 초대 대통령에 한해 배제하는 개헌을 강행했다. 사사오입으로 의결정족수를 조작한 개헌이었다. 그렇게 해서 이승만은 12년 동안 장기 집권을 이어갔으며 측근정치로 귀와 눈이 가려져 민심과는 거리가 멀었다. 그러던 중 1960년 3·15 부정선거가 도화선이 되어 발화한 4·19 민주혁명에 의해 하야할 수밖에 없었던 것이다.

이후 박정희를 중심으로 한 5·16 쿠데타 정권은 대한민국 헌정의 정통적 구조라 할 수 있는 권력분산형 의원내각제를 폐지하고 권력집중형 대통령중심제 헌법으로 전환했다. 3·1 독립 혁명으로 탄생한 상해임시정부의 임시헌장 10개 조는 의정원을 중심으로 한 의원내각제였다. 그 후 통합임시정부 헌법으로 개정할 때 이승만이 미국에서 대통령을 자칭하며 외교활동에 나선 현실을 반영하여 대통령-의정원(의회)-국무원(내각)이라는 권력분산형 혼합헌법을 채택했다.

이 같은 의원내각제와 권력분산형 권력구조는 해방 후 제헌헌법에도 그대로 반영됐다. 의원내각제를 다시 대통령중심제로 회귀시킨 것이 이승만의 발췌개헌이었으며 이것을 다시 원래의 의원내각제로 복원시킨 것이 4·19 혁명정부 헌법이다. 박정희는 5·16 쿠데타 정권의 헌법개정에서 대통령중심제로 회귀시켰을 뿐 아니라 더 나아가 1972년 유신헌법 선포로 대통령 1인에게 긴급조치 비상대권 등 모든 국가권력을 집중시키는 정치적 내란을 감행했다.

▮▮ 짓밟힌 사법 자유, 1964년 테러의 밤

정치가 군부를 움직일 수 있다는 가능성은 그 자체로 엄청난 파급력을 지닌다. 그래서 어느 국가공동체든 내란을 그토록 무거운 중죄로 다스리는 것이다. 1960년대부터 1980년대까지 5·16 쿠데타 이후 현역 군인이 저지른 테러 사건은 그 배후 등 진상이 파헤쳐지지 않은 채 군부 내 문책으로 무마되곤 했다.

군부독재의 그 엄혹했던 시절, 폭력은 노골적이었고 국가는 괴물과도 같았다. 독재정권은 야당의 부총재가 "반정부 발언을 많이 한다"는 이유로 얼굴에 주먹을 휘두르는가 하면(1986년 양순직 신민당 부총재 폭행 테러 사건) 신문사의 기자가 군대에 비판적인 칼럼을 썼다고 대로변에서 칼을 휘두르기도 했다(1988년 오홍근 중앙경제신문 사회부장 폭행 테러 사건). 1990년대에 이르러서야 비로소 과거 군 정치테러의 실상을 알리는 제보가 끊임없이 들어왔다. 대북 첩보를 위해 훈련된 정보사령부와 보안사령부가 야기한 군정시대의 어두웠던 사회 모습을 상기시킨 것이다.

대한민국은 2025년 1월 19일 서부지법의 폭동 사태를 겪었다. 우리는 극렬한 청년들이 법원을 무단으로 점거하고 경찰과 기자, 민간인을 상대로 이러한 일을 벌인 것에 충격을 받았다. 그러나 그것은 이미 우리의 역사에선 수도 없이 되풀이되어 온 상시적인 사건 중 하나였다. 단지 행위의 주체가 바뀌었을 뿐, 그 폭동 또한 우리 역사에서 유구히 이어진 하나의 '정신'을 상징한다고 봐야 한다. 우리 안에는 이미 국가 폭력의 DNA가 내재해 있었다는 말이다.

60여 년 전으로 눈을 돌려보자. 1964년 5월 21일 새벽 4시 반, 서소문의 법원 청사 정문 앞이다. 법원에는 군용 구급차 한 대가 들이닥쳤다. 이어 얼룩무늬 군복에 권총과 카빈 소총을 휴대한 무장군인 12명이 뛰어내리더니 수위를 불러 법원 숙직 판사실로 안내할 것을 요구했다. 1층 숙직실에 들어갔으나 판사가 퇴청했음을 알게 된 이들은 다시 차를 몰아 이날 밤 당직 판사인 양헌 판사의 자택을 찾아갔다.

서울 성북구 동소문동 4가 돈암국민학교 옆의 양 판사 자택 동네에 이들이 도착한 것은 새벽 5시 반 경이었다. 그러나 이들은 양 판사 집의 맞은편에서 공교롭게도 같은 양 씨 문패를 발견하고 그 집 대문을 주먹으로 두드렸다. 안에서 한 할머니가 나오자 "양 판사를 내놓으라."라고 윽박질렀다. 할머니는 "우리 집이 아니고 앞집에 양 판사가 살고 있다."라고 말하고는 놀라 까무러쳤다. 양 판사 집에 들이닥친 군인들은 "데모 학생들의 구속영장을 기각한 이유가 무엇이냐."라고 다그치며 영장에 서명하라고 강요했다.

5·16 군사쿠데타 세력이 이른바 민정 이양을 한 뒤 1년 만에 일어난 사건이다. 당시 정치 상황은 공화당 정권이 한일 국교 정상화를 추진하다가 대학생들의 '굴욕외교' 반대 시위가 폭발해 6·3 사태

까지 이르는 위기 국면이었다. 무장군인들의 양 판사 협박 사건이 있은 지 사흘 뒤인 6월 6일 새벽 1시 반, 공수단 복장을 한 장교 여덟 명은 이 사건의 관련 기사 내용에 불만을 품고 《동아일보》 편집국에 난입해 협박과 공갈을 하고 공포 분위기를 일으켰다. 당시는 6·3 사태로 계엄령이 선포된 상황이었던 데다 현장 행동대가 고위 지휘관이어서 더욱 충격을 주었다.

나는 무장군인들의 협박에도 **"나는 자연인으로서는 한 개인이지만 영장에 서명할 때는 엄연한 헌법기관"**이라며 끝내 영장 발부를 거부해 양심의 법관으로 기억됐던 양헌 변호사에게 훗날 직접 이야기를 들었다. 그는 당시 상황을 이렇게 설명했다.

"새벽 5시경 전화가 울렸는데 우리 집에 군인들이 안 왔느냐는 겁니다. 법원 기자실서 야근하던 기자였어요. 그래서 내가 또 군사쿠데타냐고 물었더니 군인들이 법원 청사에 들이닥쳤었다는 상황을 알려주며 마음의 준비를 하라는 겁니다. 마음의 준비를 하나 마나 법관이 법과 양심에 따라 영장 청구서를 검토하고 근거자료가 너무 미비해서 기각했으니 다른 방도가 있을 수 없었지요."

정치근 당시 서울지검 검사와 성동경찰서 형사주임이 군인들보다 20여 분 정도 먼저 양 판사 집을 다녀갔다. 이들은 영장 발부를 부탁하고자 했다. 전날인 5월 20일 서울 시내 각 대학에서 5·16 주체들이 내세웠던 이른바 '민족적 민주주의'의 장례식 등 성토대회와 데모가 벌어졌으며 각 관할 경찰서들은 무차별로 시민과 학생들을 연행해 구속영장을 신청했다. 이에 숙직 판사로서 영장 청구서를 검토한 양 판사가 영장을 모두 기각하거나 자료 보완으로 돌려보냈던 것이다. 정 검사가 돌아간 뒤 나타난 군인들은 수류탄을 내보이며 "그냥 돌아가도 죽는데 여기서 자폭하겠다."라고 위협했다.

"나도 이북에서 월남해 고생하며 독학으로 고등고시 합격하고 군법무관 생활도 해봤기 때문에 배짱이 있었습니다. 그래서 마음을 단단히 먹고 '이것이 무슨 국가와 민족을 위하는 일이기에 죽느냐'며 영장 기각 이유를 차근차근 설명했지요. 그 조서 내용을 보면 시위를 구경하던 사람들까지 잡아다가 구속하려는 것이었어요. 돌을 던지지 않았다고 부인하는 피의자에게 '돌을 안 던진 동기가 무엇이냐'고 묻는 조서도 있었으니 웃지 못할 일이지요."

그날 양 판사는 본래 숙직 차례가 아니었다. 그런데 아침에 갑자기 주재황 형사지법 원장이 그를 불렀다. 학생 데모 사태로 영장 청구가 많아질 것 같은데 초임 판사에게 맡기기 어려우니 경험이 많은 양 판사가 숙직을 바꾸어 맡아달라는 주문이었다. 법원에 난입한 군인들은 모두 군법회의에 회부돼 유죄판결을 받았다. 이 군사재판에 양 판사는 현직 법관으로서 증인석에 서기도 했다.

양헌 변호사는 황해도 해주 태생으로 해주중학교 졸업이 학력의 전부다. 18세 때인 1948년 가족과 함께 월남해 경기도청 주사로 근무하면서 독학으로 1956년 고시 8회에 합격해 다음 해 사법관 시보로 서울지법에서 법관 생활을 시작했다.

그는 1973년 3월 말 14년 10개월의 판사 생활을 '재임용 탈락'으로 마감했다. 서울 형사지법 부장판사였을 당시 그의 두 배석판사였던 장수길, 김성기 판사도 함께 탈락했다. 양 변호사는 "장래가 촉망되던 두 젊은 법관들마저 유신체제가 만들어놓은 정치적 덫인 법관 재임용제에 걸려들었다."라며 지금도 가슴 아파했다. 그 직접적인 이유는 "1971년 7월 신민당사 농성 사건으로 구속된 서울대 학생들에게 무죄를 선고한 데 대한 보복"이었다는 것이다.

그 당시는 이미 오래전부터 법원, 국회, 행정기관 심지어 언론사에까지도 중앙정보부 요원이 상주하다시피 하고 있었다. 법원 출입 정보부원이 양 판사에게 야당 당사를 점거한 농성 학생들을 엄히 다스려야 한다면서 "법관 평가보고서를 잘 작성해 올리겠다."라고 회유하기도 했다는 것이다. 유태흥 수석 부장판사도 무죄보다는 선고유예 정도로 하라는 뜻을 은근히 비추기도 했다고 양 변호사는 밝혔다.

양헌 부장판사는 두 배석판사와 함께 '선거자유방해죄'를 내용으로 한 검찰 기소장과 공판 기록을 면밀히 검토한 뒤 '가벌성 없는 위법 해석'이라며 모두 무죄를 선고했다. 당시 《판례월보》에 자세히 소개된 의미 있는 판결이었다. 지금은 변호사가 된 그는 "박정희 대통령이 민복기 대법원장에게 그런 법관을 두어서는 곤란하다는 말을 서너 차례나 하더라는 얘기를 뒤에 들었다."라고 말했다. 양 변호사는 재임용 탈락 뒤에도 법관 생활을 15년 이상 하지 않았거나 대법관 경력자가 아닌 사람은 최종 임지에서 변호사 개업을 못 하도록 한 '유신악법' 때문에 3년간 대전에서 변호사 일을 했다. 그의 배석판사였던 장수길 변호사는 대형 변호사 회사인 '김앤장'의 공동대표가 되었다.

그때는 대통령이 법관의 임용을 쥐락펴락하고 정권의 사병 노릇을 자처한 군인들이 판사실과 판사가 사는 집을 찾아가서 행패를 부렸다. 지금은 극우 유튜버들이 선동하고 대통령 측이 그에 호응하면서 젊은이들이 판사를 끌어내라고 외치는 세상이 되었다. 역사는 이렇게 기이하고도 서글프게 반복된다.

‖ 정치는 검투사들의 것이 아님에도

박정희란 어떤 인물인가? 여전히 그를 지지하고 그의 공을 인정하는 국민의 수는 적지 않다. 그렇지만 분명한 것은, 대한민국의 모든 권력은 국민에게서 나온다는 헌법정신이 1961년 그를 비롯한 어느 군인들로 인해 한번 전소(全燒)된 바 있다는 사실이다. 즉 우리가 그 쿠데타의 선의와 결과적 정당성을 긍정한다면, 그건 이 나라의 군대가 '어떤 상황에서는' 헌정질서에 총구를 들이댈 수도 있다는 것을 인정하는 것과 같다.

정치체제의 근본적인 부정의는 곧 정치적 영웅을 향한 로맨티시즘을 낳는다. 어느 강력한 지도자가 나라를 위해서 오래도록 고뇌한 뒤 자신의 편을 결집해 사심 없이 거사를 치른다. 이것은 우리가 최고지도자 혹은 권력자들을 향해 지닌 하나의 사회적 환상이다. 나는 우리 공동체가 이제는 그러한 '**고독하게 번민하는 지도자**'의 환상을 깨야 한다고 생각한다. 우리는 윤석열이 얼마나 술독에 빠져 살았는지를 익히 알지만, 박정희가 술에 만취해 군사쿠데타를 감행했다는 사실은 여전히 잘 모르는 경우가 많다.

군사쿠데타를 감행하기로 한 1961년 5월 16일 0시, 그 전야 15일 밤까지 반란군의 행동계획은 제대로 이행되지 않았다. 초조한 박정희는 서울 청진동의 쿠데타 아지트인 미화여관 부근 대폿집에서 막걸리를 서너 대접이나 들이켰다. 같이 있던 장성들은 훗날 그가 술을 물 마시듯 들이켜더라고 회고했다. 박정희는 그 자리에서 쿠데타의 간판으로 내세운 육군참모총장 장도영에게 전화를 걸었다. 장도영은 박정희와의 통화에서 혀 꼬부라진 소리를 감지했다.

"박 장군, 지금 취한 것 같은데 그만 들어가고 내일 얘기합시다."

"각하, 여러 부대에서 병력이 움직였습니다. 일을 반드시 이루어 내고야 말겠습니다. 협조해 주십시오."

"글쎄, 쓸데없는 얘기 그만하고 어서 집으로 돌아가시오. 이번엔 정부 쪽에 경고 정도만 하고 그만둡시다."

쿠데타라고 해도 주모자가 좀 진지하게 고민하고 거사에 나선 모양새가 아니라 초조감과 스트레스를 술로 달래는 행태였다. 그것은 그들이 말하는 언필칭 "구국의 결단"이나 "역사적 혁명"과는 터무니없이 거리가 멀었다. 그것은 우리 헌정의 측면에선 하나의 '변괴'에 가까웠을 것이다. 무엇보다도 5·16은 불과 1년 전의 4·19 민주혁명을 짓밟은 것이 가장 중요한 역사적 죄과라는 게 내 생각이다. 5·16을 평가하는 데 이 점이 간과돼서는 안 된다. 어느 나라든 정치적 시민혁명이 1년여 만에 마무리되는 사례는 찾아볼 수 없다.

군사쿠데타 야욕을 입에 달고 다닌 박정희의 권력 찬탈 의지가

5·16의 동기였다. 그가 4·19 혁명 과정에 대해 "정파적 갈등이나 무질서"라고 규정한 것은 군사쿠데타를 정당화하기 위한 구실이었다. 4·19 민주 이념은 3·1 독립운동과 함께 대한민국 헌법전문에 명기된 헌법정신의 양대 기둥이었고, 그것을 파괴한 5·16이야말로 민주 헌정사를 정면으로 위배하는 반헌법적 정부 전복 행위였다. 그리고 윤석열은 그 역사를 그대로 답습하며 다시 헌정을 유린했던 것이다.

우리는 영웅을 원하고, 영웅을 만들어내고, 영웅을 찬양하는 나라에 살았다. 이승만 정권 시기에 나는 농촌에 사는 평범한 초등학생이었다. 학교에서는 이승만의 우국충정을 찬양하는 '국부의 노래'를 열심히 배웠다. 정기적으로 열리는 학예회 때마다 이 노래의 경연대회를 진행했다. 박정희가 1968년 국민교육헌장을 공포하고 그것을 초중고 학생들에게 암송하게 한 것도 공교육 차원의 대통령 우상화였다. 학생들 모두 헌장의 말미를 읽을 때마다 '대통령 박정희'를 낭송했다.

윤석열이 이승만과 박정희와 같은 '영웅'이 되기를 꿈꾸었다는 게 아니다. 그는 술에 취해서 고뇌하고, 자신의 카르텔 속 '동지'들과 격분하고, 자신의 처지를 한탄하다가 한 나라의 정치를 이렇게까지 망쳤다. 그리고 그 모든 게 **'그 고독한 남자들의 자장'**에서 자유롭지 못하다는 것을 깨닫는 게 중요하다. 과거 한국의 정치 풍토에 대해 **"검투사들의 정치**(gladiator politics)"라고 묘사했던 《뉴욕타임스》의 표현 그대로다. 민주주의 정치는 다원적인 경쟁을 기본으로 하건만, 한국의 정치는 정당 수뇌 간 결투와 같은 모습이라는 것이었다.

박정희는 일본 군국주의 파시즘에 매료되었고, 일찍부터 강력한 지도자에 의한 능률적인 정치를 꿈꾸던 사람이었다. 그러니 정당정치를 배격해야 한다는 사고에 익숙할 수밖에 없었다. 박정희처럼 제2차 세계대전 후엔 식민 통치에 저항했던 독립운동가 출신이 대통령직에 올라 카리스마적 권위를 구사한 경우가 많았다. 이들은 대부분 개발독재자(Development Dictator)나 계몽독재자(Enlightened Dictator)로 종신 집권했으며, 우상화의 길을 따라갔다. 12·3 계엄의 내란 피의자인 윤석열이 그토록 '계몽령'을 강변했던 건 자신이 벌인 짓 자체가 헌법상 비상계엄의 요건에도 위배되며 스스로 계몽독재자의 전철을 밟으려 했음을 자인한 셈이다.

▮▮ 박정희 친위대, 정치군벌 하나회

이승만과 박정희의 뒤를 이어 이 나라의 영웅을 꿈꾸었던 또 한 명의 독재자가 있었다. 바로 전두환이다.

이제 1979년 12월로 눈을 돌려보자. 10·26으로 대통령 박정희가 서거한 뒤 한 달 반여 후, 12월 12일 밤 1시 반께 서울 근교 특전사령부. 특전사령관 정병주 소장을 체포하라는 보안사 지령을 받은 하나회 회원 최세창 3공수여단장은 고민하지 않을 수 없었다.

당시 보안사는 하나회의 거처였다. 사령관 전두환 소장을 비롯해 허화평 비서실장, 정도영 보안처장, 허삼수 인사처장, 이학봉 대공수사국장 등 핵심 간부들이 모두 하나회였다. 정병주 사령관도 전두환, 노태우 준장을 여단장으로 거느렸던 것을 비롯해 많은 하나회 회원의 상관이었고, 하나회를 후원했던 군부의 실력자였다. 그런 그가 12·12 군사반란에 반대하자 강제 연행 지령이 떨어진 것이다. 자신의 임무 수행이 늦었다는 생각에 최 여단장은 대대장 박 모 중령을 불렀다.

"하는 수 없다. 우리만 아직 임무를 끝내지 못하고 있으니 신속하게 사령부를 평정해야겠다."

3공수 병력이 사령관실 건물을 포위한 채 박 중령이 M16을 겨눈 특공조를 양옆에 거느리고 건물 안으로 들어갔다. 사령관실로 통하는 비서실 문은 잠겨 있었다. 특공조가 문고리 주위로 M16을 갈겨 벌집을 만들었다. 군홧발로 문을 차고 들어서자 안쪽에서 권총 탄환이 몇 발 날아왔다. 그러자 특공조 2명이 양쪽 문가에 몸을 붙이고 사령관실 안쪽을 향해 M16을 난사했다. 특공조가 방 안에 뛰어들었을 때 사령관 비서실장 김오랑 소령은 유혈이 낭자한 바닥에 쓰러져 있었고 정병주 사령관도 왼팔에 관통상을 입은 채 무저항 상태였다. 김 소령은 병원으로 실려 가다 출혈 과다로 숨졌다. 이제는 영화 〈서울의 봄〉으로 많은 이들에게 익숙할 그 장면이다.

12·12와 함께 새로운 권력 집단으로 신진 정치군인들이 등장하자 언론은 막연히 '신군부'라는 명칭을 붙였다. 그러나 12·12의 작전계획을 모의하고 실행에 옮긴 장교들의 면면을 뜯어보면 구체적 실체가 드러난다. 모두가 '박정희 친위대로 키워진 하나회'였다.

정승화 계엄사령관을 불법 연행한 보안사와 육본 범죄수사단의 대령들, 국방부를 총격 점거한 1공수여단장 박희도 준장, 육본 지휘부가 피신해 간 장태완 수경사령관실을 총격전으로 무력화한 헌병단 신 모 중령, 전방에서 서울로 출병한 9사단장 노태우 소장과 29연대장 이필섭 대령, 직전 작전참모 안 모 중령, 20사단장 박준병 소장 그리고 청와대 경비 30단장 장세동 대령과 33단장 김진영 대령…. 이들 모두가 하나회였다. 군사 반란에 반대한 3군사령관 이건영 중장을 체포하라는 지령을 전달받은 3군사 참모장 조명기 대령도 하나회다. 그는 사령부 보안반장과 상의한 뒤 차마 직속상관을 체포하지 못했다. 이건영 사령관은 나중에 노재현 국방장관을 만나러 갔다가 보안사에 체포된다.

5·16 군사쿠데타가 터진 1961년 이후 박정희·전두환·노태우 정부를 거쳐 김영삼 정부가 들어선 1993년 이전까지 32년간 한국 정치는 군사독재와 권위주의 아래 억눌려 있었다. 그 정치체제를 중앙정보부와 정치군벌 하나회가 실질적으로 조형하고 지배했다. 중앙정보부에 관한 이야기가 널리 알려진 데 비해 하나회는 아직까지도 비화 속에 묻혀 있다. 많은 사람이 하나회의 존재를 알고 있지만, 이 세력이 대한민국의 현대사에서 어떤 위치를 차지하는지까지는 자세히 알지 못한다. 나는 이 책이 바로 그 비화를 열어젖히는 신호탄이 되길 바란다.

다음 2장에서부터 자세히 살펴보겠지만, 하나회는 군에서 금지된 비밀결사 사조직이었다. 하나회는 국가와 국민 그리고 군의 정규 지휘 계통에 복속하지 않고 사조직 보스와 자신들만의 공동이익에 충성했다. 그 결과 그들의 총구가 군 내부를 넘어 결국 국민까지 겨누게 된 것이다.

2024년 12월의 계엄 사태를 보도했던 언론들이 내란의 중요 임무 종사자들인 대통령 윤석열과 국방부 장관 김용현, 방첩사령관 여인형 등을 묶어 "충암고 하나회"라고 지칭했다. 실제로 12·3 계엄은 전두환을 수괴로 한 하나회 내란을 여러모로 모방했다. 그러나 충암고 하나회는 1970년대부터 1980년대에 이르며 융성했던 정치군벌 하나회에 비하면 그저 어린아이 흉내 내기에 불과한 작당일 뿐이었다.

대통령 박정희가 5·16 쿠데타 직후부터 키워온 친위대 지하 사조직인 하나회는 군부 내 실세 집단이었다. 그 군부의 폭력적 힘으로 12·12 군사반란과 5·18 광주민주화운동 살상 진압의 내란을 감행해 국가권력을 찬탈한 것이다. **10·26 군사재판과 12·12 군사반란 그리고 5·18의 살상은 10·26 박정희 살해에 대한 친위대의 복수극 성격이 강했다.** 특히 광주의 참극은 보통의 역사적 복고 역풍을 훨씬 넘어서는, 인간 본성을 다시 생각하게 하는 광기였다.

정치군벌 하나회는 1951년 6·25 전쟁 중에 군대 징용을 면하고 입교한 4년제 정규 육사 11기 전두환, 노태우, 정호용, 김복동, 손영길, 권익현 등이 주동해 조직했다. 11기부터 20기까지 기별로 9~11명씩 모두 200여 명에 이르는 군내 지하 사조직이 1973년 윤필용 사건 때 보안사의 수사로 처음 확인됐다. 그 후 21기부터 36기까지 하나회 2세대는 김영삼 정부 때 하나회 숙정이 벌어지자, 서울 이태원 군 아파트에 그 존재를 폭로하는 전단과 함께 명단이 뿌려졌다.

군 수사기관이 확인 조사를 벌였으나 하나회 2세대는 본인들이 극구 부인하는 등 진위가 분명치 않은 경우도 있어서 전모가 확인되지 않았다.

하나회는 전두환과 노태우 두 명의 대통령을 배출했으며 이후 집권당의 사무총장, 정부 장·차관, 국회의원, 청와대의 정무수석과 사정수석, 해외공관장 대사, 국영기업체 사장 등 두루 요직을 차지해 '하나회 공화국'이라는 말이 결코 과하지 않았다. 하나회는 군부 내의 정치군인 사조직을 넘어 한국의 정치와 사회 각 영역에 지배권력으로 군림하는 정치군벌이었으며 한 시대를 지배한 권력 집단이었다. 이후 하나회라는 용어는 사회 각 영역에서 특권을 누리는 독점적이고 배타적인 지배 집단을 뜻하는 대명사로 자리 잡았다. 하나회는 2024년의 내란의 뿌리가 되는 심각한 사회병리 증상인데도 그 뿌리를 알려주는 텍스트와 치료할 수 있는 처방은 심각하게 부재했던 게 현실이다.

‖ 그 남자들의 암투와 몰락

그리고 그 정치군인들의 독점성과 배타성 역시 박정희 체제의 근원적인 성격과 맞닿아 있었다. 고독한 권력자 곁을 비호하는 **'이너서클'**은 언제나 대중의 관심을 끌 수밖에 없는데, 박정희의 경호를 맡았던 이는 그 이너서클에서도 가장 중요한 실세였다. 박정희가 집권한 18년 동안 경호실장은 단 두 명이었다. 박종규와 차지철이다.

당시 박정희 정권의 권력 구조에서 이 두 사람의 위상은 어떤 권력 암투에서도 흔들리지 않았다. 박정희가 가장 변함없이 총애한 부하가 이 두 사람이었다. 두 사람은 목숨을 건 5·16 쿠데타 당시부터 박정희 소장의 경호 담당이었다. 당시 박종규 소령은 권총 다루는 솜씨가 뛰어나 '피스톨 박'이라는 별명으로 불렸다. 차지철 대위는 태권도 4단과 유도 3단의 공수특전대 장교였다. 박정희 대통령과의 인연이 이러니 권력의 변동이 있어도 '가신(家臣)'에 해당하는 두 사람은 예외였다. 거기서 막강한 힘이 나올 수밖에 없었다.

전두환 정권의 청와대 경호실장은 장세동(육사 16기)과 안현태(육사 17기)로 모두 하나회 출신이다. 노태우 정권 때도 이현우(육사 17기)와 최석립(육사 19기) 등으로 하나회 출신이 경호실장을 맡기는 마찬가지였다. 이렇게 대통령이 군 시절부터 분신처럼 따라다닌 부하를 경호실장으로 둔 상황에서 어떤 비서관도 그보다 센 발언권을 행사할 수는 없었다. 이들 하나회 정권의 경호실장들은 군 장성 진급 및 보직인사의 내인가에서부터 이른바 '대통령 관심 사항'을 해결하는 일에 이르기까지 모든 것을 처리하는 가신 역할을 했다. 군 장성 인사에서 내인가란 제청권자인 각 군 참모총장과 국방부 장관에 앞서 경호실장이나 보안사령관 또는 대통령의 친인척 등이 대통령으로부터 특정 장성의 진급이나 보직의 내락을 받아두는 관행이다.

또 예비역 장성이나 대통령의 측근들에게 주로 국영기업체의 고위직을 알선해 주는 일도 경호실장이 맡았다. 신군부 시절 수많은 국영기업체와 정부 출연단체의 사장, 이사장, 감사 등 임직원 자리를 보면 군 장성 출신이 대부분이었다. 그 군 출신들의 뒷자리를 관리해 온 창구가 경호실장이었다.

　군사통치 시절 권력자들 간의 암투에서 가장 적나라한 것이 청와대 경호실장과 중앙정보부장과의 힘겨루기였다. 이 북악산 실장 대 남산 부장의 싸움은 대통령과의 접촉 빈도에 따라 판결이 났다. 대통령과 가까이 있기로는 중정부장이 경호실장을 당할 수가 없어서 경호실장이 유리한 입장이었다. 더구나 군부 출신 대통령들은 자신의 군 시절에서부터 심복으로 생사를 함께한 경호실장을 기능적인 경호 책임자로만 여기지 않았다. 이들에게 세상 돌아가는 정보도 물었고 때로는 고위공직자들의 신상 문제 등을 논의하기도 했다. 여기서 대통령과 늘 접촉할 수밖에 없는 북악산 실장의 힘이 나왔던 것이다. 박정희 정권의 박종규, 차지철 실장과 전두환 정권의 장세동 실장은 그야말로 나는 새도 떨어뜨리는 위세를 부려 부통령에 비유되기도 했다.

　박종규 실장이 견제했던 상대자는 대표적으로 수경사령관 윤필용 소장과 '남산 부장' 김형욱을 들 수 있다. 박정희의 군 시절 부관 출신으로 위세가 높았던 윤필용 수경사령관이 하루아침에 몰락한 것도 박종규 실장의 견제에서 비롯됐다. 군에서 그의 힘이 비대해지는 것을 견제하기 위해 박종규 실장이 경호실 차장보였던 전두환 준장으로 하여금 박정희에게 윤 사령관의 비위 사실을 제보하게 한 것이다.

　군정 시절 이들 남산 부장과 북악산 실장 간에 벌어진 파워게임은 흥미진진하지만, 우리 현대사의 어두운 단면을 그대로 담고 있다. 이들 두 권력자의 힘겨루기는 대개 북악산 실장 쪽이 판정승을 거두었다. 군사정권 32년 동안 남산 부장은 모두 19명으로 부침이 심했던 데 비해 북악산 실장은 불과 6명으로 특별한 경우가 아니고는 경질되는 일이 없이 두터운 신임을 받았음을 알 수 있다. 특히 유신정권 말기의 북악산 실장이던 차지철은 역대 가장 막강한 경호실장으로서 무소불위의 권력으로 전횡을 일삼다가 주군과 함께 비명에 갔다. 전두환 정권의 장세동과 노태우 정권의 이현우 역시 힘겨루기가 필요 없는 막강한 북악산 실장으로 군림하다가 남산의 부장으로 승진했다.

이들이 경호실장으로 있을 때 남산 부장들은 대개 이들에게 부탁해서 대통령의 일정과 심기를 전해 들었다. 그러나 장세동이 남산 부장으로 나가있을 때는 전두환 대통령의 일정이 매일 경호실을 통해 그에게 보고됐다. 장세동의 경우에는 자리가 문제가 아니라 그가 가는 곳으로 권력의 무게가 기울었다. 5공 초기엔 보안사가 안기부보다 파워가 더 셌지만, 장세동이 안기부장으로 가면서 그것이 뒤바뀌었다.

▐▌ 라이벌의 먹잇감이 되지 않기 위해

북악산 실장과 남산 부장의 대표적인 권력 암투는 박종규 대 김형욱, 차지철 대 김재규였다. 박종규 대 이후락도 싸움이 있을 법했으나 이후락이 수완 있게 넘기는 스타일이어서 충돌이 일어나지 않았다. 박종규 실장이 이후락 부장의 야심을 의심하고 감시하기도 했으나 이 부장이 맞부딪치지 않았다.

1973년 3월 윤필용 수경사령관 사건 때도 이후락 부장이 연루될 뻔했었다. 당시 보안사 수사팀의 조사에 따르면, 윤 사령관이 이 부장에게 "차기 후계자는 형님이 맡아도 되는 것 아닙니까?"라고 말한 것으로 드러났다. 이때 보안사의 수사 단서는 박종규 실장이 대통령에게 건넨 보고서였다. 박종규는 문제가 된 모임에 동석했던 《서울신문》 사장 신범식을 위협해 그날 나온 얘기들을 진술받았다.

박종규 실장이 볼 때 북악산 바깥의 막강한 권력자들인 그들이 마주 앉아 이런 얘기를 주고받았다는 것은 보통 일이 아니었다. 이 두 사람이 일종의 '권력 제휴'를 형성하려 한 데는 그 휘하 막료들의 중간 역할이 있었다는 정보도 들어왔다. 윤 사령관 밑에 있던 손영길 수경사 참모장(육사 11기)과 이후락 부장의 막료인 이재걸 중정 감찰실장이 같은 고향인 울산 출신으로 두 상관을 손잡게 했다는 것이다.

윤필용 사건 수사로 손영길과 이재걸 두 사람은 모두 구속됐지만 이후락은 무사했다. 이때 이후락의 남산은 보안사 수사에 맞서 보안사의 휘발유 유용 사건을 터뜨렸다. 남산의 정보이첩으로 보안사 참모장 김귀수 준장과 고급 간부들은 군 범죄수사대에 잡혀가 거칠게 조사받았다. 그러나 이후락은 박종규에게는 역공을 취할 엄두도 내지 못했다. 건드려 봐야 그에게 아무런 타격도 가할 수 없을뿐더러 돌이키기 어려운 관계가 되는 것은 자신에게 불리했기 때문이다.

이후락은 1973년 여름 도쿄에 망명 중이던 김대중을 중앙정보부가 납치해 온 사건에 책임을 지고 그해 12월 중정부장을 사임했다. 이듬해 그는 조용히 출국해 버린다. 대통령 박정희가 수많은 측근을 중용했다가도 나중에 윤필용 전 수경사령관의 예와 같이 잡아넣는 행태를 누구보다도 잘 보아온 이후락이었다. 일단 한국을 떠나 있는 것이 상책이라고 판단했다. 그것은 박정희의 변덕 때문인 탓도 있지만, 그 아래서 권력 암투를 벌였던 라이벌들의 중상과 공격이 더 무서웠기 때문이다. 그런 와중에서 박정희가 마음을 조금만 돌리면 자신은 과거 라이벌의 먹잇감이 되어 몰락하리라는 것은 불 보듯 훤했다.

그러나 박정희에게는 이후락의 그런 모양새가 영 안 좋게 보였다. 또 자신의 개인적인 약점은 물론이고 국가기밀도 가장 많이 아는 그가 외국에 머물러있는 것을 그냥 놔둘 수가 없었다. 결국 중간에 밀사를 넣어 "누가 뭐라 한들 설마하니 임자를 어떻게 하겠는가?"라고 달랬다. 이에 이후락은 신변 보장의 언질을 단단히 받고 귀국해 경기도 광주의 도자기 굽는 동네에 은신해서 지냈다.

▌▌ 박정희의 최후

1979년 10월 26일 저녁 6시 25분경, 박정희의 비밀 요정이라 할 수 있는 궁정동 안가. 중앙정보부 의전과장 박선호가 서울 플라자호텔과 내자호텔을 거쳐 연예계 여성 두 사람을 데리고 안가에 도착했을 때는 이미 만찬이 시작되고 있었다.

중앙정보부장 김재규는 이 자리서 부산·마산 시민 항쟁 등 민심 동향에 대해 언급했다. 경호실장 차지철이 "캄보디아에서는 300만을 희생시켰는데 우리도 한 100만에서 200만 정도 쓸어버리면 뭐가 문제입니까."라고 내뱉었다. 그러자 박정희는 "이제 사태가 더 악화하면 내가 직접 발포 명령을 내리겠다. 대통령인 내가 발포 명령을 내리는데 누가 나를 처벌하겠느냐."라고 말했다.

이런 대화를 듣고 김재규는 말없이 나가 자신의 집무실 선반 위에 준비해 둔 권총을 양복 안주머니에 넣고 돌아온다. 박정희는 "김영삼을 구속하랬는데 주변에서 만류해서 안 했더니 안 좋아."라고 다시 김재규에게 압박을 가했다. 김재규는 권총을 뽑아 차지철에게 "이 버러지 같은 친구!"라고 외치며 방아쇠를 당겼다. 그는 이어 박정희를 향해 "각하, 정치를 좀 대국적으로 하십시오."라고 소리치며 총탄을 쏘았다. 그는 2차 발사하려 할 때 권총이 고장으로 불발되자 밖으로 나가 박선호의 권총을 바꿔 들고 들어와 박정희의 뒤통수에 대고 조준사격으로 확인 사살했다.

박정희와의 오랜 인연을 생각할 때 인간적 환멸감 없이는 상상하기 어려운 행동이었다. 나는 박정희를 살해한 김재규의 비공개 10·26 군사재판 1심 공판 열 차례와 2심 공판 네 차례의 전 녹음을 정리한 통합 증언록을 총정리한 뒤 2024년 『피고인 김재규』를 펴냈다. 그로써 내가 길어 올린 세 가지 살해 이유는 다음과 같다. **전국적 민심 이반, 유신독재에 비판적인 미국을 향한 노골적인 적대감 그리고 박정희의 술과 여자 탐닉으로 인해 무너진 사생활 등이 김재규가 거사를 결행한 배경이었다.**

김재규는 군사법정에서 박정희에게 권총을 쏜 이유에 대해 "다수 국민의 희생을 막기 위해 나의 가족과도 같은 각하 한 사람을 희생시킬 수밖에 없었다."라면서 "야수의 마음으로 유신의 심장을 쏘았다."라고 토로했다. 다수 국민의 희생을 막기 위한 정당방위였다는 것이다. 그는 "자유민주주의를 복원하기 위해서는 각하를 희생시킬 수밖에 없었고 각하를 희생시키지 않고서는 자유민주주의를 지킬 수 없다."면서 "이는 각하가 그렇게 만들어놓은 것"이라고 말했다. 그러나 그것을 당시 군사재판의 재판부가 인용할 것으로 기대하기란 불가능했다. 그로부터 45년이 지난 오늘의 사법부가 그의 유족들이 신청한 재심에 대해 과연 어떤 판결을 내릴지 지켜보아야 할 것이다.

김재규는 10·26 거사의 후속 계획이 없었다. 집권에 대한 사욕을 가졌던 건 아니라는 얘기다. 박정희를 제거한 후 자신이 집권할 생각이었다면 치밀한 후속 행동계획이 나와야 했다. 그러나 그는 거사 후 자신의 아지트인 중앙정보부로 가지 않고 육군참모총장 정승화의 말 한마디에 따라 국방부와 함께 위치한 육군본부 벙커로 들어갔다. 김재규가 거기서 체포되고 10·26 거사는 독재자 한 사람을 제거한 것으로 끝나고 말았다.

그 후 박정희가 키워놓은 정치군벌 하나회 집단에 의한 거센 복고 역풍이 일어난다. 정치적 억압이 길었던 탓에 즉시 떠오르지는 못했지만, 10·26 이후 유신독재 종식과 민주 헌정 복원에 대한 국민의 염원은 '서울의 봄'이 상징하듯 엄청난 열기를 품은 잠재적 화산과도 같았다. 그러나 이 나라가 맞이한 역풍은 정치군벌 하나회에 의한 일련의 광기 어린 내란이었다. 마치 시민혁명과 역사 발전에 반작용의 법칙이라도 있는 것처럼, 하나회 내란은 12·12 군사반란으로 시작돼 5·17 국가 기강 문란자 검거 선풍을 거쳐 5·18 광주 민중항쟁을 살상 진압하는 군대 폭동으로 이어졌다.

내란 집단은 12·12 후 국방부 장관, 육참총장, 수방사령관과 특전사령관, 1, 2, 3군사령관 등을 모두 하나회 계열로 교체 임명해 군권을 찬탈했다. 이어 전두환은 1980년 4월 중앙정보부장 서리를 겸임했다. 내각 회의에 참석하고 조정자 역할을 하는 자리였다. 나아가 전두환은 국가보위비상대책위원회라는 내란 기구를 만들어 대통령 최규하를 그 의장으로 앉히고 자신이 상임위원장으로 올라 실권자가 된다.

이때 국가보위입법회의라는 유사 입법기구를 조작해 국회 기능을 무력화했다. 12·3 때 내란수괴 피의자인 윤석열이 최상목 경제부총리 겸 기획재정부장관에게 건넨 메모지가 국가비상입법기구에 대한 예산지원 지시였다는 증언이 나왔다. 비상입법기구란 1980년 하나회 내란 당시 전두환의 국가보위입법회의를 모방한 것으로, 윤석열의 내란죄 재판에서 핵심 증거 중 하나다. 역사가 이렇듯 흉하고 험악하게 반복되는 꼴을 우리 모두가 무력감에 빠진 채 목도했던 것이다.

▌▌ "육사의 영예를 평생 버려선 안 됩니다."

이제 본격적으로 박정희에서 전두환으로 이어지는 정치군인의 계보를 밟을 단계다. 그전에 잠시, 나는 우리의 시계(視界)를 1955년 4월 16일 서울 태릉 육군사관학교 강당으로 옮겨보고 싶다. 이날의 강연에선 대한민국의 2024년까지 뒤흔들 그 몇몇 추악한 육사 출신 장교들의 행보에 대한 중요하고 암시적인 키워드가 등장하기 때문이다.

이때 육군사관학교에서는 전 생도가 참석한 가운데 '수양(修養) 강연회'가 열렸다. 1, 2, 3, 4학년 생도가 모두 모였지만, 이날의 강연회는 특히 4년간의 군사훈련 및 일반학과 과정을 마치고 졸업과 동시에 소위로 임관해 나갈 4학년 생도들에게 육사 졸업생의 '좌표'를 재인식시키기 위해 마련된 것이었다.

연사는 미국 웨스트포인트 사관학교의 교육제도를 도입하기 위해 초빙됐던 미 군사고문단의 수석 고문, 이응준 육군참모차장이었다. 이응준은 해방 후 미군정청 군사고문으로 있으면서 국방경비대 창설을 주도했다. 국군 탄생의 산파역을 맡은 인물이었던 것이다.

그는 일본 육사 26기로 임관해 제2차 세계대전 종전 당시 조선인으로서는 보기 드물었던 일본 육군 대령이었다. 이종찬과 마찬가지로 결코 친일 논란에서 자유로울 수 없었던 군인이고, 우리나라 군대의 탄생에서 일본 육사의 그림자가 얼마나 짙은지를 보여주는 증거이기도 하다. 정부 수립 후 그는 초대 육군참모총장이 되었으나 1954년 6월 군 후배인 정일권 육참총장 아래서 참모차장직을 맡았다. 과도기에나 볼 수 있는 일이지만 군인은 일단 정부의 방침에 따른다는 귀감이기도 했다.

그는 생도들에게 이렇게 말했다.

"육사의 영예를 평생 버려서는 안 됩니다. 국가와 국민의 장래는 여러분의 양어깨에 얹혀 있습니다. 그러나 여러분들은 많은 다른 사람들 중의 한 사람이란 사실을 명심해야 할 것입니다. 한국에는 여러분처럼 육사 졸업이라는 특전을 갖지 못한, 400명에 달하는 장교들이 있습니다. 여러분이 앞으로 만날 동료 장교들은 그 특전을 누리지 못했을 것이고, 따라서 여러분들을 어색하게 대할지도 모릅니다. 그러나 그들은 군사 면에서 여러분들보다 훨씬 많은 지식을 갖고 있을 것입니다. 그들의 지식은 적을 상대로 직접 전투했던 쓰라린 경험에서 배운 것입니다. 그리고 그들은 여러분들이 받아온 특전에 대해 질시할지도 모릅니다…."

이응준 참모차장은 한국 최초의 4년제 정규사관학교 출신 장교들이 가슴 속에 품고 있는 자존의식과 이들이 기성 부대 현장에 투입됐을 때 일어날 수 있는 마찰을 꿰뚫어 보는 듯했다. 그는 '한국 육군 중추 장교로서의 직분과 책임'이라는 이날 강연에서 새로운 교육을 받은 이들과 구세대 장교들 간의 융화 문제를 염려했다. 긍지와 명예심을 갖고 부패한 기성 군대에 섞여들지 않도록 고취하면서도 유아독존으로 흐르지 않는 균형 감각을 강조하는 그의 연설에 생도들은 공감했다.

이응준의 연설은 별을 꿈꾸는 생도들이 앞으로 직면하게 될 현실적인 문제도 짚어나갔다.

"많은 유혹이 있을 것이고 여러 가지 부정과 불명예와 악행을 목격할 것입니다. 이런 현상은 어느 나라의 군대에나 다 있습니다…. 육사는 여러분들에게 도덕적, 정신적 불꽃을 가르쳤습니다. 이 불꽃을 늘 밝히고 절대로 꺼지게 내버려두지 마십시오…. 여러분은 다른 사람들이 국가 생존을 위해 결사적으로 싸우고 있던 시절에 육사에 들어왔습니다. 다른 사람들은 직접 전투에 참가하고 그의 전우가 쓰러지는 것을 보고 있었습니다…."

진해에서 교육받은 진해 세대는 11기부터 13기까지로, 이들이 **'정규 육사'의 명예와 전통**을 심은 주춧돌에 해당한다. 그중에서도 11기생의 위상은 육사 출신들에게 '맏형'과 다름없었다. 11기와 12기는 단순히 1기 선후배라는 관계를 넘어 큰 의미가 있었다. **생도 때부터 11기는 장차 육사 출신 장교들을 이끌고 나갈 개척자와 보호자라는 의식이 당사자뿐 아니라 후배들에게도 당연시되어 왔다.**

육군본부는 지난 1946년 5월 정식 명칭의 육사가 개교한 후 한국 전쟁으로 인해 문을 닫을 때까지 단기 교육으로 1기부터 9기, 그리고 생도 1기(육사10기)와 2기를 이미 배출했던 바 있다. 이들은 4년제 정규 교육을 받진 않았지만, 모두 한국전쟁 당시 전투 지휘관으로 국가 위난에 목숨을 걸고 싸운 전공(戰功) 세대다. 공산군에 포로로 잡힌 참전 지휘관들로 그 발언권을 가볍게 볼 일이 아니었던 것이다. 정규 교육을 받은 첫 기수인 육사 11기생들은 그 '선배'들과 종종 마찰을 일으켰다.

14기 이후부터가 태릉의 화랑 세대로 이들은 육사가 어느 정도 자리잡힌 뒤 입교했다. 11기부터 13기는 현역 사병으로 복무 중 전장에서 사관학교 모집공고를 보고 응시한 경우가 대부분이었다. 이응준 참모차장이 상기시켰던 '특전'이란 바로 전쟁 기간 중 현역 사병이 안전지대에서 4년간 대학 교육을 받았다는 뜻도 함축하고 있다.

1952년 1월 20일, 진해 육사의 입교식이 끝난 후 이승만 대통령도 11기 생도들에게 특유의 감격스러운 목소리로 정담을 털어놓았다.

"여러분은 나라의 보배요 기둥입니다. 이 사관학교 창설은 내가 상해에서 하와이로 가서 독립운동을 계속할 때도 꿈꾸어 온 것인데 오늘 이렇게 여러분을 대하니 눈물이 나옵니다."

당시 학교장은 안춘생 준장으로 안중근 의사의 조카이며 광복군 간부 출신이었다. 안춘생 교장은 육사의 교훈을 '지인용(智仁勇)'으로 채택해 이승만 대통령의 재가를 받았다. 이 대통령은 이 교훈을 매우 흡족하게 여기고 친필 휘호를 보내주었다. 한국전쟁의 정전 협정이 체결된 이듬해인 1953년 6월 육사는 진해에서 현재의 위치인 태릉 화랑대로 이전했다. 이사가 끝나고 정리되자 이승만 대통령은 그해 9월 22일 화랑대를 방문해 다시 한번 육사 생도들의 자긍심을 올려주었다.

군대 운용의 성패가 무엇보다도 지휘 장교의 지력에 달려 있으며, 전쟁의 승리는 인덕을 바탕으로 한 인화(人和)에 좌우된다는 당시 지도자들의 뜻이 새겨진 교훈탑이 지금도 태릉 화랑대에 우뚝 서 있다. 그리고 그 '인덕'과 '인화'의 균열을 음습하게 파고들어 육사와 이 나라를 장악했던 정치세력이 바로 하나회였으며, 그들이 남긴 흔적은 2020년대까지 계속 이어졌다고 볼 수 있다.

"시대 상황과 국가의 요청에 따라 일신의 안락 따위를 버려야 하는 것이 군인의 삶입니다. 대한민국의 장교라는 신분 외에 다른 무엇이 더 필요하다는 말입니까?"

이응준이 1955년에 말한 이 말을 상기하며 이제 다음 장으로 넘어가 보자. 나는 2장에서 박정희가 벌인 군사쿠데타와 군부독재의 장기화에서 필연적으로 파생될 수밖에 없었던 하나회의 실권 장악 과정을 뜯어보게 될 것이다. 박정희라는 독재자 그리고 전두환을 비롯한 육사 11기생의 파행은 결코 떨어뜨려 놓고 생각할 수 없다. 하나회의 등장은 이미 1961년부터 예견된 일이었던 것이다.

제 2 장

정치장교 비밀결사의 시작

1961년 5월 16일 오전 8시, 태릉의 육군사관학교. 강영훈 교장이 학교 간부들에게 일렀다.

"나는 지금 군 고위 간부들의 혁명 논의에 참석하기 위해 육군본부에 들어간다. 어떤 상황에서도 내 명령 없이 생도를 동원해서는 안 된다."

이날 오후 육사 연병장에는 지프 1대와 트럭 2대가 들이닥쳤다. 착검한 M1 소총으로 무장한 병사들이 트럭에서 내렸다. 이어 지프에서 내린 날카로운 눈초리의 장교 2명이 기세등등하게 학교 본부로 들어갔다. 혁명 주체의 핵심인 육사 8기 오치성 대령과 차지철 대위가 육사를 '혁명대열'에 끌어넣으라는 임무를 지니고 나타난 것이다. 이들은 학교 간부들과 생도 대표에게 '군사혁명'을 지지하는 시가행진을 하라고 요구했다.

"학교 지휘 계통은 육본을 장악한 혁명위원회의 명령이 옳은지 그른지를 구분하지 못할 것이다. 우리는 이 문제에 관해서는 북극성 동창회의 선배들과 상의하겠다."

육사 교수부의 전사과(戰史科) 연구실에서 생도 대표들과 북극성회 간부들은 '시국대책회의'를 가졌다. 강재륜 회장과 김성진, 서우인, 한건희, 정민희 등 북극성회 주요 멤버들은 쿠데타 측의 요구를 거부하기로 의견을 모았다. 이들은 당시 동남아나 남미에 유행하던 군사쿠데타가 한국에서 정당성을 인정받기 어렵다고 생각했다. 또 군 안에서 가장 비중이 높은 전방 지역 야전군 사령부가 이 쿠데타에 참여하지 않았다는 사실을 중시했다. 자신들이 모셨던 전임 교장으로 군내 신망이 높았던 야전군 사령관 이한림 장군의 향배가 베일에 싸여있었던 점도 부정적인 요인이었다.

이들은 더구나 **생도들을 정치적 목적에 이용하는 것**은 어떤 이유에서건 용납될 수 없다는 데 뜻을 같이했다. 북극성회는 회장 강재륜 대위와 조직부장 정민희 대위 등을 쿠데타군 측에 보내 거부 이유를 설명하기로 했다.

이들이 학교 본부에 가보니 분위기가 삼엄한 것이 전과는 크게 달라져 있었다. 정민희 대위는 평소 같은 태도로 문을 열고 들어갔다. 그러자 현관을 지키던 보초병과 중위 한 명이 뒤쫓아 들어왔다.

"뭐야, 신고도 없이 그냥 들어가나?"

'혁명군'은 정민희를 끌어내 험악하게 삿대질을 해댔다. 오치성 대령은 보이지 않았고 공수단 복장을 한 차지철 대위가 앉아 있었다. 차지철과 정민희는 1956년 광주보병학교 초등군사반 동기생이었다.

정민희는 쿠데타군의 보초 장교에게 대들었다.

"이것 봐요. 나는 육사 교수부 교관인데….."

그러자 이들은 정민희의 모자를 벗겨 내동댕이치고 그의 가슴을 밀쳐버리는 등 행패를 가했다. 정민희와 안면이 있는 차지철은 이를 본체만체했다.

쿠데타군은 학년 대표들을 불러들여 '지지 명령'을 전파하라고 종용했다. 그러나 생도 대표들은 요구에 응하지 않고 버텼다. 강영훈 교장은 육본에 들어간 뒤 연락이 두절됐다.

북극성회는 이날 저녁 이한림 사령관에게 은밀하게 대표를 보내 대처 방향을 상의하기로 했다. 11기의 서우인, 한건희 대위가 밀사로 정해졌다. 이튿날 새벽, 전방에 간 서우인이 교수부에서 철야 중인 북극성회 간부들에게 전화를 걸어왔다.

"모든 게 잘 됐다. 오늘 오후에 돌아가겠다."

이는 이한림 사령관과 함께 쿠데타에 반대하기로 했다는 암호였다. 북극성회와 생도들은 이 소식을 듣고 끝까지 저항하기로 했다. 5월 17일 오후, 쿠데타군은 생도 내무반에 지급된 개인 소총을 모두 걷어갔다. 이때부터 육사는 반혁명 부대로 분류됐다. 일종의 무장해제 조치였다.

그러나 이날 저녁 전방에서 돌아오던 서우인과 한건희는 서울 입구 검문소에서 쿠데타군에 구금당하고 만다. 육사에는 이와 함께 이한림, 강영훈, 김웅수 장군 등의 강제 연행 소식이 들려왔다. 17일 밤 북극성회 간부들은 '불가항력'을 인정할 수밖에 없다고 결론지었다. 북극성회가 저항을 포기하면서 5월 18일 오전, 육사 생도들의 쿠데타 지지 시가행진이 이루어졌다.

쿠데타군이 생도들의 지지 시위를 집요하게 요구한 것은 육사의 이용 가치가 크기 때문이었다. 5·16 쿠데타는 군부대를 비롯해 주한 유엔군사령부와 미국 측으로부터 강한 반대에 부닥쳤다. 이들을 설득하기 위해서는 순수성을 상징하는 육사 생도들의 지지 표시가 가장 효과적이리란 계산을 한 것이다. 생도 대열의 맨 앞에 서울중앙방송국 가두방송반을 세운 것도 최대의 선전 효과를 노리기 위해서였다. 서울시청 앞 광장에서 정재문 연대장 생도(18기)가 지지선언문을 낭독했다.

"역사의 최후적 순간은 가차 없이 혁명이라는 것을 갈구했다. 그렇다. 이 찬란한 조국의 새벽에 우리 육사 장교단과 생도들은 이 영광스러운 혁명의 파도 속에 영육(靈肉)을 흔연히 투척했다…."

▌▌북극성회는 어떤 조직이었는가

육군사관학교 총동창회로서 북극성회가 만들어진 것은 5·16 직전인 1961년 4월이었다. 이 조직은 위와 같은 사건에도 불구하고 5·16 이후 급부상한다.

북극성회가 탄생한 배경을 이해하기 위해선 **육사 이전에 만연했던 우리 군대의 후진적인 폐해**에 주목해야 한다. 4년제 정규 육사의 첫 졸업생들은 초급장교 시절 소대장과 중대장을 지내며 구세대 군 간부들에게 강한 반감을 가지고 있었다. 부하들의 급식 정량을 떼어먹는 부패, 경험만을 내세운 주먹구구식 작전 지시, 돈키호테식 영웅심리에 빠진 봉건적 지휘관…. 심지어 40명 가까운 소대원 정원 중 10여 명은 항상 '영외 근무'였다. 목수와 미장이 등 기능공들은 밖에 나가 일당을 벌어야 했고, 학벌 좋은 사병은 고위 지휘관의 자택에서 가정교사나 당번병으로 차출되었다.

이런 풍토 속에서 직업 군인으로 평생을 지내야 했던 육사 출신 장교들의 마음엔 실의와 투쟁 의식이 함께 일었다. 전후방에 흩어진 이들은 '원칙 장교'로서 각자 저항하기도 했으나 소수파였고 무력했다.

그들의 꿈은 물론 별을 다는 것이었다. 장군의 양어깨 위에서 빛나는 별. 그러나 그것은 분단 조국의 북녘땅을 비추어주는 북극성과 같은 별이어야 했다. 육사 졸업앨범의 표제를 '북극성(北極星)'으로 정한 것도 그런 의지를 새기고자 했기 때문이었다. 이들은 소대장 근무를 마친 후 우수 졸업자들을 불러들였다. 그렇게 구성된 이들이 육사 교수부의 중추 요원으로서 육사 총동창회를 조직하게 된 것이다. 동창회의 이름도 자연스럽게 '북극성회'로 지어졌다.

5·16 쿠데타 당시 육사 출신 장교들은 대략 3개 분야로 나뉘어 근무하고 있었다. 졸업 성적이 상위 30% 이내에 드는 학구형은 육사 교수부에 들어갔다. 이들은 전방에서 소대장 임기를 마친 뒤 교수요원으로 차출돼 주로 서울대학교에서 전공 과정 위탁교육을 받

고 후배 생도들에게 교과 강의를 했다. 이들이 북극성회의 구심점을 이루었다.

두 번째 그룹은 소대장 근무를 끝낸 후 1961년부터 일반대학에 설치된 ROTC 교관이나 구대장이 됐다. 육본 등의 고위장성 전속부관이나 방첩대에 근무하는 장교들도 있었다. 그리고 소대장을 마친 뒤에도 그대로 일선 부대에 남아있는 경우가 세 번째 범주였다. 바로 순수 야전 군인들이다. 이들은 병사들과 함께 흙과 땀 냄새에 묻혀 살았다.

5·16 쿠데타 지지파는 두 번째 그룹에서 형성됐다. 서울대 등의 ROTC 교관이었던 전두환, 김복동, 노태우 대위 등이 여기에 속한다. 전두환은 육사 생도들의 쿠데타 지지 시위를 끌어내는 데 직접적인 영향력을 행사하며 박정희에게서 직접 혁명군의 완장을 받기도 한다. 쿠데타군 측은 생도들의 지지 시위 이후 30대 초반의 대위급인 이들을 수족으로 데려다 쓰기 시작했다. 박정희 최고회의 의장의 경호실이 스카우트를 맡았다. 경호실은 **박 의장과 동향인 영남 출신들**을 골라 쓰는 한편 북극성회에 일부 추천을 의뢰하기도 했다.

북극성회는 서울 지역에 근무하는 11기 출신을 추천했고 육사 교수부에서도 몇 명을 보내기로 했다. 그것은 쿠데타 반대로 군을 떠나야 할 사람들에 대한 일종의 '보호색'이었다. 이에 따라 구금됐던 서우인 대위를 비롯해 5명의 교수요원이 최고회의에 들어간다.

박정희 의장 경호실은 이들을 최고회의 민원비서실과 중앙정보부 등에 다시 배분했다. 이 때문에 육사 11기 출신 대위 상당수가 5·16

군사정부에서 중요한 실무책임자 역할을 하게 된다. 육사 출신 장교들이 군내 소수파의 처지에서 영향력 있는 집단으로 인식되기 시작한 것은 그 이후부터다.

‖ "연면히 이어져 온 육사 전통을 단절"

북극성회는 하나회의 초기 마중물과 같은 집단이었지만, 처음에는 비교적 순수한 동기로 출발했다. 초대 회장 강재륜 대위는 취임의 변에서 이렇게 말했다.

"우리의 목표는 명백하다. 훌륭한 전문인, 겨레의 방패로서 역사의 참길을 걷는다는 것이다. 이렇게 공통된 염원을 위해 서로 간의 계발과 신의와 우애를 두터이 해야 한다."

이후 북극성회 회장은 친목과 상부상조라는 기본 취지를 지키려는 순수파와 군 내외에 영향력을 과시하려는 하나회 계열이 번갈아 맡았다. 1960년대 중반까지만 해도 하나회계가 북극성회를 크게 '오염'시키지는 못했다. 노태우가 회장을 맡았던 당시의 취임사를 보면 북극성회의 주류 분위기에 충실하려 애쓴 흔적이 역력했다.

"인화와 친목, 상호부조의 정신이 동창회의 시작과 끝이다. (…) 평범한 범인(凡人)으로서 중의를 존중하는 커다란 귀를 가지고 많은 아우들의 뒤를 보살피는 어리숙한 형 노릇을 묵묵히 하겠다."

그런데 1968년 전두환 중령의 회장 취임사는 목소리가 사뭇 달랐다.

"안으로 일면 건설, 일면 국방의 당면과제가 우리 앞에 선명히 부각됐다. (…) 우리는 지금 구구한 이론의 시대가 아니라 박력 있는 행동이 요청되는 시대에 살고 있다."

바로 '싸우면서 일하자'는 박정희 정부의 구호를 과감하게 대변하는 내용이었다.

이에 대한 마지막 제동이 1969년 회장 김광욱 중령을 중심으로 한 교수부에서 나왔다. 당시는 박정희 대통령의 지시하에 3선 개헌 공작의 회오리바람이 다시 불기 시작할 때였다. 북극성회의 규모도 3,000명 가까운 영관 및 위관급 엘리트 장교 집단으로 더욱 커졌다.

"동창회 활동의 중심을 일단 모교인 육사로 옮겨야 한다. 동창회의 존립 의의는 친목 활동이며 북극성 회보《아사달》은 전략 이론 연마의 장으로 향상돼야 한다."

그러나 이 외침은 이것으로 끝이었다. 다음 해인 1970년 북극성회의 회장 선거에서는 전두환, 김성진이 경선을 치르다가 김성진이 중도 하차했다. 유례없는 회장 재임이 나온 것이다.

그 후 1년 뒤 권익현 회장에 박희도 간사장, 1972년에는 손영길 회장 등 북극성 동창회는 하나회의 손아귀에 들어갔다. 손영길은 북극성회의 마지막 회장이 된다. 1972년 8월 군내 압력집단이라는 정보 보고를 받은 박정희 대통령이 해체를 지시한 것이다. 북극성회 회장 손영길 대령과 운영위원장 김영균(이후 법제처장을 지낸다) 외 운영위원 일동의 명의로 된 해체결의문은 군내 사조직의 문제점을 그대로 지적하고 있다.

"군의 조직은 원천적으로 지휘권자에게 집약돼야 한다. (…) 북극성 동창회의 활동은 다른 일부 장교들을 자극해 군 장교들이 사분

오열돼 있는 듯한 인상을 주기도 했다. (…) 또 육사 11기 이후의 졸업생만으로 구성돼 건군 이후 연면히 이어져 온 육사 전통의 단절과 유아독존의 기풍을 조성케 했음을 솔직히 시인한다."

그리고 8개월 후인 1973년 3월 '윤필용 사건'이 터져 하나회의 존재가 처음으로 세상에 알려지게 된다. 이 사건에 관해선 3장에서 자세히 다룰 예정이다.

▌▌박정희 친위 세력, 영남 출신 7성회

북극성회가 육사 출신들의 총동창회인 데 비하여 하나회는 애초에 정치장교들의 비밀결사였다. 처음 육사 생도들이 북극성 동창회를 조직한 것은 4년 동안 한 요람에서 엘리트 장교라는 꿈을 함께 키운 동창들의 구심점을 마련하자는 데 뜻이 모였기 때문이다. 서로 정신적 힘이 되어 주자는 친목 모임으로서 북극성회의 동기는 순수했다. **이에 비해 정치장교 비밀결사 하나회는 처음부터 집권자의 친위 세력으로 길러진 '군부 내 사조직'이었다.**

1961년 5·16 군사쿠데타가 일어나자 생도 시절 영남 출신 서클인 전두환, 노태우, 김복동, 최성택 등의 장교들은 정국을 예의 분석했다. 5·16 직후 이들은 11기의 또 다른 영남 출신인 손영길, 권익현, 정호용과 교유하며 '7성회'(대구를 주축으로 했던 친목 모임이었던 5성회에서 확대된 것이며, 전두환, 노태우, 김복동, 최성택, 박정하 등 5성회 멤버는 형제 이상의 끈끈한 관계를 유지했다)를 조직한다. 5·16 군사쿠데타는 이처럼 그 후계 세력인 하나회의 씨앗을 함께 키워가고 있었다.

이들은 5·16 쿠데타 주체 세력이 내세운 '세대교체', '체질 개선'이라는 구호가 바로 자신들이 희구해 온 내용이라고 생각했다. 부정부패 척결과 기아 해방, 경제 건설도 그럴듯한 쿠데타의 명분이었다. 30대 초반 나이의 대위들에게 군사혁명이란 일신을 던져보기에 충분한 일거리였다.

그러나 군사정부는 혼란스러웠다. 군부 내에서 반혁명 투옥 사건이 수차 일어났을 뿐 아니라 최고회의 내 파벌 갈등도 심했다. 쿠데타를 일으킨 지 두 달도 채 안 된 7월 초, 육군참모총장으로 최고회의 의장을 지냈던 장도영 중장과 송찬호, 박치옥 최고위원 등이 반혁명 음모 혐의로 체포됐다. 이에 그치지 않고 박임항·이규광계, 김동하·박창암계 등 혁명 주체들이 연달아 반혁명 음모라는 명목 아래 투옥된다.

이는 5·16 쿠데타가 초기에는 가능한 한 넓게 참여 세력을 동원했으나 갈수록 소수 중심으로 좁혀지는 과정에서 필연적으로 벌어진 일이었다. 정적에게 엉뚱한 죄명을 씌우거나 혐의를 침소봉대해 경쟁 무대에서 제거하는 **공작정치 수법**이 이때부터 본격화된 것이다.

특히 혁명 주체의 주요 인물이었던 김동하 해병소장은 김종필 공화당 창당준비위원장의 독주에 제동을 걸다가 거세를 당했다. 민정 이양을 앞두고 쿠데타 세력의 정당으로 만들어진 공화당이 JP 중심의 조직을 드러내자 최고위 측은 크게 반발했다. 최고위 대표 격으로 공화당에 참가하기로 한 김동하, 김재춘, 조시형, 강상욱, 오정근,

이석제 등은 JP의 직계인 사무국계와 갈등을 일으켰다.

군사정부는 이 반(反)JP라인의 보스 김동하 소장과 함께 그의 함경도 동향 후배인 박창암 준장을 구속해 버린다. 특히 군사정부의 서슬 퍼런 혁명 검찰부장이던 박창암의 구속은 '권력무상'이라는 화제를 낳기도 했다. 세간에는 이 같은 반혁명 체포 사건을 두고 '알래스카 군맥'의 숙청이라는 얘기가 나돌았다. **지연(地緣)에 의한 군내파벌 간의 암투**로 비친 것이다.

육사 출신 장교들은 5·16 이전 군내 고질적 파벌과 그에 대한 정권의 이용에 대해서도 혐오를 느꼈다. 창군기에는 군 안에 중국군 및 광복군계와 일본군 및 만주군계가 고루 있었으나 이승만 대통령은 광복군계보다는 일본 육사 출신들을 중용했다. 광복군계는 김구 선생을 추종했기 때문에 그쪽에 무력을 맡기지 않았다는 얘기가 전해오고 있었다.

자유당 정권기에는 일본군계 중에서도 이북 군맥이 주류를 이루었다. 이 이북 군맥 안에서 다시 함경도파와 평안도파 간의 갈등이 벌어졌다. 6·25를 겪은 후 자유당 정권 말기에는 함경도 출신이 군 요직을 다수 차지하고 있었다. 정일권, 한신, 강문봉, 박임항, 이한림 장군 등이 이른바 '알래스카 군맥'으로 이에 속한다. 반면에 백선엽, 김홍일, 이응준, 채병덕, 장도영 등 평안도 출신은 다수가 밀려나 있었다.

그러다가 5·16 쿠데타에도 함경도계가 주요 세력으로 참여했다. 군사정부 안에서 이들은 나름의 발언권을 행사하려 했다. 그러나 군사정부 내의 갈등 상황에서도 박정희 의장은 자신의 위치를 굳혀가고 있었다. 다른 사람을 용인하고 선택하는 권력자의 위치였다. **이와 같은 5·16 쿠데타 세력의 기상도가 영남 출신 7성회 멤버들에게 영향을 주었다. 이들이 군사혁명의 영도자 박정희 의장에게 친위세력으로 다가가기 시작한 것이다.**

이들은 쿠데타 직후 이미 박정희 의장 경호실에 의해 선발돼 최고회의 민원비서실이나 중앙정보부 등에서 근무하고 있었다. 경호실장 박종규 소령이 주도하여 이들을 스카우트했다. 1962년 가을, 서울 효창공원 뒤 전두환 대위의 집에서 의기투합하는 동기생들이 모였다. 당시 전두환 대위는 장인 이규동의 집에서 처가살이 중이었다.

이들은 주로 수도권에 근무하는 동기들에게 연락했다. 이날 모임에는 영남 출신은 물론 각 지역에서 두루 25명가량이 참석했다. 7성회는 그런 자리에서 군사정부 내 파벌이나 권력투쟁 문제에 대해서는 토의를 자제할 수밖에 없었다. 참석자 수가 많다 보니 서로의 속마음을 알 수 없었기 때문이다. 참석자들은 세칭 '4대 의혹사건'이 군사혁명의 대의에 먹칠을 가했다는 데에 모두 의견이 일치했다.

젊은 장교들에게 4대 의혹사건은 정상배의 전형적인 모리(謀利) 행위로 비쳤다. 외자도입으로 건설한 워커힐의 공사자금 유용, 주가의 급등·급락 등 증권파동, 파친코 무단 반입과 새나라자동차의 수입 관세 포탈 등 하나같이 권력의 개입 없이는 생각하기 어려운 비리들이었다. 여기에 혁명 주체 일부가 연루된 데다 공화당 사전 조직을 위해 정치자금을 조달했다는 의혹도 일었다. 모두 그들의 공분을 모으기에 안성맞춤이었다.

　이와 같은 일련의 정치적 사건은 젊은 장교들에게 군사혁명의 '떳떳한 명분'을 죽이는 짓으로 비쳤다. 7성회가 주도한 이날 모임에서는 이를 두고 난상 토론이 벌어졌다.

▮▮ 하나회의 모태, 일심회

1963년 2월, 7성회는 청파동의 전두환 소령 집에서 다시 모임을 가졌다. 이 해 11기생 중 3분의 1 정도가 1차로 소령에 진급했다. 7성회 중에서도 전두환, 김복동, 최성택, 손영길 등은 진급했으나 노태우, 정호용은 대위에 머물러 있었다. 이때부터 이들은 진급 문제에 관해 연구를 거듭했다. 정규 육사 출신과 단기 육사 및 갑종 장교들 간의 군 복무 기간과 연령, 진급 정원 등을 비교 분석했다. 정규 육사 출신은 단기 육사 8~10기와 나이는 엇비슷한데도 4년제 교육을 받느라 장교 근무 기간으로 보면 차이가 크게 벌어져 있었다. 이것이 그들의 가장 큰 불만이었다.

　그중에서도 육사 8기들은 5·16 쿠데타의 주체 세력을 이루었다. 11기생들과 나이는 3, 4세밖에 차이가 나지 않았으나 그 무게가 비교할 수 없게 달라진 것이다. 김종필, 오치성, 김형욱, 김동환, 길재호, 신윤창, 옥창호, 오학진, 홍종철 등이 그러한 자들이었다.

　더욱이 중요한 점은 혁명 주체로 부상한 육사 8기 중에는 **영남 출신**이 없었다는 사실이다. 7성회 멤버들에게는 이 점이 이질적으로 느껴졌다. **군사혁명의 영도자 박정희 장군은 자신들과 동향(同鄕)이**

었으나, 그 아래서 수족 노릇을 하는 8기생들은 자신들의 권력 접근에 장애물로 여겨졌다. 이들은 시국 문제를 논의하고 군사혁명에서 일정 역할을 확보하기 위한 서클을 조직하기로 의견을 모았다.

"단 세 사람이 모인다 해도 마음만 한데 모으면 못 할 일이 있겠느냐. 모임의 숫자를 제한하고 대신 죽을 때까지 마음이 변치 않을 동지들만 규합하자."

이들은 최고회의와 중앙정보부에 근무하는 동기생을 중심으로 도원결의할 '의형제'들을 골랐다. 전두환, 노태우, 김복동, 최성택, 손영길, 권익현, 정호용 등의 7성회에다 박갑룡, 남중수가 추가됐다. 9명 전원이 대구, 부산, 마산 등 영남 출신에 군정기구에서 일하는 11기생들이었다.

여기에다 서울에서 공병중대장을 하다가 최고회의 경호실에 와 있던 노정기를 전두환 소령이 천거했다. 영남 일색이기 때문에 한 명쯤 다른 지역 출신으로 구색을 갖출 필요도 있었다. 노정기는 전남 장흥 출신으로 동기생 중 나이가 가장 어렸다. 정치에 별로 관심을 보이지 않는 데다 육사 재학 시 꾸준한 노력으로 성적이 상위권이었던 그가 적임자로 받아들여졌다. 이렇게 해서 열 명의 멤버가 구성됐다.

그들은 모임의 명칭을 놓고 숙의했다.

"우리는 누가 뭐래도 정규 육사 1기다. 그리고 나라도 '하나', 우리의 우정도 '하나'로 뭉쳐야 한다. 그런 뜻에서 한마음회가 어떨까?"

"그것 괜찮네. 한마음회, 일심회라고 하자."

이렇게 해서 그들은 모임의 명칭을 한마음이라는 뜻인 '일심회'로 정했다. 후에 이들은 명칭을 한마음회로 한 차례 바꾸었다가 '하나회'로 최종 귀착시켰다. 이들은 하나회가 군내 사조직이라는 것에 처음부터 신경을 크게 썼다. 규정상 금지돼 있기도 하고 다른 동기생들에게 위화감을 준다는 점 때문에 모임을 극비리에 유지해 나가기로 했다. 회원의 신원에서부터 회칙, 모임 일자, 토의 내용 등에 관해 일절 흔적을 남기지 않는 등 보안 조치에 특별히 유의했다. 이때부터 모임 장소도 열 명의 집에서 돌아가며 갖기로 했다.

▌▌세력화하는 하나회

1963년 3월 18일, 육사에서 북극성 동창회 운영위원회가 열렸다. 안건은 신임 회장 선출의 건이었다. 11기부터 17기까지 각 기에서 2명씩 총 14명이 참석했다. 11기의 운영위원은 당시 인사관리처에서 근무했던 김영곤 대위와 육군본부 공병감실에서 근무했던 노정기 대위였다.

이날 노정기의 강력한 추천과 발의로 노태우 대위가 북극성회 회장에 선출된다. 하나회계의 세력화가 첫발을 내디딘 계기였다. 이에 앞서 5·16 쿠데타 주체 세력들은 김종필 중앙정보부장 겸 공화당 창당준비위원장에 대한 정치적 공세를 펴고 있었다. 반JP계는 공화당 사전 조직과 4대 의혹사건을 그의 작품으로 몰아갔다. 김종필은 정적들과 여론으로부터 쏟아지는 소나기를 잠시 피하기로 했다. 1963년 1월 20일 그는 모든 공직에서 사퇴하겠다고 발표했다.

그의 후임 중앙정보부장에는 육사 5기 그룹의 중심인물로 반JP계인 김재춘이 임명됐다. JP는 '자의 반 타의 반의 외유'라는 유명한 말을 남기고 순회대사 직함으로 동남아와 유럽 등으로 출국한다. 그가 출국한 하루 뒤인 2월 26일 공화당은 창당대회를 열었다. 공화당이 김종필의 당이 아니라 혁명 주체들의 당이라는 표시였다.

그러나 공화당에 심어놓은 사무국 조직은 JP의 직계부대였고, 그것을 환골탈태시키기란 시간적으로나 정치적으로나 무리였다. 이에 김재춘 중앙정보부장 등 반JP계는 정치권에서 JP의 색깔을 지우는 작업에 착수한다. 중앙정보부의 4대 의혹사건 수사가 그 시작이었다. 김재춘 부장은 수사 착수에 앞서 중앙정보부 내의 JP계 간부를 솎아냈다. 그러나 4대 의혹사건 중 쿠데타 세력 일부가 연루된 증권파동 재판에서 대부분 무죄 판결이 내려졌다. 6월 27일의 일이다. 재판 과정에도 육사 8기의 혁명 주체들이 개입했다는 루머가 나돌았다.

1963년 7월 2일, 서울 화신 뒤쪽 서울예식장에 재경 육사 출신 장교 200여 명이 모였다. 참석자들은 이날 최고회의와 중앙정보부에 근무하는 11기생들이 4대 의혹사건에 대한 모종의 행동을 할 것이란 얘기를 듣고 있었다. 그러나 이 자리에 모인 장교 대부분은 이런 움직임을 사전에 비판하고 나섰다. 11기부터 13기까지의 선배 그룹은 총회가 아니라 간담회식으로 이루어진 이날 모임에서 시국 문제에 관한 발의 자체를 막았다.

"어떤 세력이 지금 그따위 짓을 하려는지 모르겠지만 정신 나간 놈들이거나 불순한 의도를 가진 자들일 것이다. 5·16 직후 생도들의 군

사혁명 지지 가두 행진과 같은 발상 아니냐? 북극성회가 어떤 공식 태도를 보인다면 육사가 시국 문제에 끌려들어 가는 결과가 된다. 군인이 정치적 사건을 두고 수시로 관여한다면 나라 꼴이 어떻게 되겠느냐."

장교 다수는 처음부터 시국 문제가 튀어나오지 않도록 봉쇄했다. 결국 이날 시국 토의는 불발됐고, 모임에서는 진급 문제에 관한 간담만 이루어졌다.

▌▌ "육사 8기 밀어내자"

이튿날인 1963년 7월 3일 정오, 서울예식장 뒷골목의 한 식당에서 북극성회 운영위원회의가 열렸다. 안건은 육사 출신 장교들의 진급 문제 연구 보고와 3군 사관학교 체육대회에 출전하는 육사 선수들에 대한 지원의 건이었다. 11기부터 16기까지의 운영위원 12명이 모였다. 운영위원장 김영곤 대위가 이날의 안건을 꺼내자 14기 대표 배명국 중위가 긴급동의를 내놓았다.

"지금 그런 문제를 논의할 때가 아닌 것 같습니다. 군사혁명위원회 내부에 잡음이 많고 증권파동 같은 4대 의혹사건으로 시국 불안이 가중되고 있지 않습니까. 군사혁명에 참여했다는 장교들 일부가 대의를 벗어난 행동으로 국민에게 큰 실망을 안겨주고 있습니다. 북극성회가 나서 군사혁명을 오염시킨 세력들에 어떤 행동을 보여야 한다고 생각합니다."

김영곤은 갑작스러운 제안에 되물었다.

"무얼 어떻게 하자는 거요?"

14기의 다른 운영위원인 최종국 대위가 이를 받았다.

"군인의 명예가 걸린 문제라고 봅니다. 우리 육사 출신 장교들은 처음부터 군사혁명에 참여하진 못했으나 그 대의 때문에 이미 여러 선배들이 최고회의에서 함께 일하고 있습니다. 내부의 사정을 잘 아는 이 선배들이 북극성 동창회의 이름으로 어떤 조치를 취할 수 있도록 위임하는 결의를 냅시다."

위원장 김영곤과 다른 참석자들은 그제야 짐작이 갔다. **7월 6일을 기해 하나회 그룹이 육사 출신 장교들을 동원해 육사 8기 JP계를 연금하고 4대 의혹 사건 등의 비위를 폭로하려 한다는 소문이 육사 교수부 주변에 나돌고 있었다.** 바로 전날도 서울예식장 2층에서 열린 재경 동창 간담회에서 영남 출신 하나회 그룹이 같은 제안을 하려다 반대에 부닥쳤다.

이즈음 북극성회는 육사 교수부에 두었던 연락사무소를 서울예식장 5층으로 옮겼다. 그해 3월 노태우 대위가 회장을 맡으면서 북극성회의 중심을 육사 밖으로 끌어낸 것이다. 이에 따라 육사 출신 장교들의 모임이 서울의 한복판인 서울예식장 주위에서 활발하게 이루어지곤 했다.

14기 운영위원들의 발언을 듣고 김준봉, 신승철, 이종찬 등 육사 근무 장교들은 단호하게 대처해야 한다는 생각이 들었다. 최고회의에 들어간 박정희 의장의 동향 출신 장교들이 조직적으로 나서고 있음이 분명해졌기 때문이다. 그러지 않아도 5·16 쿠데타를 지지한 11기의 7성회가 후배 기수를 포섭해 하나회를 결성했다는 정보가 있어 육사 교수부 장교들은 대처 방안을 논의하던 때였다.

1963년 들어 공화당 사전 조직 파동으로 김종필 전 중앙정보부장이 외유를 떠나자, 하나회계는 지금이 육사 8기 그룹을 거세할 수 있는 호기라고 보았다. 또 김종필계 일부가 연루된 증권파동의 수사에 나선 김재춘 중앙정보부장과는 연결고리가 있었다. 김재춘 중정부장이 방첩대장이던 시절 노태우, 권익현 대위는 그 아래서 실무과장으로 신임을 받았다. 김재춘은 5·16 이후 김종필을 중심으로 한 육사 8기와 권력 경쟁을 벌여온 육사 5기의 리더였다.

하나회계는 공화당 사전 조직과 4대 의혹사건으로 JP가 여론의 십자포화를 맞고 김재춘 등 5기 그룹이 대세로 떠오르자 권력의 추가 자신들에게 유리한 쪽으로 기울었다고 보았다. **이 기회에 군사정부에서 육사 8기가 차지해 온 역할을 정규 육사 출신 장교들이 맡아야 한다고 생각했다.**

7성회를 포함해서 정규 육사 출신 중 5·16 쿠데타에 사전 모의 과정부터 참여한 장교는 없었다. 오랫동안 박정희 장군의 전속부관을 지낸 손영길 대위도 5·16 때는 박정희와 떨어져 있었다. 박정희가 2군 부사령관으로 쿠데타를 주도할 때 손영길은 부산군수기지사령부 예하 중대장이었다.

▌▌ '권력층의 줄'을 찾아라

쿠데타가 성공한 뒤 하나회 핵심에서 맨 먼저 궁리한 것이 그 주체 세력에 '줄'을 대는 일이었다. 7성회 멤버인 손영길이 모셨던 박정희 장군이 혁명 주체로 알려지자 전두환은 기민하게 움직였다. 그는 손영길을 급히 서울로 불렀다. 두 사람은 태평로의 최고회의 부의장실로 박 장군을 찾아갔다. 이후 손영길 대위는 다시 박정희 장군의 전속부관 일을 보게 된다.

최고회의 부의장 부속실에는 부관이 앉을 책상도 전화도 없었다. 그러자 전두환은 다른 방에 가서 집기들을 들고 와 부관의 자리를 꾸몄다.

"야, 손 대위, 이 자리를 잘 지켜야 한다. 이게 얼마나 중요한 자리인 줄 아나?"

이렇게 끈을 만들고 군정기구에 들어간 하나회계는 1963년 6월 말 증권파동 관련자들에게 무죄 판결이 내려지자 크게 실망했다. 육사 8기 그룹을 밀어내고 그 역할을 맡으려는 기대가 무너진 것이다.

그러나 이들은 단념하지 않았다. 5·16 쿠데타가 국내외에서 지지 받느냐 받지 못하느냐의 기로에 서 있을 때 육사 생도들의 쿠데타 지지 시가행진으로 혁명 주체에게 **결정적 계기**를 만들어주지 않았던가. 하나회는 마지막 카드로 육사 총동창회의 이름을 빌려 육사 8기 거세를 시도하기로 했다. 이들은 김재춘 중정부장에게 노태우 대위 등을 보내 이 같은 계획을 털어놓았다. 김재춘 부장은 이들에게 집단행동의 위험성을 경고했다.

하나회계의 이런 음모는 공화당 간부들에게 새어나갔고, 재경 지구 육사 출신 장교들 사이에도 널리 퍼졌다. 특히 육사 교수부 장교들은 하나회가 육사 총동창회를 정치적으로 이용하려는 데 분개했다. 사정을 알고 있던 운영위원들은 이날 회의에서 배명국 중위 등의 긴급 제안을 맹렬히 비난하고 나섰다.

"육사라는 이름을 정치적 권력투쟁에 끌어넣으려 하는 것 아닙니까? 몇몇 간부가 군사정부 내에서 북극성 동창회의 대표인 것처럼 행동해서는 안 됩니다. 육사 출신 장교를 담보로 파워게임에 가담하려 해서야 되겠습니까?"

이날 참석한 운영위원 중에는 하나회계가 서너 명 정도 끼어 있었다. 그중에서도 배명국은 7성회가 하나회로 확대될 때 후배들을 포섭하는 데 앞장선 핵심 인물로 알려져 있었다. 이날 하나회의 음모는 표결에까지 부쳐졌으나 가볍게 부결됐다. 그러나 이 일로 하나회 그룹의 실체가 육사 장교들 간에 노출됐다.

▌'12·12 싹' 못 자른 정승화 방첩대장

이것이 바로 미수에 그친 하나회의 1963년 **'7·6 친위쿠데타'**의 전개 과정이었다. 이 쿠데타 기도는 분명 **16년 뒤 '결실'을 거둔 12·12 쿠데타의 싹과 같은 것**이었다. 처음부터 그 싹을 자르지 못했기 때문에 1979년 12·12 쿠데타라는 독초가 자랐다.

1963년 7월 5일 오전, 육군방첩대 조사실. 소령 계급장의 수사관이 김식 대위(육사 11기, 민정당 11, 12대 의원을 지냈다)를 상대로 '7·6 쿠데타설'에 대해 참고인 조사를 벌였다.

"육군본부 주변에서도 그렇고 정규 육사 장교들이 모인 자리에서 혁명 주체 중 부패 장교를 체포하자는 얘기들을 주고받았다는데…."

7·6 음모에 대해 박정희 최고회의 의장으로부터 조사 지시를 받은 방첩대는 먼저 육군본부에 소속되어 있던 김식 대위를 불렀다. 그는 당시 육본 군수참모부에서 근무하고 있었다. 김 대위는 육사 총동창회인 북극성회의 서울지회 연락책이었다. 핵심 주모자들은 모두 최고회의와 중앙정보부에 소속돼 있어 처음부터 이들을 건드리진 못했던 것이다. 또 방첩대로서는 이 사건에 대한 정보도 입수하지 못한 상황이었다. 중앙정보부가 박정희 의장에게 보고한 것과 공화당 간부들이 수사를 요구한 것이 전부였다.

당시 방첩대장은 정승화 준장이었고, 방첩대는 중앙정보부로부터 정보 보고자료를 넘겨받았다. 김식 대위는 동기생들 간에 오간 얘기들을 대충 털어놓았다.

"젊은 장교로서 시국을 걱정하는 얘기를 했지요. 부정부패 척결을 부르짖고 군사혁명에 나선 사람들이 국민으로부터 의혹을 받는 일을 저질러서야 되겠습니까?"

수사관은 됐다 싶어 음모의 내용을 물었다.

"7월 2일 밤 노태우 집에서 정호용, 노정기 등과 함께 거세 대상자 명단을 짰다는데 대개 어떤 인물들이었나?"

"무슨 말씀이십니까? 그때 우리는 술 마시면서 개탄이나 했지, 누구를 제거한다는 그런 얘기를 한 일이 없습니다."

수사관은 김 대위에게 정보 보고철을 내보였다. 보고철에는 주모자들의 이름이 소속과 함께 쓰여 있었다. 최고회의의 최성택, 노정기, 중앙정보부의 전두환, 권익현, 김복동, 박갑룡, 방첩대의 노태우 등이었다.

이어 수사관은 '7·6 거사설'이라는 제목 아래 이 소문이 전파돼 중앙정보부와 공화당 간부에게로 입수된 경로를 도표로 그렸다. 정보 내용을 들여다본 김식 대위는 크게 놀랐다. 공화당 간부인 육사 8기 출신 김동환, 신윤창, 오학진, 김우경 등이 정보 입수자로 적혀 있었다. 이들이 군 장교들에게서 들은 소문은 "육사 출신 장교 일부가 4대 의혹사건과 관련이 있거나 정치적 분열을 일삼는 최고위원 및 공화당 간부 40여 명을 제거할 계획을 꾸몄다."라는 내용이었다. 김식은 이 소문을 완강히 부인했다. 그러자 수사관은 어딘가로 전화를 걸었다.

"이 사건 별것도 아닌데 그 공화당 친구들이 난리법석을 떠는 것이 아닙니까?"

김종필계 공화당 간부들이 젊은 장교들의 어설픈 음모를 빌미로 김재춘 중정부장에게 역공을 가하는 상황이었다. 하나회의 설익은 야심이 그들과 가까운 김재춘에게 올가미가 돼버린 것이다.

김재춘 부장은 정승화 방첩대장을 찾아갔다. 두 사람은 육사 5기 동기생이었다.

"이 친구들이 나한테 와서 그런 얘기를 할 때 내가 경고했었지. 그러나 젊은 장교들이 나라를 걱정하다가 혈기로 할 수 있는 얘기 아닌가. 혁명 주체 중에 깨끗하지 않은 사람들이 있는 게 문제야. 그것을 척결하려는 청년 장교들의 의기는 옳다고 보네. 아까운 장교들이고 하니 경고 정도에서 관용하는 것이 좋겠어."

정 방첩대장도 동감이었다. 그러나 그는 수사 책임자로서 적당한 마무리가 필요했다.

우선 그는 박정희 의장의 측근 두 사람을 불렀다. 경호대장 박종규 소령과 전속부관 손영길 소령이었다. 정승화는 박종규에게 경호실 소속 노정기 대위가 이 음모에서 중요한 역할을 했다고 말했다. 그러나 가혹한 처벌은 피해야 할 것 같다는 의견을 덧붙였다. 연루자들 명단을 보니 모두 육사 11기 중 군정기구 참여파였던 것이다. 그는 정승화 방첩대장에게 '기합' 선에서 끝내자고 제안했다.

최고회의 경호실로 돌아온 박종규는 즉각 노정기 대위를 호출했다.

"자네 요즘 무슨 음모를 꾸미고 돌아다니나? 그러잖아도 군사정부가 시끄러운데 주제넘은 짓으로 더 복잡한 문제를 일으키면 어떻게 되는 줄 알지?"

그는 눈을 부라리며 노 대위의 복부를 툭 쳤다. 노정기는 잡아뗐다.

"저희끼리 나라 걱정하는 얘기를 한 일은 있으나 음모라니 금시초문입니다."

정 방첩대장은 손영길 소령에게도 귀띔해 주었다. "자네는 이 음모자 명단에 들어있지 않았지만, 모두가 가까운 동기 사이가 아닌가? 이 일이 외부로 확대되면 또 한 번 시끄러워질 텐데…"

손영길 소령은 발등에 불이 떨어졌다고 느꼈다. 그는 박정희 최고회의 의장에게 직소했다. 하나회가 기대했던 **전속부관의 위력**을 발휘한 것이다.

"지금 방첩대에서 조사하는 것을 들으니 지나치게 과장됐습니다.

관련자들이 모두 제 동기생이고 처음부터 혁명을 지지한 장교들입니다. 혁명 주체 내부가 너무 혼란스러워 각하께서 일하시기가 어렵다는 얘기들을 한 것입니다. 저희가 각하께 어떤 힘이 될 수 있을까 하는 의견을 교환해 왔었는데 이런 분위기는 보호돼야 할 것 같습니다."

박정희 의장은 이때 쿠데타 세력 내부의 알력으로 골치를 앓고 있었다. 그는 손영길 소령에게 일렀다.

"알았다. 아직 젊은 사람들이 다른 생각 말고 위에서 주는 일이나 잘하라고 해."

이로써 더 이상의 사건 수사나 처벌은 없었다. 하나회 주도그룹의 어설픈 야심과 14기 행동파의 직설적 발언으로 사전에 노출된 7·6 음모는 이렇게 해프닝에 그쳤다.

▮▮ "배신하면 인격 말살", 마피아식 가입의식

하나회의 초기 조직 확대는 11기 이후 14기에서 큰 호응을 받았다. 처음에는 12기와 13기 중에 가담자가 없었다. 11기의 '하나회 시조'들로부터 지침을 받아 후배 포섭에 나선 행동책들은 14기의 럭비부 출신을 중심으로 한 영남파였다. 배명국, 박정기, 이종구(이후 국방부 장관을 지낸다), 정도영(12·12 당시 보안사 보안처장이었다) 등으로, 그들 모두 전두환, 노태우, 김복동, 정호용, 권익현 등의 대구 경북 출신 후배들이었다. 이들의 마음 한가운데에는 7·6 친위쿠데타를 꿈꿀 만큼 **군사혁명의 영도자 박정희 장군과의 동향 의식**이 깊이 뿌리박혀 있었다.

하나회가 극성을 부렸던 14기 내부에서는 그만큼 견제 세력도 만만치 않았다. 생도 시절 간부와 우등생들은 대부분 그런 사조직을 백안시했다. 연대장 생도이자 대표화랑인 박동원, 우등생으로 대대장 생도였던 조효섭, 홍성태 등은 하나회를 비판하다가 끝내 중용되지 못하고 말았다.

지금까지 살펴보았듯 하나회의 조직 확대 과정은 철저하게 기성 권력에 편승하는 방식이었다. 신진 세력으로서 새로운 철학이나 국가관을 내세웠던 것도 아니다. 군대 내 부패상을 현장에서 많이 보았으나 이에 대한 개혁 논리는 갖추지 못했다. 신진 세대의 장점이랄 수 있는 개혁 논리 면에서 하나회는 그들보다 구세대인 5·16 쿠데타 세력에도 뒤졌다.

이들의 관심은 오직 진급과 보직이라는 현실적 욕구 충족에 쏠려 있었다. 군 고위장성의 부관이나 권력자의 친인척이 회원 포섭 대상에서 우선순위를 차지했던 것도 그 때문이었다. 11기와 14기의 결합으로 이루어진 초기 하나회는 12기와 13기 중에서 군 내외 실력자들의 측근들을 스카우트했다. 12기의 임인식은 기존의 하나회원과 출신 지역이나 생도 생활에서 의기투합할 요소가 거의 없었다. 이북 출신인 그는 운동선수도 아닌 그저 조용한 생도였으며 학과 성적이 뛰어난 것도 아니었다. 그런 그가 하나회의 적극적 포섭 대상이었다. 이유는 5·16 혁명 주체인 청와대 고위비서관 홍성철(해병대 대령으로 예편해 내무부, 보건사회부, 통일원 장관을 지냈다)이 그의 인척이기 때문이었다.

12기의 황인수(국방부 차관을 지냈다)도 같은 경우다. 그는 박정희 대통령과 동향이며 육사 2기 동기로 당시 군내 실력자이던 김재규 장군의 비서실장이었다. 하나회는 이렇게 군 내외의 유력인사들과 끈이 닿는 장교들을 포섭해 나갔다. 또 12기에서 유망했던 박세직, 박준병이 하나회에 가입한 것은 이들이 중령으로 진급한 후인 1960년대 말이다. 이들은 군에서 제대로 진급하기 위해서는 하나회에 가입하지 않을 수 없다고 판단했다.

하나회의 뼈대를 형성한 11기부터 15기까지는 기별 대표화랑이나 생도 연대장, 우수 졸업생 출신 가담자가 거의 없다. 엘리트 장교들에게는 하나회의 그런 행태가 '천민군벌주의'로 여겨졌기 때문에 거부감이 컸다.

육사의 기별 대표화랑은 졸업할 때 훈육관 및 교관의 평점과 동기생들의 투표를 종합해 정해진다. 그러니까 학교 성적도 상위권이면서 동기생들 간에 리더십과 인화력이 인정돼야 뽑힌다. 학과 성적만으로 평가된 수석 졸업자와 달리 대표화랑은 거의 모두 장군이 됐다. 그 평가 기준이 곧 장군의 품성에 해당한다는 입증자료이기도 하다. 이 대표화랑제는 13기부터 시작됐다.

그런데 이들 대표화랑 출신 중 16기의 최평욱과 17기의 김진영을 제외하고는 모두가 하나회에 견제 세력으로 찍혀 고생했다. 이 중 김진영 전 육참총장은 11기의 전두환, 14기의 이종구와 함께 하나회의 3대 보스로 꼽힌다. 14기의 핵심은 본래 배명국이었으나 그가 1973년 4월 윤필용 수경사령관 사건으로 예편당하자 그 바통이 이종구에게 넘어갔다. 이종구는 하나회가 비밀 지하 단체로 세를 확장해 나갈 때 총무 역할을 했고, 김진영은 12·12 쿠데타 후 전성기 때의 핵심 인물이었다.

육군참모총장이나 보안사령관 등 군부 실력자들은 대개 이 대표화랑 출신 장교를 부관으로 데려다 썼다. 단기 육사 1기로 박정희 대통령에 의해 중용된 서종철 장군은 1군사령관과 육군참모총장을 지낼 때 김진영을 수행 부관으로 데리고 다녔다. 이때 그의 수석 부관 자리를 전두환, 노태우 대령이 주고받았다.

18기 대표화랑 황원탁 대령은 정승화 육군참모총장의 비서실장으로 있다가 12·12 쿠데타를 겪었다. 19기의 이준 소령도 강창성 보안사령관의 부관으로 들어갔으나 강 사령관이 하나회를 수사하다가 좌천당하자 함께 시련을 겪었다. 이 중에서 이준 장군은 군단장에 오르지 못한 채 전역이 예정돼 있었으나 군 개혁인사로 지난 1993년 7월 갑자기 1군사령관에 발탁됐다.

역대 육사 수석 졸업자에는 하나회 가입자가 한 명도 없다. 수석 졸업자들은 장군이 되기보다 대개 대학교수로 전업했기 때문이기도 하지만 그들은 '**진급 별레**'인 하나회와 당초부터 어울릴 여지가 없었다. 그리고 그 사적 욕망을 향한 하나회 정치장교들의 집착과 열망은 조금씩 권력의 한가운데를 향해 나아가고 있었다. 이제 다음 3장에서 우리는 이 사조직이 어떻게 대한민국의 꼭대기에 올라섰는지를 본격적으로 살펴볼 것이다.

제 3 장

사조직이 나라를 집어삼키다

하나회는 새 회원이 포섭되면 가입의식을 가졌다. 이따금 비밀 요정을 이용하기도 했지만, 대체로 전두환의 사저에서 가입 선서를 했다. 새 가입자의 선서를 받는 대상은 보스인 전두환과 총무 그리고 가입 추천자였으며 서약 내용은 네 개 항목이었다.

"국가와 민족을 위해 신명을 바친다. 하나회의 선후배 동료들에 의해 합의된 명령에 복종한다. 하나회원 상호 간에 경쟁하지 않는다. 이상의 서약에 위반할 시는 '인격 말살'을 감수한다."

가입자는 오른손을 어깨높이로 들고 엄숙하게 선서문을 낭독한다. 장교임관식 때 국가에 대해 선서하던 것과 같은 자세로 사조직에 대한 충성을 서약하는 것이다. 이 같은 가입의식이나 '인격 말살을 감수한다'는 배신 방지 조항으로 미루어 봤을 때, 하나회는 마피아 조직과 다를 바가 없었다.

응집력 있는 비밀결사로서 하나회가 눈독을 들인 곳은 육본 인사 참모부 진급과와 보안부대의 보안처 내사과였다. 육본 진급과는 장교 진급 인사서류를 챙기고, 보안부대 내사과는 장교들의 동향 보고를 취합한다. 이 두 곳을 장악해야 진급과 보직을 좌지우지할 수 있기 때문이다.

▋ 전두환은 인사, 노태우는 정보

1960년대 중반부터 1970년대 초 사이 육군본부 진급과와 보안사 내사과는 하나회가 완전히 장악했다. 하나회에서 맨 먼저 육본 진급과에 입성한 사람이 전두환 소령이었다. 그는 **군 내 영향력을 확보하는 황금의 열쇠가 진급 인사권이라는 사실**을 누구보다도 잘 알았다.

전두환은 5·16 직후 최고회의 민원비서실과 중앙정보부 인사과장을 거쳐 육본 인사참모부에 들어간다. 그는 인사참모부 중에서도 장교들의 진급 인사를 주무르는 진급과에 보임된다. 이때만 해도 진급 심사가 제도화돼 있지 않았기 때문에 육본 실무자들의 역할이 막강했다. 여기서 하나회의 보스 전두환은 **장교 인사의 메커니즘**을 터득하게 된다. 보직 관리를 1급 코스로만 해두면 진급 심사에서 탈락시킬 수 없다. 그리고 보안부대의 동향 보고 및 근무 평가가 '부적(不適)'으로 나오지 않아야 한다.

각 계급의 1급 보직이란 청와대를 지키는 30, 33경비대대(후에 경비단으로 개편된다) 등 수경사 예하 부대와 특전사의 중대장, 대대장 자리였다. 육군참모총장이나 군사령관 등 고위장성의 전속부관, 수석 부관, 비서실장도 진급이 보장되는 '꽃방석'이다. 하나회는 이런 1급 보직을 공략하기 시작했다. 회원의 보직 관리를 위해 전두환은 직접 몸으로 부딪쳤다. 그는 당돌하게 고위장성들을 대면해 인사 청탁을 하곤 했다. 언제나 정규 교육을 받은 유망한 젊은 장교들을 키워야 한다는 명분을 내세웠다.

"이 친구는 상관을 위해서라면 제 몸을 아끼지 않는 놈입니다. 정말 믿을 만한 부하가 될 겁니다. 이런 정규 육사 출신 장교들을 키워주셔야 합니다."

고위장성들은 그들이 국가와 국민 이외의 대상에 충성을 서약한 사조직인 줄 알 턱이 없었다. 이때 전두환은 최고회의 시절부터 인연이 있는 박종규 청와대 경호실장에게 육사 출신 장교들의 중심 그룹이 있어야 한다는 명분을 기회가 있을 때마다 역설했다.

"육사 출신 장교들을 이끌어가는 구심점이 필요합니다. 대통령 각하께 끝까지 충성을 다하고 군을 발전시킬 그룹은 정규 육사 출신이 아니겠습니까? 그중에서도 똑똑한 장교들의 모임이 구심력을 가져야 합니다."

박종규는 최고회의 때부터 이들이 그룹화돼 있다는 것을 알았다. 그는 박정희 대통령에게 이따금 이들의 동향을 보고했다. 박정희 대통령도 이들이 장차 군의 중추로 성장하는 것은 당연하다고 생각했다. 그리고 **5·16 직후부터 군정기구에서 수족 노릇을 해온 장교들의 충성심**을 믿었다. 박정희 대통령이 최고회의 의장이던 시절 전속부관을 한 손영길 소령은 1965년 수경사 30대대장으로 임명된다. 그러다가 1967년 전두환이 30대대장, 손영길이 육본 진급과로 보직을 맞교대한다.

전두환과 손영길 이후 진급과의 바통은 권익현 대령과 13기의 하나회 핵심인 신재기 중령(13, 14대 민자당 의원을 지낸다)에게 넘어간다. 1970년대 초에는 권익현이 대령들의 장성 진급 자료를 관리하는 대령과장 그리고 신재기가 그 아래 장교 인사를 관리하는 진급계장이 되었다. 육본의 진급 실무가 완전히 하나회의 손아귀에 들어간 것이다.

‖ 국내 정보의 총집합체를 손에 넣다

한편, 장교 동향 보고와 존안 자료로 진급 및 보직 발탁에 일종의 거부권을 행사하는 보안사 내사과도 하나회가 거머쥐게 된다. 하나회 출신 첫 내사과장은 방첩대 시절의 노태우 소령이었다. 그 후임은 12기의 하나회인 정동철 중령(노동부 차관을 지낸다), 이광근 중령(한국중공업 사장을 지낸다) 등으로 이어진다. 본래 내사과는 군부 내 불순세력의 준동이나 요직 진출을 가려내기 위해 적부의 심사 의견을 내는 곳인데 이 기능이 '진급 거부권'으로 변질된 것이다.

1960년대 말부터 1970년대 초에는 3선 개헌과 유신 그리고 김영삼, 김대중 등 박정희 대통령의 라이벌 정치인에 대한 지지 여부가 장교 동향 보고의 핵심 내용이 됐다. 진급 심사가 통과돼도 내사과에서 "그는 김대중 지지자로….''라는 보고서를 첨부하면, 그 장교의 진급은 끝이었다.

장교들의 출생에서부터 학교 교육, 군 근무 동향까지 신상에 관한 모든 것이 카드에 기록돼 내사과가 관장하는 '존안실'에 들어간다. **보안사의 모든 정보 사찰 활동 결과가 여기에 보존되고, 보안사의 위력은 이 존안 카드로부터 나온다.** 새로 부임하는 보안사령관들은 대부분 내사과장 교체 인사부터 단행한다. 그리고 자신의 존안 카드를 가져오도록 지시한다. 어떤 사령관들은 자신의 존안 카드 기록 중 마음에 안 드는 부분을 고쳐 쓰기도 한다. 그러나 결국은 그가 고친 흔적까지 존안실에 보관될 뿐이다.

하나회 장교들은 30대 초반의 영관 때 이미 이 같은 국내 정보의 총집합체인 존안실을 관장하는 내사과를 수중에 넣은 것이다. 이들은 특히 인적 정보를 숙지하고 이를 이용했다. 하나회가 보안부대에서 중용되는 것은 1965년 3월부터 1967년 12월까지 재임한 윤필용 부대장에 의해서다. 그의 후임으로 보안사령관이 된 김재규 장군은 윤필용계 하나회를 사령부에서 지구대 등 변방으로 대거 내쫓았다. 정보처장 자리에 있던 권익현을 광주지구대장 보좌관으로 크게 좌천시키는가 하면 내사과장 출신 정동철도 전방의 군단 보안대장으로 '유배'를 보냈다.

김재규와 윤필용은 숙적 관계였다. 두 사람은 박 대통령과의 인연에서 서로 뒤떨어지지 않는다고 믿고 파워게임을 벌였다. 윤필용은 보안부대장을 마친 뒤 20사단장을 거쳐 베트남의 맹호사단장으로 나갔다. 그런데 맹호사단 보안대장으로 파견을 나간 황인수 중령(육사 12기로 국방부 차관을 지낸다)이 공교롭게도 김재규 사령관의 비서실장 출신이었다. 윤필용 장군은 김재규 사령관의 직계가 자신의 감시역을 맡는 것이 매우 못마땅했다.

이때 보안부대는 미군이 보급해 주는 비상식량이 맹호사단에서 부정 반출된다는 정보 보고를 본국에 계속 보냈다. 이 기미를 알게 된 윤필용은 전쟁터에서는 어떤 배속부대더라도 사단장이 지휘권을 가진다며 황인수를 명령 불복으로 구속하라고 헌병대에 지시했다. 이 싸움은 현지 참모들의 중재로 해프닝에 그쳤다. 그러다가 김재규가 보안사령관 재임을 1년 반 정도 남겨둔 1970년 1월 윤필용이 수경사령관으로 부임하자 양대 군부 거물의 대결은 노골화됐다.

❚❚ 하나회 대부 윤필용과 김재규의 파워게임

1971년 8월 초 서울 필동의 수도경비사령부 영내의 보안부대 사무실에 수경사 헌병 5명이 들이닥쳤다. 이들과 함께 온 통신하사관이 다짜고짜 보안부대의 전화감청실 문을 열어젖혔다. 그는 감청단 자판과 녹음시설을 뜯어내 테이프들을 수거했다.

"당신들 이게 무슨 짓이오? 기밀 구역인데…."

통신보안부대에서 파견을 나와 일주일째 수경사 전화를 감청하고 녹음해 온 기술하사관 두 명이 대들었다.

"이 친구들이 감청 요원이지, 데리고 가자."

헌병 장교의 지휘 아래 보안부대 감청 요원들은 수경사 제5헌병대로 붙들려갔다.

사후에 이 사건을 연락받은 보안반장 김형로 소령은 급히 헌병대로 갔다. 무엇보다도 녹음테이프를 회수해 내는 것이 급선무였다. 윤필용 수경사령관의 전화선에 도청 장치를 붙여 녹음해 온 테이프들이었다. 보안처와 서울지구대의 지시에 따라 윤필용 사령관의 전화를 녹음해 왔는데 그것을 들켰으니 정보 활동 능력을 재심사받아야 할 만한 실수였다. 그뿐만 아니라 이 실수는 윤필용 수경사령관과 김재규 보안사령관의 파워게임에서 뇌관과도 같은 증거물이 될 게 틀림없었다.

　하나회의 대부 윤필용 장군은 방첩부대장과 20사단장, 베트남 맹호사단장을 거쳐 1970년 1월부터 1973년 3월까지 수경사령관을 지냈다. 윤필용의 후임으로 보안사령관이 된 김재규는 1967년 12월부터 이듬해 9월까지 그 자리에서 세도를 부렸다. 즉 두 강자는 1970년부터 1년 9개월 동안 보안사와 수경사의 사령관 자리에 함께 있었다. 본래 보안사와 수경사는 위상이 엇비슷한 청와대 근위부대로 어느 쪽이 더 힘센가를 비교해 보기 일쑤였다. 두 근위부대는 사령관의 개인적 영향력에 따라 관계가 설정됐다. 두 사령관이 서로 강자 노릇을 하려 들면 힘겨루기가 벌어지기 십상이었다.

　당시 두 사람은 제 나름대로 믿는 데가 있는 군부 최강자였다. 두 사람 모두 5·16 쿠데타 주체 세력이 아니었으나 군 안팎에서는 실세로 떠올랐다. **육군 소장이라는 계급을 넘어서는 위세가 나오는 것은 이들이 박정희 대통령의 측근이기 때문이었다. 모든 권력은 국민으로부터 위임되는 것이 아니라 박정희의 신임도에서 나왔다.**

윤필용은 박정희 대통령이 군인이던 시절 그를 측근에서 가장 오랫동안 보좌했다. 1954년 박정희 준장이 5사단장으로 부임했을 때, 윤필용 중령은 그 예하 대대장이었다. 박정희 사단장은 윤필용 중령을 군수참모로 데려다 썼다. 이후 윤필용은 박정희 장군이 7사단장, 군수 기지사령관, 6관구사령관 등으로 자리를 옮길 때마다 참모장, 비서실장 등으로 따라다녔다. 박정희 장군이 7사단장 때, 손영길 중위를 처음 그의 전속부관으로 천거한 사람도 당시 군수참모이던 윤필용 중령이었다. 그러다가 정작 중요한 시점인 5·16 직전 윤필용이 육군대학 교관으로 가는 바람에 박정희 2군 부사령관과 잠시 떨어져 있었다. 쿠데타에는 참여하지 못했지만 그는 박정희 최고회의 의장의 비서실장으로 권부에 첫발을 내디딘다.

그러나 쿠데타에 공을 세우지 못한 그가 동기생인 육사 8기 혁명 주체들의 활약 무대에 끼어들기는 어려웠다. 그는 민정 이양 후 군에 복귀해 전방 연대장을 하다가 1964년 서울지구 방첩대장, 1965년 방첩부대장으로 '힘쓰는 자리'에 기용된다.

이 방첩부대 시절 그는 하나회 장교들을 부하로 거느리기 시작했다. 11기의 노태우와 권익현, 12기의 정동철과 이광근 등이 방첩부대의 보안처, 정보처, 대공처 및 서울지구대 등에 실무과장으로 포진하기 시작한 것이 이즈음이다. 그 뒤를 이어 13기의 윤태균, 14기의 배명국, 15기의 이진삼 등이 방첩부대에 들어가 중추를 장악했다. **이렇게 해서 하나회는 윤필용 방첩부대장 시절(1965년 3월부터 1967년 12월까지) 군부 내 실세 그룹으로 뿌리를 내렸다.** 윤필용도 정규 육사 출신 엘리트 장교들이 휘하에 모여들자 더욱 목에 힘을 주게 되었다.

한편, 김재규도 윤필용 못지않게 박정희 대통령과 인연이 깊었다. 김재규는 육사 2기로 박정희 대통령과 동기지만 경북 선산 출신으로 동향 후배다. 그는 1950년대 중반 5사단장인 박정희 준장 휘하에서 참모장을 지냈다.

이때 윤필용은 군수참모로 김재규가 그의 상관이었다. 그 후 김재규 장군은 '참군인'으로 존경받았던 이종찬 육군대학 총장 아래서 부총장을 지내며 많은 감화를 받게 된다. 4·19 당시 부산에서 군수기지사령관으로 있던 박정희 소장은 진해의 육군대학에 가 이종찬 총장, 김재규 부총장을 만나 대화하며 독재정권의 학생 시위대에 대한 발포 명령에 분개했다.

그로부터 19년 후인 1979년 10월 부마사태가 일어나자 집권자 위치에 선 박정희의 태도는 완전히 거꾸로 바뀐다. 그는 경호실장 차지철과 함께 "100만~200만 정도 싹 쓸어버리지."라고 내뱉었고, 김재규는 이 얘기를 듣고 심경의 변화가 일어났다고 말했다. 10·26 사건은 이렇게 오랜 동지가 비정한 권력자로 변신한 데 대한 충격에서 비롯된 것이라고 볼 수 있다.

5·16 직후 박정희는 쿠데타에 참여하지 않은 김재규를 호남비료 사장에 앉힘으로써 중용하기 시작한다. 이어 6사단장에 진출한 김재규 장군은 10·26 전까지 육군보안사령관, 군단장, 건설부 장관, 중앙정보부장으로 위세를 떨쳤다. 1970년대 초는 그가 박정희 권력

에 대한 군부 내 도전 세력을 감시하는 보안사령관으로 자리를 굳혔을 때였다.

바로 그 시기에 윤필용 사령관 도청 사건이 터졌다. 무력 동원이 아닌 이상 힘겨루기도 머리싸움이다. 상대방에게 꼬투리를 잡힌 쪽이 궁지로 몰리게 마련이다. 수경사 측에 도청 물증을 잡힌 보안부대는 위기를 느꼈다. 보안부대 장교들은 헌병대장 지성한 대령에게 따졌다.

"수경사 헌병이 어떻게 보안부대원들을 연행해 갑니까? 우리는 보안사령관과 참모총장의 지휘만 받습니다. 또 통신보안 감사업무를 방해하는 것은 위규입니다."

그러나 지성한 대령은 엄포를 놓았다.

"이것 봐. 사령관 전화만 도청하는 것이 통신보안 활동인가? 당신들도 불법행위로 잡아넣을 거야."

보안부대 장교들은 할 말이 없어 물러 나왔다. 이런 무리수를 쓰는 보안사 본부가 야속했다. 사무실에 돌아와 얼마 있다가 수경사령관 비서실에서 올라오라는 전갈이 왔다. 당시 윤필용 사령관의 비서실장은 육사 14기의 하나회 핵심인 박정기 중령이었다. 그는 육사 18기인 보안반장 김형로 소령에게 나무라는 투로 통보했다.

"내일 오전까지 보안부대원 전원은 수경사 영내에서 모두 철수하라. 우리 사령관님의 명령이다. 안 나가면 강제로 철수시킬 테니까…."

일이 크게 벌어지는 것 같았다. 김형로는 우선 서울지구대를 거쳐 사령부에 긴급 보고했다. 사령부에서는 수경사 영내 보안반 사무실을 사수하라는 지시가 떨어졌다. 수경사 측은 보안부대원들을 당장 끌어내지는 않았으나 다음날부터 보안반의 전화선을 모두 끊어버렸다.

‖ 중앙정보부를 포위한 하나회의 방첩대

윤필용 도청 사건 후 수경사 영내 보안반 사무실을 지키던 보안부대원들은 5일째 되던 날 아침, 약간 긴장이 풀려 해장국을 먹으러 밖으로 나갔다. 이들이 다시 영내로 들어가려 하자 위병소에서 가로막았다.

"모든 보안부대원들은 앞으로 출입할 수 없습니다. 영내 보안반 사무실은 이미 폐쇄됐어요."

보안부대가 배속부대에 의해 폐쇄된 것은 전례 없는 일이었다. 그로부터 한 달 후 김재규 보안사령관은 전방 군단장으로 나갔다. 윤필용 사령관의 위세를 업고 조직을 키워온 하나회는 두 사람의 대결에서 김재규가 피해 쫓겨난 것으로 치부했다. 이 일로 군부 내에서 하나회와 그 대부 윤필용 장군의 권세는 더욱 높아졌다.

하나회가 윤필용 장군을 대부로 모신 것은 무엇보다도 그가 **최고 권력자 박정희 대통령의 측근**이기 때문이었다. 물론 그의 배짱과 보스 기질도 크게 작용했다. 윤필용의 위세는 그가 방첩부대장이었을 때부터 세워졌다. 김재규 장군만 해도 윤필용 방첩부대에 혼쭐이 난 일이 있었다.

1968년 1월 19일 저녁, 김신조 사건의 전야였다. 경기 파주 삼봉산 부근에서 무장 괴한 30여 명이 서울로 가는 길을 묻고 사라졌다는 신고가 군부대에 접수됐다. 방첩부대는 북한의 무장간첩이라는 심증을 갖고 이들의 남하 침투로를 추적했다. 방첩부대가 중간 흔적을 분석해 보니 무장간첩의 야간 행군 속도가 무려 시속 10km 이상으로 나타났다. 이는 보통 군부대의 훈련 경험상 도저히 생각하기 어려운 속도였다. 완전군장을 한 보통 군부대의 야간 행군 속도는 시속 4km 안팎으로 친다.

윤필용 방첩부대장은 당시 수도권 외곽을 지키는 6관구사령부에 이 속도에 맞추어 매복선을 칠 것을 요청했다. 이때 6관구사령관이 김재규 소장이었다. 6관구는 그러나 방첩부대의 분석을 믿지 않고, 무장 공비들이 제아무리 특수훈련을 받았다 해도 시속 10km 선에 미치지 못할 것이라는 계산 아래 매복선을 쳤다. 사실상 방첩부대의 분석도 과장된 것이었으나 결과적으로 6관구가 매복선을 쳤을 때는 공비들이 이미 그 지점을 통과한 뒤였다. 공비들은 서울 한복판에까지 침투해 총격전을 벌였다. 방첩부대는 이 책임을 6관구사령부가 져야 한다고 청와대에 보고했다. 윤필용 방첩부대장의 직보로 6관구는 작전 실수에 대해 경고를 받았다. 윤필용과 김재규의 알력은 여기서 비롯됐다.

그러나 박정희의 총애를 받으며 군부 강자로 부상한 윤필용이 주변의 권력기관들로부터 저항을 받기 시작한 것도 이쯤부터였다. **이때는 하나회라는 암세포의 배양기 노릇을 했던 박정희 정권의 권력구조가 제 모습을 갖추고 있었다.** 중앙정보부, 청와대 경호실장, 보안사령관, 수경사령관 등이 각기 자리 잡힌 권력자로서 제 몫을 지키고 있었다. 박정희 대통령의 측근이라고 해서 권력을 '휴대'하고 다닐 수는 없었으며 권력기관 간의 경쟁과 상호 견제가 눈에 보이지 않게 불꽃을 튀겼다.

이 같은 권력의 정글 속에서 제휴와 타도라는 역학관계를 무시하고 혼자서 강자 노릇을 하다가 주변 권력기관들의 공략을 받은 사람이 윤필용이었다. 무장 공비를 사로잡자 윤필용의 방첩부대는 중앙정보부 등 관련기관을 모두 물리치고 이 '전리품'을 요리했다. 김신조는 잡힌 지 불과 두어 시간 만에 TV 카메라 앞에 세워졌다. 아직도 북한의 124군 특수부대 소속 무장 공비였던 그는 거칠게 내뱉었다.

"내레 박정희 목 따러 왔디요."

이 말에 시민들은 엄청난 충격을 받았다. 중앙정보부 등 다른 기관에서는 처음으로 방첩부대의 일 처리가 미숙한 탓이라는 정보 보고를 올렸다. 아무리 사로잡힌 무장 공비라고 해도 '자유의 품에 안기는 귀순과 전향의 과정'을 거치지도 않은 채 전 국민 앞에서 그런 '불경스러운' 언사를 내뱉게 할 수가 있느냐는 것이다. 그러나 윤필용 방첩부대장은 "이렇게 다듬지 말고 생생한 공비의 모습을 국민에게 보여주어야 한다."라고 주장했다. 여기까지는 그에게 별로 불리한 상황이 아니었다.

그런데 며칠 후 윤필용은 생포된 공비와 함께 TV에 출연했다. 이때는 방첩부대 요원들의 전향 교육 등 손질을 받은 김신조가 이발도 하고 고급 양복을 입은 말끔한 청년의 모습으로 나타났다. 방송 내용은 불과 며칠 전의 무장 공비가 공산 사회를 버리고 자유 사회에 적응해 가는 새 삶을 찾고 있다는 국민 교육용이었다. 방송이 끝나자 곳곳에서 용감한 공비 출신 청년에게 정착 자금을 주겠다는 독지가가 나타났고 서너 군데서 청혼까지 들어왔다.

그러자 중앙정보부장 김형욱 등이 이것을 꼬집기 시작했다.

"윤필용 방첩부대가 전과를 선전하려고 무장 공비를 영웅으로 만들었다."

다음 날 윤필용 장군은 박정희 대통령에게 불려갔다.

"임자는 지난번에도 내가 관계기관들과 협조해 가며 일하라고 했는데 왜 또 그 모양이야. 앞으로 다시 말썽이 일어나면 보내버릴 거야."

박정희 대통령은 화가 나 있었다.

지난번 일이란 중앙정보부의 나일론 백 위장수출에 대해 방첩대가 수사를 벌여 문제화된 사건을 말한다. 1967년 11월 말, 방첩대 정보처에 이상한 첩보가 입수됐다. 인천항에서 홍콩으로 가는 상선이 서해상의 공해 중간쯤에서 수출 상품들을 바닷속에 내버리고 간다는 것이다. 방첩대가 은밀히 내사해 보니 이른바 위장수출이었다.

방첩부대는 12월 어느 날 인천항에서 막 출항하는 문제의 상선을 급습했다. 나일론 백 속에는 돌멩이와 쓰레기들이 폐지에 둘둘 말려있었다. 거짓 수출실적을 내고 수입쿼터만 얻어 돈을 버는 수법이었다. 수사 결과, 위장수출의 배후는 놀랍게도 중앙정보부였다.

윤필용 방첩부대장은 이를 박정희 대통령에게 직보했다.

"지위 고하를 막론하고 다 잡아들여 조사해."

박정희 대통령은 노발대발했다. 수사선상에 오른 사람은 중앙정보부 수사단장인 이용택(민자당 의원을 지냈다)이었다. 방첩부대의 수사를 눈치챈 이용택은 중정 안에서 기거하며 밖으로 나오지 않았다. 중정부장 김형욱도 위장수출 돈벌이를 알고 있었기 때문에 이용택을 비호했다. 이 보고를 받은 윤필용은 중정에 수사요원을 보내 주범을 잡아들이라고 지시했다.

방첩부대는 체격이 큰 수사관만 10여 명을 골라 구성한 이용택 체포대를 중정으로 보냈다. 이들을 끌고 간 수석수사관 이학봉 대위는 육사 18기의 하나회 핵심 인물이었다. 방첩대 수사관들은 중정 안으로 들어가지는 못하고 정문과 후문 등 출입구를 지켰다. 설마 했던 중정 측은 깜짝 놀랐다. 김형욱은 청와대에 '진상'을 하소연하고 방첩대의 철없는 행동을 제지해달라고 요청했다.

중앙정보부는 해외 공작자금을 마련하기 위한 자구책이었다며 재일교포 김재화 수사 건을 제시했다. 당시 김재화는 야당인 신민당의 국회의원 후보로 공천을 받으려는 참이었다. 중정이 해명하자 상황은 방첩부대의 판정패로 흘러갔다. 윤필용은 박정희 대통령에게 불려가 다른 기관과 충돌을 일으키지 말라고 경고받는다.

윤필용은 박정희 대통령으로부터 두 번 경고를 들은 뒤 1968년 초 방첩부대장에서 밀려나 20사단장으로 나갔다. 이때부터 그는 박정희 대통령의 마음에서 멀어지기 시작했으나 여전히 동기인 육사

8기 출신 사단장 중에서는 선두 리더임을 과시했고, 수경사령관으로 취임한 후 하나회의 대부 역할도 계속 강화해 나갔다.

▮ 장교 진급 인사를 쥐고 흔들다

1972년 10월 중순, 육군본부 인사참모부 대령과에 수경사 참모장 손영길 대령이 나타났다. 그는 대령과장 박경석 대령에게 명단 쪽지를 내밀었다.

"윤 장군의 뜻입니다."

쪽지에는 육사 12, 13기의 하나회 신참 대령 8명의 이름이 적혀 있었다.

육본 대령과는 1973년도 연대장 가용자 심사 자료를 챙기고 있었다. 이 연대장 가용자 심사는 준장 진급으로 가는 필수 코스여서 외부엔 별로 알려지지 않았지만 가장 치열한 경쟁의 관문이다. 이 심사에 윤필용 사령관 측이 전달하는 명단은 거의 그대로 반영되어 왔다. 전임 대령과장인 권익현 대령만 해도 하나회 멤버로 윤필용 장군의 측근이어서 그쪽 지시에 따라 인사자력표 등을 만들었다.

그러나 그 후임으로 온 박경석 대령은 정규 육사 출신도, 하나회도 아니었다. 당시 권익현 대령의 후임으로는 역시 하나회계인 김복동 대령이 내정돼 있었다. 그즈음 이미 장교 진급 인사를 둘러싸고 잡음이 나돌기 시작했다. 대령과장 자리는 주요 보직으로 지금까지 연대장을 마친 고참 대령이 맡아왔다. 그런데 윤필용 방첩부대장 아래서 주요 과장을 거친 권익현 대령은 연대장에 나가기도

전에 이 자리에 앉았다. 또 진급실의 실무 자리에는 육사 13기의 하나회 핵심인 신재기 중령 등이 포진해 있었다. 그러면서 윤필용 장군과 하나회계의 인사 독점이 군 장교들의 불만을 사기 시작한 것이다.

권익현 대령이 연대장으로 나가면서 김복동 대령이 후임으로 내정되자 육군 수뇌부는 이에 제동을 걸었다. 군 장교들의 눈초리를 더 이상 외면하기 어려웠기 때문이다. 또 김복동 대령은 그때 이미 하나회 핵심에서 멀어져 야전의 작전통으로 자리 잡아가고 있어서 하나회계도 크게 이의를 제기하지 않았다.

이때 마침 5군단장 이병형 중장이 군단작전참모를 물색하고 있었다. 6·25 참전 이후 전략가로 이름이 나 있는 이병형 장군은 정규 육사 출신 신세대 중에서 작전통을 제대로 키워둘 생각이었다. 노재현 육참총장과 임지순 인사참모부장(육사 8기), 이희성 인사운영감(육사 8기, 12·12 쿠데타 후 육군참모총장을 지냈다) 등은 숙의 끝에 김복동 대령이 작전통의 정코스로 가야 할 적임자라는 데 의견을 모으고 그를 5군단 작전참모 자리에 내보냈다. 그리고 육본 대령과장 후임에는 6·25 참전 마지막 세대인 생도 2기 출신 박경석 대령을 기용했다. 생도 2기란 1950년 6월 1일 4년제 정규 육사 생도로 입교했다가 6·25가 터지는 바람에 단기 훈련만 받고 소대장으로 참전한 세대를 가리킨다.

박경석 대령은 손영길 대령이 소문대로 인사 청탁 명단을 내밀자 그 자리에 온 후 처음 있는 일이라서 그냥 "알았다."라고 대꾸한 뒤 명단을 서랍 속에 밀어 넣었다. 손영길 대령이 돌아간 뒤 박경석 과장은 **천하의 '필동 육본'이라 불리던 수경사**에서 보내온 쪽지를 찢어버렸다. 심사 결과 선발된 43명의 연대장 가용자 명단에는 손영길 대령이 디밀었던 하나회계 8명 중 2명밖에 포함되지 않았다. 그러자 필동 육본에서 소란이 일어났다.

"어떤 놈이 박경석이를 그 자리에 앉혔나? 이 친구를 어떻게든 밀어내야 해."

보복은 바로 한 달 뒤 준장 진급 심사에서 벌어졌다. 육본 인사참모부에서는 준장 진급 할당이 한 자리였다. 관례상 연대장 임기를 마치고 온 대령과장이 우선순위였다. 그런데 준장 진급 추천 순위 1번이 하룻밤 사이에 박경석 대령에서 윤필용계로 알려진 김성배 대령으로 바뀌어버렸다. 김성배 대령은 박경석 대령보다 장교 임관에서 후배였고 보직으로 보아도 뒤졌다.

박경석 대령은 준장 진급에서 연속으로 2년을 누락당하는 곤욕을 치렀다. 1975년에야 별을 단 그는 6사단 부사단장으로 나갔으나 장군으로서는 유례없이 DMZ 안에서 근무하는 땅굴 탐사 특수부대장을 겸하는 등 시련을 겪다가 군 생활을 끝냈다.

그 당시 준장 진급 심사에서는 또 하나의 해프닝이 있었다. 6·25 전쟁 중에 종합 및 갑종 장교로 임관해 참전했던 대령들도 잘해야 7, 8년 만에 준장 진급을 하는 실정인데, 윤필용 장군 측에서 대령이 된 지 4년밖에 안 된 육사 11기를 진급시키라고 요구하고 나선 것이다.

이때 장군 진급실에 준장 진급 심사 대상자로 통보된 11기의 선두 주자 4명은 전두환, 손영길, 최성택과 김영균 대령이었다. 전, 손, 최 대령은 하나회의 핵심이었고 김 대령은 육사 출신으로 당시 유일한 사법시험 합격자여서 육본 법무감 후보였기 때문에 선두 진급 대상에 끼었다. 그러자 이 초미의 관심사를 눈여겨보던 육본 인사 참모부 주변에서 공정하지 않다는 얘기들이 나돌기 시작했다. 예를 들어 11기의 상위 주자로 꼽혔던 김복동 대령이 이들보다 뒤지는 이유가 무엇이냐는 의문이 제기된 것이다.

김복동 대령은 5성회나 7성회 멤버 중에서 육사 재학 시 성적도 가장 좋았던 핵심 인물이다. 그러나 육사 시절부터 위관 때까지만 해도 하나회의 같은 리더 그룹이었던 전두환과는 중령 이상이 되면서 점차 선두를 다투는 경쟁 관계에 들어갔다. 하나회에서 노태우, 정호용만 해도 이미 소령 진급 때 선두 그룹보다 1년이 늦었고 최성택은 보병이 아닌 포병이어서 이들은 경쟁상대가 아니었다. 이 때문에 김복동은 전두환과 멀어졌으며 또 기질적으로 달라 하나회 핵심과는 다른 길을 걷고 있었다.

자신이 준장 진급 심사 대상에서 빠진 것을 알게 된 김복동은 강창성 보안사령관을 찾아갔다. 김복동은 강창성 사령관이 전방부 연대장 때 그 아래서 소대장으로 있으며 가까이 따랐다. 그 후 강창성이 5사단장 때는 김재규 보안사령관 비서실장을 지내면서 보안사령관이 5사단을 방문해 격려하도록 하는 등 돈독한 관계였다.

강창성 사령관은 노재현 육참총장에게 김 대령이 11기의 선두에서 빠진다는 것은 공정하지 못하다는 의견을 말했다. 그러자 노 총장은 **"이것을 시정할 사람은 박정희 대통령밖에 없다."**라고 답변했다. 11기의 준장 진급 문제는 군 내부에서 중요한 사안이기도 해서 강창성 사령관은 이것을 결국 박정희 대통령에게 보고하고 김복동 대령도 함께 진급하게 된다.

하나회의 횡포는 장교 진급 인사를 쥐고 흔들어 군 안에서 악명을 떨치기 시작했다. 윤필용 장군의 위세가 이들의 횡포에 지렛대로 이용됐다. 윤필용이 앉아 있는 필동의 수경사가 '필동 육군본부'로 불린 것도 이 때문이었다. 당초 하나회에서 보스는 단연 전두환이었으나 윤필용 수경사령관의 전성기인 1970년대 초에는 손영길이 더 힘을 과시했다. 이때부터 전두환과 손영길 두 사람은 라이벌 의식을 강하게 갖기 시작한다.

하나회계의 진급 및 보직은 전두환이 알아서 했지만, 육사 출신과 일반장교들에게 널리 알려진 인사 청탁의 대상자는 윤필용 장군의 참모장인 손영길이었다. 손영길은 윤필용이 아니라도 박정희 대통령의 전속부관 출신이어서 실세라는 소문이 많았다. 박정희 대통령과의 관계로 봐서 **'군부 내 황태자'**는 전두환보다는 손영길이라는 얘기들이었다.

처음 박정희 대통령과의 개인적 인연으로는 손영길이 전두환보다 우위에 있었던 것이 사실이다. 그러나 최고 통치권자와의 인연을 출세 발판으로 삼거나 권력을 자원화하는 데서 선천적인 후각을 지닌 전두환에게 손영길은 경쟁상대가 아니었다. 전두환은 육사 출신 엘리트 장교들의 리더 행세로 군내 선배 장성들 사이에서도 영향력을 확보했으나, 손영길은 자신의 강점을 확대 재생산하지 못했다.

▮ 경북 군벌과 경남파의 대립, 윤필용 사건

수도경비사령부가 전성기에 들어간 것은 제2대 최우근 사령관을 거쳐 제3대 윤필용 사령관이 재임한 1970년 1월부터였다. 윤필용은 1973년 3월 '괘씸죄'에 걸려 체포될 때까지 3년 2개월 수경사령관으로 있으면서 정권의 후계자설까지 나돌 만큼 세도를 누렸다.

이런 배경에서 세칭 '윤필용 사건'이 터졌다. 처음엔 군 기강 문란, 권력 남용 독직 및 횡령, 부정 사건으로 발표됐으나 이것 역시 **집권 세력 내부의 암투와 박정희의 권력 정비 작업**임이 점차 드러났다. 5·16 직후 관북 군맥을 거세하고 비대화의 길을 걸었던 영남 군맥의 자체 분열이라는 평가도 있었다. 여기서 경북파와 경남파의 대립이 표면화됐었기 때문이다.

윤필용 사건은 무엇보다도 박정희의 친위 세력 내부에서 처음으로 장기 집권의 폐해를 지적한 데서 비롯됐다는 점을 통해 1979년 김재규 중앙정보부장에 의한 10·26의 싹을 엿볼 수 있다. 윤필용 사건을 직접 수사했던 강창성 당시 보안사령관의 이야기를 들어보자.

1973년 3월 10일 오후, 그는 윤필용 수경사령관에게 전화를 걸었다.

"윤 장군, 오늘 몇 시에 퇴근할 건가?"

"5시경 나갈 생각이네."

두 사람은 육사 8기 동기생으로 박정희의 신임을 받는 군부 실세였다.

강창성 사령관은 "퇴근길에 내 사무실에 좀 들렀다 가라."라고 말했다. 그는 훗날 내게 당시 상황을 이렇게 설명했다.

"박정희 대통령으로부터 윤필용 장군 동향을 잘 감시하라고 지적을 받기도 했고, 1973년 3월 초 정식으로 조사하라는 지시가 떨어졌지요. 그러나 그 당시 박정희 대통령과 윤필용 장군이 어떤 사이인데 조사 지시 한마디에 그대로 할 수가 있나요. 아마 박정희 대통령에게 지만(박정희의 아들)이 다음으로 믿을 사람이 누구냐고 물으면 윤필용이라고 했을 겁니다. 그래서 양아들 설까지 나왔잖아요?"

강창성은 권력의 핵분열이 일어날지도 모를 민감한 사건을 교묘하게 처리하려 시도했다.

"내가 왜 자기네들 권력의 핵분열 속에 끼어들어야 합니까. 그래서 윤필용 장군이 왔기에 그대로 얘기했지요."

강창성 사령관은 윤필용에게 녹음테이프를 틀어주었다. 그리고 그것이 박정희 대통령에게 보고된 내용이라고 알려주었다.

녹음을 다 듣고 난 후 윤필용은 "이미 자네가 날 오라고 할 때 상황을 다 알고 있었네. 그러나 이 내용은 내가 이후락, 신범식과 함께 얘기했던 것 중 중요 발언을 모두 내 입에서 나온 듯 뒤집어씌운 듯하네."라고 말했다.

윤필용은 여러 가지 세세한 내용을 다 검증해 낼 수는 없으나 박정희 대통령이 오래 집권했으며 노쇠해지고 있다는 것, 정권이 다른 세력에게로 넘어가지 않도록 현 집권층 내부에서 후계자를 정해야 한다는 내용의 말을 한 것은 사실이라고 확인했다.

윤필용은 박정희 대통령이 사단장이던 시절부터 참모로 줄곧 데리고 다녔으며 5·16 후에는 국가재건최고회의의 의장 비서실장으로 기용하는 등 20여 년간 최측근에 두었던 부하였다. 박정희가 청와대로 들어가고 윤필용이 군에 복귀한 후에도 두 사람은 수시로 독대했으며 이런 자리에서 윤필용은 마음을 놓고 정치 문제까지 진언했다. 군 안팎에서 박정희 대통령과 가까운 윤필용에게 힘이 모이는 것은 당연했다.

윤필용은 간간이 박정희에게 핀잔을 받기도 했으나 '후계자 내정론'을 내놓기 전까지는 흔들림 없는 권세가였다. 강창성 보안사령관은 윤필용에게서 후계자 내정론 발설을 확인받고 그에게 박정희 대통령의 수경사령관직 해임 통고를 전달했다. 그리고는 사태의 심각성을 설명한 뒤 수습 방안을 이렇게 내놓았다.

"내가 끼어들 이유가 어디 있는가. 윤필용 장군이 나와 함께 청와대로 들어가서 직접 박정희 대통령 앞에 엎드려 용서를 빌고 일단락짓게. 내일 내가 대통령께 보고하고 그렇게 건의하겠네."

그러나 윤필용은 묵묵부답이었다는 것이다. **강창성 사령관은 박정희 대통령에게 윤필용이 문제가 아니라 그 아래 사조직으로 키워져 군 요직에 포진해 있는 하나회가 더 큰 암적 존재라고 보고했다.** 그리고 그는 하나회에 대한 수사 허가를 받았다.

당시 군부에는 박정희 대통령과 윤필용, 박종규 등 실력자들의 비호 아래 정규 육사 1기인 준장에서부터 위관급까지 2백여 명의

장교들이 하나회에 가입해 있었다. 박정희 대통령은 동향인 대구
경북 출신을 중심으로 결성된 이 야심만만한 장교들의 모임을 격려
하면서 '일심(一心)'이란 휘호와 군도까지 주었던 것으로 알려졌다.

박정희 대통령은 하나회의 명단을 갖다 놓고 윤필용과 함께 군에
서 축출할 대상을 고르기 시작했다. 그러나 하나회에 대한 수사는
수경사 참모장이었던 육사 11기의 선두 주자 손영길 등 윤필용의
직계 몇 명을 구속하는 것으로 일단락됐다. 정작 하나회의 회장이
었던 전두환과 노태우, 최성택 계열은 모두 화를 면했다. 이들은 박
종규 경호실장과 서종철 육군참모총장 등 영남 군맥이 **"이렇게 처벌
하다간 영남 출신 장교들의 뿌리가 뽑힌다."**라며 수사 중지를 건의
해 구제됐던 것이다.

5·16 이후 최대 군맥을 키워온 영남 출신들은 1970년대 초반 윤
필용 수경사령관 임명을 둘러싸고 경북·경남파와 갈등을 보였다.
이때 김재규 당시 보안사령관을 중심으로 김계원, 정승화, 정병주,
장태완 장군 등 경북파는 이소동 6관구사령관을 밀었고, 서종철 육
참총장과 노재현, 고광도, 김종수 장군 등 경남파는 윤필용 장군을
내세웠다. 윤필용은 고향이 경북 청도였으나 김재규를 견제하려
는 경남파에 업혀 수경사령관 자리에 오르게 됐다. **1979년 12·12
때 대결했던 정승화 장군 중심의 경북파와 서종철, 윤필용 등 전두
환계의 경남파가 이때 이미 수경사령관 자리를 두고 일합을 겨루었
던 것도 결코 우연이 아니었다. 즉 군부 내의 뿌리 깊은 파벌 대립이
12·12 쿠데타로 터진 것이다.** 앞서 언급했듯 서종철은 특히 영남 군

맥의 대부 격으로 그가 육참총장 시절 전두환과 노태우가 그의 수석 부관을 지냈으며, 이후 1993년 YS의 하나회 숙청 때 첫 숙군 대상이 되었던 김진영 육군참모총장도 그의 전속부관 출신이다.

▌▌전두환의 행운

윤필용 사건은 군부 내에서 육사 11기생들의 판도를 바꿔 놓았다. 육사 11기생 중 진급에서 언제나 선두 주자였고 별을 가장 먼저 달았던 사람은 손영길, 전두환, 최성택, 김복동 4인이었다. 그다음으로 노태우, 정호용, 이기백, 백운택 등이 뒤따랐다. 선두 4인 중에서도 손영길은 박정희 대통령이 부산 군수기지사령관 시절부터 전속부관으로 키운 측근 중 측근 장교였다. 윤필용 장군과 똑같은 인연이었다.

한 예비역 장성에 따르면, 손영길은 박정희 대통령과의 인연이 어떤 활용 가치를 갖는지 실감하지 못하는 듯했으나 전두환은 그것을 남달리 부러워하는 눈치였다는 것이다. 이대로라면 손영길 준장이 육사 11기 중 최정상에 오르는 1명으로 발탁되는 것이 분명해 보였다. 그런 판국에 윤필용 사건으로 그의 참모장이던 손영길이 함께 거세됨으로써 육사 11기 최정상의 자리는 비게 됐고 그 자리를 전두환이 거머쥐었다는 얘기다.

전두환이 박정희의 눈에 띄게 된 것은 육사 동창회인 북극성회의 회장을 두 번이나 지내며 군부 내 고위 장교들 사이에서 유명해진 덕분이었다. 전두환은 1968년 중령으로 수경사 30대대장 때 통상 수도권 근무자가 맡아온 관례에 따라 육사 동창회장에 피선된다. 그러다가 1970년 서종철 육참총장의 수석 부관으로 옮겨간 뒤 육사 동창회장에 재출마했다. 이때는 육사 11기의 수석 졸업자로 육사 교수부에 있던 김성진이 동기생들의 신망도 높아 이미 차기 동창회장으로 내정된 상태였다. 동창회장이란 동기생들이 한 번씩 돌아가며 맡는 것이 관행이었음에도 전두환은 연임하겠다며 재출마를 선언했다.

육사 동창회장 선거는 전두환과 김성진, 두 11기생의 경선으로 치달았다. 1기부터 26기까지 기수별로 대의원이 3명씩 참가해 투표한 결과 동점이 됐다. 그런데 2차 투표에 들어가기 직전 김성진이 다음과 같이 말하면서 사퇴해 버렸다.

"앞으로 육사 동창회는 육사 교수부에서 공부하는 사람보다 야전 지휘관 중심으로 운용돼야 한다."

김성진은 후에 미국에서 공학박사 학위를 받고 돌아와 5공 때 전두환 대통령에 의해 과학기술처 장관으로 임명된다. 그가 이때 동창회장 자리를 두고 전두환과 끝까지 겨루었다면 장관으로 기용되지 못했을 것이라고 보는 이들이 많다.

1979년 3월 전방 1사단장을 마친 전두환이 진종채 장군의 뒤를 이어 국군보안사령관으로 임명된 것은 전례가 없는 파격적인 발탁이었다. 이때 전두환은 이미 박정희 대통령의 양아들로 예전의 윤필용이 누렸던 세도가의 자리에 올라와 있었다. 그리고 바로 그 해가 10·26 사건과 12·12 쿠데타를 역사에 기록하는 운명의 시점이었다.

5공의 군부는 이전의 군부 내 권력 암투 양상을 정리하고 5·16 쿠데타 이후 다시 한번 정권을 창출한 집단으로서 사회 각 영역에 강한 영향력을 행사했다. 전두환 대통령은 박정희 대통령만큼 군부의 통제와 용인술에 신경을 쓸 필요가 없었다. 군부 내의 도전 가능성이 있는 세력을 이미 12·12 반란 때 잘라냈기 때문이다.

그런 점에서 볼 때 전두환 대통령과 군부는 안정적 관계였다. 군부보다는 정계에 이인자로 나온 동기생 노태우를 더 눈여겨보아야 했을 것이다. 이 시기에 노태우 계열은 군부에서 철저하게 견제당했다. 노태우와 군부의 연계 여부가 안기부와 보안사를 통해 면밀하게 감시됐음은 물론이다.

하나회 출신이라고 해도 노태우계로 분류되거나 12·12 직전까지 노태우와 근무 인연을 가졌던 장성들은 진급에서 탈락하기 일쑤였으며 보직도 힘없는 한직으로 맴돌았다. 5공 기간 중 노태우계 장성이 육참총장은 물론이거니와 보안사령관이나 수경사령관, 특전사령관 그리고 서울 인접 사단장에 보임된 일은 없었다는 얘기다. 5공 시절의 육참총장과 보안사령관, 수경사령관은 대부분 12·12의 공신이거나 하나회 출신이어서 전두환에게 **안정적 친위 세력**을 제공했다.

그들은 전두환에게 충성하며 5공의 끝까지 그를 보좌한다. 특히 이 책의 마지막 장에서 자세히 살펴보게 되는 것처럼, 보안사령부는 물밑에서 이 나라의 운명을 좌지우지하는 역할까지 담당한다.

예컨대 전두환은 1987년 6월 시민 항쟁 때 군병력 동원을 심각하게 검토했다. 그러나 이때 보안사를 위시한 군부가 자제를 건의했다는 것이 당사자들의 주장이다. 6월항쟁 당시 보안사령관이었던 고명승은 이렇게 말했다.

"1987년 6월 18일 밤 12시경 청와대 정무수석비서관실에서 전화가 왔다. 부산 시위의 사태가 위급해져 경찰 병력만으로는 감당하기가 어렵다는 현지 보고가 올라왔다는 얘기였다. 그때 보안사는 이미 1시간 전에 참모 회의를 끝내고 부마 사태에 군 투입 불가를 결론지은 뒤였다. 그런데 정무수석 비서실에서는 전두환 대통령을 깨워 군병력 투입을 건의하는 것이 좋겠다고 권유해 왔다. 나는 끝내 대통령을 깨우지 말라고 하고는 다음 날 아침 청와대에 가 대통령에게 보안사의 결론을 전했다."

고명승의 말이 사실이라면 그로부터 불과 열흘 후에 발표되는 6·29 선언은 역사의 장에 영원히 기록되지 못했을 수도 있었다는 얘기가 된다. 5·18 광주에 이어 또 한 번 군병력이 동원됐더라면 6공은 탄생하지 못했거나 상당히 지연됐을 게 틀림없다.

‖ 전두환, 권력의 핵심으로 나아가다

하나회의 군 인사 횡포는 1973년 4월 윤필용 수경사령관 구속 사건으로 일단 사라진다. 이후 하나회의 활동은 물 밑으로 가라앉았다. 윤필용 사령관 사건 수사에서 하나회가 사조직임이 들통났으나 박종규 청와대 경호실장과 서종철 청와대 안보 특보, 진종채 수경사령관 등 영남 출신 장성들의 비호로 잔명을 보존했다. 외부로부터 억압을 받으면서 이들의 심리적 유대감은 더욱 깊어졌다. 6년여의 잠수 끝에 하나회가 머리를 쳐들기 시작한 것은 1979년 3월 전두환 소장이 보안사령관 자리에 오르면서부터다.

윤필용 사건 이후 군부에서는 보안사령관과 수경사령관의 위계서열이 정해졌다. 사단장을 마치고 수경사령관과 군단장을 거친 장성 중에서 보안사령관을 임명함으로써 보안사가 우위에 서도록 한 것이다. 그런데 이 관례를 깨고 보안사령관에 발탁된 것이 전두환 소장의 경우였다. 그는 전방 1사단장에서 바로 보안사령관으로 임명됐다. 군 장교들 대다수가 예상하지 못한 파격적인 인사였다.

전두환 보안사령관이 등장하기 직전 박정희 정권의 권력구조는 중앙정보부장 김재규, 청와대 경호실장 차지철, 보안사령관 진종채, 수경사령관 전성각 그리고 청와대 비서실장 김계원 등으로 구성돼 있었다.

특히 윤필용 사건 이후 주요 군 인사는 **서종철, 노재현, 진종채 등 '영남 군벌 3인방'**에 의해 요리됐다. 하나회는 군 장교 '성분'을 4개로 분류했다. 하나회 멤버를 핵심 세력으로 두고 나머지를 하나회에 대한 태도에 따라 후원 세력, 지원 세력, 견제 세력으로 나누었다. 영남 군벌 3인방은 하나회의 후원 세력이었다. 이 중에서도 서종철은 1972년 육참총장을 마친 뒤 바로 청와대 안보 특보로 기용되고, 1973년부터 1977년 말까지 4년 이상이나 국방부 장관을 지낸 뒤 1978년부터 재차 청와대 안보 특보로 들어갔다.

이 같은 군부 고위직에 계속 중용되면서 그는 박정희 대통령의 군 통수권에 막강한 영향력을 행사했다. 그 또한 1군사령관 육참총장 시절 하나회 리더들과 깊은 인연을 맺었다. 수석 부관을 지낸 직계 부하가 둘씩(전두환과 노태우 대령)이나 대통령에 오른 군벌도 서종필 장군 외에는 전무후무한 일이다.

1979년 2월 중순 노재현 국방부 장관이 신임 보안사령관 인사안을 갖고 청와대로 올라갔다. 윤필용 장군의 후임으로 2년 동안 수경사경관을 지낸 뒤 2년째 보안사령관 자리에 있던 진종채 장군은 2군사령관 영전이 내정돼 있었다.

박정희 대통령은 인사자력표를 들여다보다가 약간 주저했다.

"이제 사단장을 마쳤는데 너무 이르지 않아…."

통상 두 명 이상의 복수 안에 순위를 매겨 올려야 하는 인사안이 전두환 소장 단독 후보로 돼 있었다. 영남 군벌들과 이미 구수협의를 마친 노재현 장관은 소신 있게 밀었다.

"각하, 그만한 적임자를 따로 찾기는 쉽지 않습니다. 서종필 특보나 전임자인 진종채 사령관도 같은 의견입니다."

박정희 대통령은 의심이 많아 막료들이 어느 하나의 안을 강력하게 진언하면 오히려 그것을 다른 선택안으로 바꾸어 결정하는 일이 자주 있었다. 그러나 이즈음 그는 주색으로 흐트러진 사생활 때문에 심약해진 데다 의욕도 전만 못했다. 그는 전두환 보안사령관의 인사서류에 그대로 결재했다. 노재현 장관이 나오자 으레 하던 대로 좀 만나고 가라는 차지철 경호실장의 전갈이 기다리고 있었다.

"각하께서 결재하실 때 뭐라고 안 하시던가요?"

노재현 장관은 사실대로 얘기해주었다.

"글쎄, 그것은 각하께서 이의를 표시하신 건데 그냥 결재받으면 어떻게 합니까?"

차지철 실장은 핀잔 투로 말했다. 차지철 실장도 전두환 장군을 경호실 작전 차장보로 데리고 있었던 적이 있다. 5·16 직후 최고회의 의장 경호대에서부터 전두환 대위와 함께 근무했기에 그를 잘 알고 있었다. 그때부터 전두환은 경호대 팀장이었던 박종규의 직계였고, 그 후 박정희 대통령도 관심을 표시하곤 하는 장성이었다. 차지철 실장은 전두환 장군이 보안사령관이 될 경우 만만치 않은 상대로 떠오르리라는 생각에 달갑지 않게 생각했다. 그러나 박정희 대통령이 사인한 이상 그도 크게 시비하지는 못하고 넘어갔다.

▌▌ 12·12가 가능했던 이유는

전두환 소장이 보안사령관에 진출했을 때 그를 견제해야 할 다른 권력자들은 그 이전 유신 1기의 인물들에 비해 '자질' 면에서 떨어졌다. 유신 1기까지 박정권의 핵심 인사들은 그동안 권력 경쟁이나 정치 사건의 와중에서 휩쓸려 나갔다. 청와대 비서실장과 중앙정보부장으로 박 대통령의 곁에 가장 오래 있던 이후락은 김대중 납치 사건으로, 종신경호실장처럼 보이던 박종규는 육영수 여사 저격 사건으로, 그리고 강창성 전 보안사령관은 윤필용 사건 수사에서 하나회를 손대다가 각각 권력의 무대에서 밀려났다.

박정희 대통령의 속마음을 헤아리는 수족으로서나 통치권 관리의 기술 면으로나 이들 유신 1기의 막료들이 일류라면 그 이후에는 핀치 히터들이 등장한 격이었다. 거기다가 박정희의 심리 불안정 상태와 판단력 상실까지 겹쳤다. 이것이 문명국가로서 부끄러운 10·26 사건과 12·12 쿠데타가 일어난 환경이었다.

12·12 쿠데타 후에는 하나회가 군권을 완전히 장악하고 이를 바탕으로 새로운 군사정권을 세우는 집권 세력이 됐다. 군부 내에서 소수였지만 조직화된 하나회가 비조직화된 장교 다수를 지배할 수 있었기에 12·12 거사가 가능했던 것이다.

박정희 대통령이 갑자기 사라져 버린 국가 통치권의 공백 상태 속에서, 소수 세력이지만 가장 안정적으로 결집된 권력 집단이 보안사였다. 중앙정보부는 대통령 살해 집단으로 무장해제당했고, 청와대 경호실도 차지철 실장이 피살된 데다 차장인 이재전 중장(육사 8기)은 직무유기 혐의로 합수부에 구속돼 풍비박산이 났다. 수경사는 무력 대결에서 패한 상태였다. **결국 전두환, 허화평, 허삼수, 이학봉 등 하나회의 핵심 인물들이 틀어쥔 보안사가 군과 국가 통치권 구조를 통틀어 가장 조직화된 집단이었다.**

이렇게 해서 조직화된 소수가 비조직화된 다수를 힘으로 지배하는 '하나회 공화국', 5공과 6공이 태어났다. 5·16 쿠데타 이후 제2의 군사정권인 '하나회 공화국'에서 외교관, 여당 의원, 고위 관료들이 특히 곤혹스러워했던 정통성 부재라는 문제는 그 '조직화된 소수' 탓에 좀처럼 해소될 수 없었다. 특히 5, 6공에서 군 요직은 노골적으로 하나회가 독점했다. 군부 내 최고 영화의 자리인 육참총장, 보안사령관(후에 기무사령관), 수방사령관 자리는 하나회가 아니고는 갈 수 없었다.

육참총장은 12·12 이후 이희성, 황영시 장군의 뒤를 이어 내리 5대를 하나회가 세습했다. 5, 6공의 육참총장을 주고받은 정호용(육사 11기, 대구), 박희도(12기, 대구), 이종구(14기, 대구), 이진삼(15기, 충남), 김진영(17기, 부산) 등은 육사 11기부터 17기까지 하나회의 핵심 인물이었다. 여기서 빠진 13기는 나중에 최세창이 국방부 장관, 16기는 이필섭이 합참의장에 오르면서 각각 보상을 받는다.

보안사령관도 12·12 전후 전두환, 노태우에서 박준병(12기, 충북), 이종구(육참총장과 국방부 장관을 지냈다), 고명승(15기, 전북, 3군사령관을 지냈다), 최평욱(16기, 경남, 철도청장을 지냈다), 조남풍(18기, 부산, 1군사령관을 지냈다), 구창회(18기, 부산, 3군사령관을 지냈다), 서완수(19기, 대구, 기무사령관을 지냈다) 등 전원이 하나회였다.

‖ 장태완, 12·12 쿠데타 '역사 재판' 요구

우리는 이번 장에서 하나회라는 정치장교들의 사조직이 어떻게 이 나라를 집어삼키고 5공으로 나아갔는지를 살펴보았다. 그렇지만 문민정부 시절, 하나회의 운명은 변곡점을 맞이한다. 1992년 12월 김영삼 정권이 들어선 후 가장 충격적인 개혁은 지난 1979년 12·12 쿠데타 가담 장성들에 대한 숙군 조치였다. 12·12 쿠데타 때 하나회 세력에 의해 직접 피해를 입은 장성과 군 원로들의 증언 덕에 과감한 숙군이 가능했다는 건 주지의 사실이다.

그중에서도 대표적인 이가 바로 장태완이다. 이제는 영화 〈서울의 봄〉을 통해서 많은 이들에게 널리 알려진 바로 그 장태완 말이다. 12·12 당시 수경사령관이었던 장태완은 1993년 5월 6일, 나와 나누었던 단독 인터뷰를 통해 "12·12는 극소수의 정치군인에 의한 불법적 군사 반란이며 그 진상규명을 위한 사법적 대응 등을 준비하고 있다."라고 밝혔다.

장태완은 12·12 사태와 관련해 "전두환 소장이 주축이 돼 하나회와 보안사 요원들의 주동으로 군 통수권자인 최규하 대통령의 사전 허락 없이 전후방의 부대를 불법 동원하고 그들의 직속상관인 정승화 육참총장 겸 계엄사령관을 불법 납치, 구금한 군사 반란 행위"라고 규정했고, 이어 "이들 반란 세력이 비상계엄 치하의 수도 서울을 무력으로 강점해 국가권력을 찬탈했다."라고 규탄했다. 그는 당시 동원된 전후방의 부대로 △수경사 예하 30 및 33경비단과 헌병단 △특전사 예하 1, 3, 5공수여단 △ 9사단 △ 20사단 △ 30사단 예하 일부 연대 △ 2기갑여단 등을 예시로 들었다.

그는 또 12·12를 주도한 극소수의 정치군인이 "중장 3명, 소장 4명, 준장 7명, 대령 11명, 중령 5명 등 30명"이라고 말했다. 그는 "이중 주동자는 당시의 황영시 1군단장, 유학성 국방부 군수차관보, 차규헌 수도군단장, 전두환 보안사령관 겸 합수본부장 등 4명"이라고 규정하면서, "12·12 사태 당시 전두환 보안사령관계의 신군부가 지휘 본부를 차렸던 경복궁 30단에는 노태우 9사단장 등 다른 장성 및 대령들이 있었으나, 이들은 주동자 4명의 하수인에 해당한다."라고 부연했다. 나아가 장태완은 이 사건에 대한 '역사 재판'이 이뤄져야 한다고 강조했다. **"현행 군형법상 반란죄와 지휘관 수소(守所) 이탈죄를 저지른 이들을 처벌하지 않고 어떻게 그 법으로 후배 군인들을 다스릴 수가 있느냐"**라는 게 그의 반문이었다.

그는 "12·12 당시 수경사령관 겸 서울 계엄분소장으로서 군사 반란을 진압하지 못한 죄인이라는 심정으로 국가와 국민 앞에 속죄해 왔다."라면서 "이제 새 시대를 맞아 군의 정통성 회복을 위해 진실된 증언으로 진상규명에 나서겠다."라고 말했다. 또 당시 터져나온 인사, 군수 등 군 관련 비리와 부패상에 대해서는 "12·12 쿠데타와 그 주역들이 만들어놓은 결과"라고 규탄하기도 했다.

그는 "12·12 쿠데타에 대해 군 원로들과 역사를 바로잡고자 하는 국민이 나서서 단죄할 때가 됐다."라며 다음과 같이 밝혔다.

—12·12에 대한 여러 가지 평가와 논란이 정리되지 않은 상태입니다.
"12·12 쿠데타는 1979년 12월 12일 저녁 7시경부터 13일 새벽 4시 사이에 당시 보안사령관이던 전두환 소장을 중심으로 기존의 사조직 하나회와 보안사 요원들이 비상계엄이 공표된 수도 서울을 무력 강점한 군사 반란 행위입니다. 주동자들은 군 통수권자인 최규하 대통령과 국방부 장관의 사전 재가 없이 전후방의 군부대들을 불법으로 동원해 직속상관인 육참총장 겸 계엄사령관인 정승화 대장을 강제 연행, 구금하지 않았습니까? 이들은 자신들이 저지른 불법행위를

합리화하고 보신을 위해 정치에 뛰어들어 급기야는 광주사태와 같은
엄청난 참사를 빚어내 역사에 씻지 못할 오점을 남기게 된 겁니다."

—당시 12·12를 주도한 지휘관들의 불법행위를 구체적으로 따져본다
면요.

"12·12 쿠데타는 명백한 실정법 위반입니다. 이 군사 반란 주도자들
에게 적용해야 할 군 형법을 볼까요. 제5조 반란죄를 보면 '작당하여
병기를 휴대하고 반란을 한 자', 제20조 '전시, 사변 또는 계엄지역에
있어 지휘관이 부득이한 사유 없이 부대, 함선 또는 항공기를 진퇴시
킨 자', 제27조 '지휘관이 정당한 사유 없이 부대를 인솔해 수소를 이
탈하거나 배치 구역에 임하지 아니한 때' 등이 모두 이들이 저지른
일에 해당합니다. 이런 최고 중범죄자들을 다스리지 않고서 어떻게
똑같은 법률로 말단 병사들의 탈영죄는 벌할 수가 있단 말입니까?"

—당시 많은 군부대와 지휘관들이 12·12를 주도한 전두환 보안사령
관계 신군부 편에 동조하고 지지하지 않았습니까?

"하나회 및 그 후원 세력과 보안사 측이 불법 동원한 전후방의 군부
대는 수경사 예하 30·33경비단과 헌병단, 특전사 예하 1, 3, 5공수여
단 그리고 9사단, 20사단, 30사단 등의 일부 연대 와 2기갑여단 등입
니다. 이들이 군부의 다수는 아니며 또 군조직의 특성상 그 부대원이
모두 범법자가 아니라 지휘관의 명령에 따른 것이니 지휘관이 범법
자일 따름입니다."

—신군부 지휘관들은 장태완 사령관이 그들의 지휘본부였던 경복궁 30경비단을 탱크로 밀어버리겠다고 위협했기 때문에 병력을 동원했다고 말하는데요.

"그 30경비단이 있던 자리는 수경사령관인 나의 부대로 대통령 경호임무를 수행하는 지역에 속했기 때문에 임무를 부여받지 않은 지휘관들이 들어가 집단행동을 모의하는 것은 위법이지요. 나는 거기에 모여 있던 세력의 선임 장성인 황영시 1군단장과 유학성 국방부 군수차관보 등에게 수차례 전화해 그곳에서 나와줄 것을 요구했습니다. 그리고 이들이 정승화 육참총장을 조사해야 한다는 구실로 불법연행해 갔다는 사실을 알고 정승화 총장의 석방을 요구했어요. 이들이 불응하고 비상계엄 아래서 군 통수권을 문란하게 하는 중죄인들이기 때문에 임무상 무력으로 공격하겠다고 위협했었습니다.

당시 불법행위를 저지른 제1의 주동자는 계엄사령관인 정승화 총장을 대통령과 국방장관의 재가 없이 강제 연행하도록 한 전두환 보안사령관입니다. 그리고 계엄 아래서 주요 지휘관이 수소를 무단이탈해 경복궁 30경비단에서 모의한 3명의 중장이 그다음 책임자들이지요. 노태우 9사단장 이하 몇몇 장성들과 대령들은 그 주동자들을 따라서 행동했다고 생각합니다."

—지금 말한 신군부의 지휘관들은 그 후 대통령직을 포함해 국가 고위공직을 역임한 사람들인데요.

"민족정기와 군의 백년대계를 위해서라도 12·12 사태의 진상규명과 단죄는 소명적인 차원에서 이루어져야 할 것입니다. 오늘날 군의 비리와 부패상은 모름지기 12·12 쿠데타에서 비롯됐다고 봅니다. 그때부터 군의 기강은 내면적으로 완전히 흐트러지고 말았어요. 그 역사적 시비를 가리지 않고서 어떻게 군 후배들에게 상관에 대한 복종과 기강을 요구할 수가 있겠습니까? 기강이 쓰러진 군대란 존립 근거를 상실했을 뿐 아니라 때로는 자신들이 충성을 바쳐야 할 상관과 국민에게 총부리를 돌려대기도 하는 위험한 집단이 되는 것입니다.

내가 피해당사자로서 이들을 고발하기보다도 역사를 바로잡고자 하는 의기 있는 국민과 군 원로들이 나서서 단죄해 주기를 바랍니다. 어느 개인이 12·12 쿠데타의 진상을 규명하고 단죄할 수는 없습니다. 그것은 국가와 국민의 몫입니다. 그렇게 해야 불행하고 잘못된 역사가 되풀이되지 않을 것 아닙니까? 국가 고위공직자를 지내서가 아니라 한풀이 차원을 넘어선 '역사 재판'을 원하기 때문에 당시 주동자들에 대한 징벌보다는 행위 자체에 대한 시비곡직을 가려야 한다는 생각입니다. 그렇게 해야 군의 명예도 바로 설 수 있을 것입니다."

그는 막힘없이 말을 이어나갔다. 당시 자신과 같은 입장에 섰던 정병주 특전사령관은 직속 부하로부터 체포당한 한과 자책감을 되씹다가 지난 1989년 3월 야산에서 변시체로 발견됐다. 12·12 직후 그의 부친은 "아들이 역모에 가담했다니 아들이 눈앞에서 죽기 전 내가 먼저 가야지."라며 식음을 전폐했고, 1980년 4월 74세의 나이로 세상을 떠났다. 1982년 2월엔 서울대 자연대 화학과 1학년이던 장태완의 외아들 성호 군이 아버지의 처지를 비관해 가출했다가 보름 만에 할아버지 산소에서 10여 km 떨어진 경북 왜관 야산에서 변사체로 발견됐다. 장태완은 이 같은 개인적 한풀이를 넘어선 차원에서 12·12 쿠데타에 대한 역사 재판이 먼저 이루어져야 한다고 내게 거듭 강조했다.

제 4 장

'하나회 공화국'의 탄생

하나회가 몇 차례 '위기'를 맞으면서도 군부에 뿌리를 내릴 수 있었던 이유 중 하나로 군 최고 통수권자의 방조 내지 비호를 지적하지 않을 수 없다.

대통령 박정희는 군부 내의 고급 장교들을 직접 챙겼다. 그러나 그가 처음부터 정규 육사 출신들을 편애한 것은 아니었다. 만주군관학교와 일본 육사를 거쳐 해방 후 다시 단기 육사 2기로 임관한 그가 장교들을 임관 출신에 따라 차별할 이유가 없었다.

그 대신 그의 관심은 임관 구분이 아니라 출신 지역에 있었다. 예컨대 갑종 장교라도 자신과 동향인 영남 출신으로 개인적 신뢰감만 있으면 그를 중용했다. 그러다가 **자신과 대구·경북 지역 동향으로 정규 육사를 졸업한 젊은 장교들**이 접근해 오자 이들을 총애하기 시작한 것이다.

11기의 전두환, 노태우, 김복동, 정호용 등 3성 장군 이상으로 군에서 힘깨나 쓰던 사람들은 모두 대구에서 고교를 다닌 박정희 대통령의 동향 후배였다. 이들과 함께 하나회의 시조인 최성택이나 윤필용 사건으로 옷을 벗을 때까지 하나회의 선두 주자였던 손영길, 권익현도 대구·경북보다는 한 발짝 떨어진 부산·경남 지역이지만 하나같이 영남 출신이었다.

하나회를 처음 조직할 때 11기와 14기가 주축이 되고 그 사이의 12기와 13기가 소외됐던 것도 우연한 일이 아니었다. 14기에 비해 12, 13기는 영남 세가 약했다. 하나회의 주요 멤버를 보면 12기는 박희도(경남), 박세직(경남)을 제외하고는 박준병(충북), 안필준(충북), 최웅(서울) 등 비영남 출신이 많았다. 그러나 14기는 이종구(대구), 박정기(대구), 배명국(진해), 정도영(경북, 12·12 당시 보안사 참모장을 지냈다) 등의 세력이 막강해 이들이 12, 13기보다 앞장서서 11기와 함께 하나회를 확대해 나간 것이다. 박정희 대통령도 이들 대구·경북 출신의 젊은 하나회 장교들을 직접 불러 격려하고 이따금 촌지 등을 주면서 총애했다.

그가 동향의 하나회 장교들을 얼마나 세심하게 챙겼는지를 알려주는 한 일화가 있다. 1972년 8월 3일 정부는 '경제의 안정과 성장에 관한 긴급명령'을 선포했다. 극도로 보안이 유지된 가운데 내려진 이 대통령 긴급명령은 기업과 개인 간의 모든 사채를 신고하게 하고, 이것을 사채시장보다 훨씬 낮은 법정이자로 장기간에 걸쳐 갚도록 규제하는 내용이었다. 헌법상의 대통령 긴급명령권에 근거한 경제 비상조치였다.

8·3 조치는 화폐개혁처럼 사전에 정보가 새어나갈 경우 큰 혼란이 생기므로 보안 유지가 성패를 가늠하는 핵심적 요소였다. 이 비상조치를 사전에 알았던 사람은 실무책임자인 남덕우 부총리 등 경제 각료와 당시 김종필 국무총리, 정일권 공화당 의장서리 등 극소수 인사뿐이었다.

▌▌ 가장 오래 보관된 박정희의 촌지

8·3 조치가 시행되기 한 달 전쯤인 7월 초 어느 날, 청와대를 지키던 30경비단장 이종구 중령은 박정희 대통령의 부름을 받았다. 이종구 중령은 대구 출신 육사 14기로 널리 알려진 하나회 핵심 인물이었다. 청와대를 경비하는 수경사 30단과 33단의 단장은 말 그대로 '왕궁'을 지키는 근위대장이었고, 이들이 장성으로 크면 정치장교로 친위대 역할을 했다. 그렇기에 대통령 박정희가 가장 믿을 수 있는 젊은 장교가 이 두 단장이었다.

박정희는 그만큼 이들을 돌보아 주면서 군부 내 실세로 키웠다. 박정희가 불의에 살해당하고 전두환 보안사령관이 그 수사에 나서자 미국의 한 시사잡지는 이에 관하여 **'양아들의 복수'**라고 표현했다. 전두환 소장도 30단장을 거쳐 박 대통령의 보살핌 속에 군부 강자로 커온 전형적인 친위대장이었다. 10·26 사건에 대한 보안사의 수사는 외국 언론의 눈에 **대통령 박정희가 언제 닥칠지 모르는 후환에 대비하기 위해 키워온 군부 친위 세력의 복수**로 비쳤던 것이다.

불려온 이종구 중령에게 박정희 대통령이 물었다.

"요새 기거하는 집이 자가 소유인가?"

"아입니다. 노량진에 있는 전셋집에 살고 있심니다."

이종구 중령은 자그마한 20평짜리 단독주택에 세 들어 살고 있었다.

"그래. 요새 살기가 어렵지? 자 이거 갖다가 요긴하게 쓰게."

박정희 대통령은 봉투를 하나 건네주었다. 대통령의 하사금, 이른 바 촌지였다. 그런데 박정희는 전에 없이 힘주어 명령처럼 한마디를 덧붙였다.

"거 말이지, 집에 갖다주면서 절대 사채 놓지 말라고 이르게. 지금 살고 있는 전셋집을 사버리든가 무조건 은행에 집어넣든가 해."

이종구 중령은 그 이유를 알 턱이 없었다. 대통령이 촌지를 주면서 용도까지 정해주는 것도 드문 일이다. 그러나 그는 대통령의 말을 부인에게 그대로 전했다. 이종구의 부인으로선 돈을 불릴 방도가 없는 것도 아니었지만 그대로 은행에 예금할 수밖에 도리가 없었다. 한 달여 후 8·3 조치가 발표되자 이 중령 부부는 그제야 대통령의 말뜻을 간파할 수 있었다.

박정희 대통령은 이렇게 엄청난 충격이 뒤따르는 비상조치를 내리면서도 동향의 하나회 장교를 자상하게 챙긴 것이다. 만약에 이종구가 대통령의 촌지를 이자 놀이에 내놓았다면 그것마저 8·3 조치에 묶여 아무런 보탬이 되지 못할 뻔했다.

재미있는 것은 이종구는 그 후에도 대통령이 준 촌지를 쓸 기회가 없었다는 사실이다. 그는 전방부대나 서울권에 근무하면서 언제나 관사에서 생활했다. 하나회의 명단 관리와 연락책 역할을 했던 그에게는 웬만한 술값이나 용돈은 걱정할 일이 없었다. 별을 달고 난 이후 그는 갈수록 군부 실세가 되어 자기 돈을 쓸 일이 없었다.

그의 군경력을 보면 누구나 이 점을 쉽게 짐작할 수 있다. 그는 별 하나를 단 지 2년 만인 1981년 8월 소장으로 진급해 20사단장, 1983년 6월 수경사령관(소장-중장), 1985년 6월 보안사령관을 거쳐 1986년 7월 4성 장군으로 2군사령관에 올랐다. 그로부터 2년 뒤인 1988년 6월, 정권이 전두환에서 노태우로 넘어가 있었으나 그는 육군참모총장으로 중용됐다. 또 1990년 10월에는 육참총장의 임기를 마치고 전역한 지 불과 4개월 만에 국방부 장관에까지 올랐다.

이렇게 해서 박정희 대통령이 건넨 촌지는 이종구 중령이 20여 년 후 마지막 공직인 국방부 장관직에서 물러난 뒤에도 예금통장에 그대로 남아있었다. 그것이 대통령 박정희가 남긴 촌지 중 가장 오래까지 보존된 돈이었다.

▌▌ 그들은 '희생양'이 아니었다

1995년 11월, 한국의 소식이 미국 언론의 톱뉴스를 연이어 장식했다. 전두환과 노태우, 두 전직 대통령이 한꺼번에 구속되었다는 보도였다. 나는 그때 하버드대에서 저널리스트 연구 과정인 니만 펠로십(Nieman Fellowships)의 첫 학기를 보내고 있었다.

한국에서 김영삼 대통령은 역사 바로 세우기와 과거청산이라는 말로 이를 설명했지만, 미국의 언론과 여론은 시각이 달랐다. 미국에선 한국의 소식을 **후진국 정치의 폐습** 같은 것으로 간주하고 있었다. 당황스러웠다. 하버드의 교수와 대학원생들 상당수가 우리의 과거청산에 대하여 비리와 약점 폭로를 동원한 권력투쟁과 정치보복이라는 시각을 보였다. 이런 잘못된 시각만큼은 어떻게든 교정해야겠다고 생각했다.

《뉴욕타임스》도 구속, 수감되는 한국의 두 전직 대통령에 관한 기사를 1면에 큰 비중으로 다루었다. 1995년 11월 12일 자 신문은 니콜라스 크리스토프 도쿄 특파원이 쓴 기사를 「스캔들, 한국의 정치권을 손상시키다」라는 제목으로 게재했다. 1면에서 시작된 이 기사는 14면으로 이어졌으며 노태우의 얼굴 사진을 큼지막하게 곁들였다.

이 신문은 11월 25일 자에서도 역시 크리스토프 특파원이 송고한 전두환 구속 기사를 게재했다. 기사에는 전두환의 얼굴과 1980년 5월 광주에서 진압군 두 명이 아스팔트 위에 쓰러진 한 청년을 질질 끌고 가는 사진이 함께 실렸다. 여러 차례 본 사진이지만 볼 때마다 야만과 광기로 가득한, 분노를 삼키기 어려운 광경이었다.

내란 집단은 야만적 무력 행위의 업보를 전두환과 노태우의 구속으로 15년 만에 치렀다. 이어 《뉴욕타임스》는 노태우가 같은 해 10월 말 6억 5000만 달러(한화 약 5500억 원)의 부정 축재 사실을 눈물을 글썽이며 시인했다고 보도했다. 기사 중 특히 눈길을 끌었던 건 지난 1987년 정치개혁을 요구한 6·29 선언으로 '국민적 영웅'이 된 노태우가 이제 "희생양"이 되었다는 대목이었다. 나는 이 내용이 진실과는 다른 걸 알았기에 씁쓸함에 사로잡혔다.

그를 개혁자로 본다는 것은 6·29 선언을 능동적인 조치로 해석한다는 뜻이었다. 이는 잘못된 인식이다. 6·29 선언은 집권 여당이나 여당 대표인 노태우에 의한 능동적인 개혁 조치가 아니라 6·10 시민 항쟁에 대한 집권 세력의 굴복이라고 보아야 하기 때문이다. 만일 당시 집권 세력이 끝내 굴복하지 않았다면 1979년 10월 박정희 살해 사건의 배경이 됐던 부마항쟁이나 이듬해의 광주 시민 항쟁과 같은 국민적 저항이 재발할 것이 불 보듯 뻔한 상황이었다. 이 같은 국민적 저항을 체험했던 전두환과 노태우가 이번에는 유혈진압으로 수습하기 어렵다고 판단해 재빨리 백기를 든 것이다. **그나마 역사가 남긴 아픈 교훈이 그들에겐 넘을 수 없는 트라우마가 되었던 것이다.**

그러나 각국에서 온 저널리스트 동료들과 하버드대의 학자들은 "어떻게 현직 대통령이 전직 대통령을 둘씩이나 체포할 수가 있느냐?"라고 의문을 표시했다. 심지어 어떤 기자는 내가 귀국하는 데 문제가 없겠느냐고 묻기도 했다. 이들의 눈에는 큰 **정변**이라도 일어난 것으로 비친 모양이었다. 이들 대부분은 새로이 정권을 장악한 대통령이 과거 자신을 괴롭히던 정적에게 앙갚음하는 것이 아니냐는 식으로 이해했다. 하버드에 와있는 외국의 기자나 학자 중엔 한국을 제대로 아는 이가 별로 없었다. 나는 각국 주요 언론사의 중견 저널리스트와 하버드의 동아시아 연구자들에게 진실을 설명해 주느라 진땀을 뺐다.

‖ 왜 박정희와 전두환은 쌍생아 같은 존재인가

1996년 3월 7일, 나는 하버드대 동아시아 연구의 중심인 페어뱅크 센터에서 열렸던 〈전두환·노태우 구속을 계기로 본 한국의 군사독재 잔재의 청산에 관한 포럼〉에서 주제 발표를 맡았다. 한국학연구소가 정규 세미나 프로그램의 하나로 한국의 현안을 다룬 포럼이었다. 여기선 박정희 시대 개발독재의 공과, 박정희·전두환·노태우 체제의 동질성과 차별성, 김영삼 정부의 군사독재 청산 작업 등에 관해 열띤 토론이 벌어졌다. 존 페어뱅크와 에드윈 라이샤워의 뒤를 이어 하버드 아시아학의 대부 역할을 해온 에즈라 보겔 교수, 한국학연구소장인 카터 에커트 교수, 마일란 헤이트마넥 한국사 교수, 엔칭연구소의 에드워드 베이커 부소장 등이 그 자리에 모였다.

전두환과 노태우의 부패 독직 사건에 대해 많은 사람이 "박정희 시대엔 어떠했느냐?"라고 물어왔다. 하버드의 한국 전문가들 사이에서도 박정희와 전두환 시대의 동질성과 차별성을 놓고 의견이 분분했다. 이때 함께했던 훌륭한 학자들은 내게 귀를 기울여주었고, 나는 이 주제에 관해서 오래도록 생각한 바를 아낌없이 말할 수 있었다. 물론 박정희, 전두환 두 사람의 개인적인 성품이나 자질엔 차이가 있지만 정치체제와 통치 방식은 매우 동질적인 것으로 봐야 한다. 내가 정리한 바는 일곱 가지였다.

첫째, 두 독재정권의 통치 집단은 지역적으로 영남 출신인 동향인들로, **동일한 영남 군벌**이었다. 전두환, 노태우 등 영남 출신 육사 11기 동기생 모임인 5성회와 7성회가 군내 지하 사조직으로 작당한 하나회는 박정희의 비호 아래 친위 정치군벌로 세력을 키웠다. 박정희가 10·26 사건으로 서거한 후 12·12 군사 반란과 5·18 광주 시민 항쟁 살상 진압 등의 내란이 일어난 과정에는 영남 출신 정치군인 중심의 하나회가 주범 집단으로 자리하고 있었다.

이것은 한국 정치와 사회문화에서 매우 중요한 의미를 가진다. 이들 군 출신 독재정권이 남긴 반역사적인 죄과 중 하나가 영남과 호남에 대한 지역 차별이라는 데는 이견이 없다. 그 지역 차별의 가장 심각한 양상은 한국 사회에서 영향력 있는 공직에 대한 편중된 인재 등용으로 나타났다.

둘째, 두 독재자가 **사회계층적으로 농촌 출신이며 육군사관학교 출신 군인이라는 사실** 또한 강력한 동질성으로 이어지고 있다. 박정희와 전두환 정권은 한마디로 군사독재 체제의 연속선상에 있었던 것이다.

셋째, 통치술 면에서 자유주의적 정당정치가 아니라 정보기관인 중앙정보부와 군 보안사령부를 앞세운 권위주의적 정보공작 정치방식이라는 점이 동질적이다. 두 체제의 집권 세력은 항상 야당을 **정치공작**으로 순치했으며, 그것을 주 임무로 하는 국가정보기관이 중앙정보부라고 10·26 군사재판에서 김재규 중앙정보부장이 증언한 바 있다.

넷째, 박정희와 전두환은 언론에 대한 정권의 통제와 비판적 언론인의 강제 해직을 똑같이 자행했다. 이 같은 철저한 **언론통제**는 전두환 정권이 박정희 정권의 기조를 그대로 답습한 결과였다.

다섯째, 정책 면을 보더라도 민간 기업이나 전문가 중심의 자율성 존중과 이에 대한 정부의 지원이 이루어지기보다는 정부 주도로 강제된 경우가 많았다. 대표적으로 내자 동원과 외자의 분배 등이 거의 정부가 주도하는 **관치경제**로 이루어졌다.

여섯째, 무엇보다도 두 정권은 반민주적인 유신헌법을 수단으로 통치했다. 특히 박정희가 유신헌법에 규정해 놓은 대통령의 국가비상대권과 긴급조치권은 장기적인 군사독재를 뒷받침했다. 국민의 민주 헌정 회복 요구가 워낙 강했기 때문에 전두환은 최소한의 헌법개정을 하지 않을 수 없었지만, 대통령 임기 7년 단임제와 유신정우회를 폐지한 것이 전부였다. 전두환 내란 집단은 1980년 서울의 봄을 짓밟아버리고 유신헌법을 온존함으로써 '**박정희 없는 박정희 체제**'의 연속성을 지켰다. 이런 점들을 종합해 보면 전두환은 박정희의 정치행태를 배우고 그대로 답습했다고 보아야 할 것이다.

일곱째, 두 군사정권은 모두 민간 기업으로부터 거액의 불법 통치 비자금을 받았다. 10·26 박정희 살해 사건을 수사하기 위해 청와대를 수색한 보안사와 합수부 요원들이 청와대의 철제금고에서 발견한 돈이 9억여 원이었다. 지금의 화폐가치로 치면 수백억 원대의 현금이 청와대 대통령 집무실에 항상 있었다는 얘기다. 1995년 체포돼 구속, 기소된 전두환은 법정 진술에서 수천억 원대의 비자금을 축재한 경위와 대해 "관행에 따른 것이었다."라고 말했다. **그 관행이란 박정희 체제 때부터 내려온 군사 독재자의 행태였다는 뜻이다.**

요컨대, 정치군인들의 부패상은 전두환과 노태우 때 갑자기 생긴

일이 아니며 박정희 시대에 이미 만연해 있었다. 전두환, 노태우와
달리 박정희 정권 아래서는 부패 독직이 없었다고 주장한다면 현실
과 너무 동떨어진 얘기다.

▌ 하나회 공화국의 시작

군인으로서 국민과 국가보다도 사조직과 그 보스에 충성을 선서한,
고대 중국의 『삼국지』에 나오는 도원결의 같은 가입의식을 분명하
게 치른 하나회는 육사 11기부터 20기까지다. 즉 전두환, 노태우 장
군의 입김을 직접 쐬인 이들을 하나회원 제1세대라 볼 수 있다. 그
후 제2세대는 전두환, 노태우가 직접 관장하기에는 계급의 거리가
멀었다. 새 정부가 들어선 후인 1993년 4월 서울 이태원동 군인아
파트에 뿌려졌던 유인물 '육사 하나회 회원' 명단에 적힌 21기부터
36기까지는 하나회 제2세대에 해당한다.

하나회 제1세대는 대통령 두 명을 비롯해 5, 6공의 장관, 국회의
원, 국영기업체 사장 등 나라의 최고위 권력층 다수를 배출했다.
1979년 12·12 쿠데타 이후 5, 6공은 가히 **하나회 공화국**이라 불릴
만했다. 하나회의 핵심으로 군이나 정치적 경력에서 가장 화려한
인물 열전을 쓴다면 전두환과 노태우를 빼놓을 수 없다. 두 사람 다
음으로 잘나간 하나회의 인물은 누구일까. 사실 동기생 간에도 군
경력과 정치적 입지가 달랐기 때문에 위치가 엇갈리던 일이 다반사
였다. 육사 출신 기수별 하나회 인물들의 경력과 행적을 더듬어보
면 말 그대로 만화경이다.

하나회 11기 중에서 전두환과 노태우 외에 대장까지 오른 사람은 정호용이다. 11기에서 대장에 오른 사람은 모두 5명인데, 나머지 두 대장인 이상훈, 이기백은 하나회가 아니다. 전두환, 노태우 이외의 세 대장은 모두 한 번씩 국방부 장관을 지냈다. 그러나 당시만 해도 국방부 장관은 껍데기에 불과했으며 군 장성 인사권 등 실권을 행사하는 자리는 육군참모총장이었다. 11기 출신 중에서 그 육참총장에 오른 사람은 하나회인 정호용이다.

생도 시절 11기의 유망주는 수석 입학해 줄곧 연대장 생도를 지내다가 졸업까지 수석으로 한 김성진이나 대대장 생도였던 이범천 등이었다. **그러나 이들이 대위였던 시절 5·16 쿠데타가 일어나고 박정희 최고회의 의장 주변에 영남 군벌이 형성되면서 젊은 장교들의 판도도 그에 따라 달라졌다.**

정호용은 경북고등학교 출신으로 하나회의 뿌리인 육사 생도 시절의 5성회 멤버는 아니었다. 그는 위관 때 전두환, 노태우, 김복동, 최성택, 손영길 등이 5성회를 확대 개편해 만든 7성회 멤버로서, 젊은 장교 시절에 선두 주자로 부각되진 못했다. 오히려 1963년 소령 진급에서 노태우와 함께 한 번 탈락한 경험이 있었다. 또 그해 김종필 등 5·16 혁명 주체 육사 8기 그룹을 부패했다는 이유로 제거하려다 사전에 발각된 이른바 7·6 거사 계획에도 가담해 방첩대의 조사 대상에 올랐다. 그러니까 젊은 장교 때 승승장구하는 유망주는 결코 아니었던 것이다.

정호용은 이듬해 동기생들과 비슷하게 연대장으로 나갔다. 그가 별을 단 것은 1974년으로 동기생 선두 주자들보다 1년이 뒤졌다. 11기생이 처음 장군이 된 것은 1973년이었다. 전두환, 손영길, 김복동, 최성택 등 4명이 그해 별을 달았다. 노태우도 정호용과 함께 2차로 별을 달았다.

그가 장성 진급의 후발주자에서 군부 실력자로 올라선 것은 역시 12·12 쿠데타를 성공시킨 전두환, 노태우와 하나회계가 실권을 장악한 뒤부터였다. 12·12가 일어나기 직전만 해도 11기생 선두 주자들이 보안사령관(전두환 소장)을 비롯한 서울의 핵심 자리나 전방 사단장(노태우 9사단장) 등 요직에 있었던 데 비해 그는 한직인 후방의 50사단장이었다.

정호용은 50사단을 관장하는 2군사령관 진종채 대장의 연락으로 서울의 쿠데타를 알게 되었다. 12월 13일 새벽을 도와 급히 상경한 그는 거사가 끝난 쿠데타 지휘부에 가담하게 된다. 그날로 그가 받은 보직은 쿠데타군을 진압하려다 총격을 입고 체포된 정병주 소장의 후임 특전사령관이었다. 여기서부터 그의 상승세는 시작된다.

1981년 중장으로 육참차장, 군사령관을 거친 그는 1983년 12월 육참총장에 오른다. 정규 육사 출신으로서는 첫 육군 총수였다. 1985년 12월 총장 임기 2년을 마치고 전역한 그는 그 후 정치적으로 더 화려한 길을 걸었다. 그는 1987년 1월 내무부 장관으로 입각했고, 그해 7월에는 다시 국방부 장관에 기용된다. 전두환 정권의 마지막 각료였다. 이어 6공 노태우 정권 아래서는 고향인 대구에서 출마해 13대 민정당 의원으로 당선되기도 했다.

그러나 그의 정치적 입신은 **6공 국회의 '5공 청산'이라는 여과기에 걸리고 말았다.** 민정당 총재인 노태우 대통령이 야당과 5공 청산 협상을 타결하면서 이른바 5공 핵심 인사들의 공직 사퇴에 합의했던 것이다. 이에 따라 그는 야당들이 지목한 5공 핵심 인물로 의원직을 사퇴해야 하는 등 시련을 겪었다.

▌▌출세의 보증수표, 12·12 가담 여부

한편, 12기 하나회원 중에서는 박희도, 박준병, 안필준 등 세 사람이 별 네 개를 달았다. 12기에서 배출된 대장 4명 중 한철수 한 사람만 비(非)하나회다. 안필준은 보안사령관을 지내고 예편한 후 보건사회부 장관으로 입각하기도 하지만 군부 실세로는 별로 알려지지 않았다. 당초 12기의 하나회 핵심으로는 '쓰리 박(3朴)'이 유명했다. 박준병와 박희도 그리고 대장은 못되고 군복을 벗은 박세직이 그들이다.

12기가 생도 시절 학과 성적이 우수하기로는 이병간, 정상문 등이 있었다. 12기의 '쓰리 박' 중에서도 12·12가 일어나기 직전까지의 선두 주자는 박세직, 박준병이었다. 영남도 아닌 충북 옥천 출신인 박준병은 소장 때 20사단장 자리를 맡았는데, 훗날 이것이 정치권 진입의 길을 열어놓는 계기가 된다. 그때 박준병과 함께 12기의 쌍벽이라 불리던 박세직 소장은 3사단장으로 나갔다. '쓰리 박' 가운데 박희도는 소장 진급이 한해 늦어 당시 준장으로 1공수여단장이었다. 그러나 그것이 박희도에게 운명의 전환점이 될 줄은 아무도 몰랐다.

20사단이나 1공수여단은 서울에서 소요 사태 등이 벌어지면 진압군으로 투입되기 위해 훈련된, 이른바 '충정부대' 가운데 하나다. 이 부대장을 거친 장성치고 요직에 발탁되지 않은 경우가 드물었다. 박준병 소장의 20사단은 10·26 직후 계엄군으로 서울에 동원된다. 그리고 12·12 쿠데타에서는 이미 서울에 주둔 중인 병력으로 제 몫을 할 수 있었다. 당시 박세직 소장은 서울에서 멀리 떨어진 3사단을 맡고 있어서 본인의 의사는 차치하고 12·12에 가담할 기회가 없었던 셈이다.

서울 부근에 소재한 1공수여단장 박희도는 12·12 당시 한강을 건넌 최초의 쿠데타군 실병 지휘관이었다. 이 쿠데타군이 12월 12일 밤 11시경 한강을 건넘으로써 그 후 13년여의 신군부 정치사를 연 것이다. 박희도 준장이 직접 지휘한 1공수여단은 그날 밤 군의 심장부인 육군본부와 국방부를 점령했다. 쿠데타 작전에 수훈을 세운 공에 힘입어 그는 장성 2차 진급자라는 핸디캡을 완전히 극복하고 훗날 육군 총수에까지 오르게 된다. **박준병 20사단장이나 박희도 1공수여단장의 예를 보더라도 결국 수도권 인근 부대의 지휘관에게 정치권력에 가까이 갈 수 있는 기회가 주어졌던 것이다.**

박준병은 20사단장을 마친 뒤 노태우의 후임으로 보안사령관에 발탁된다. 이때 3사단장을 끝낸 그의 라이벌 박세직에게 돌아간 자리는 수경사령관이었다. 보안사령관과 수경사령관의 힘겨루기는 1973년 윤필용 수경사령관 사건 이후 보안사령관의 우위로 정립된 지 오래였다. 육사 생도 시절이나 군 경력에서 박준병에게 결코 떨어지지 않던 박세직은 여기서 그에게 한 발짝 밀린 셈이다. 12·12 가담 여부에 따라 위상이 결판난 것이다.

더구나 박준병은 보안사령관으로서 1981년 8월에 터진 '박세직 수경사령관 이권 청탁 사건'을 조사하게 된다. 강창성, 윤필용 이후 다시 한번 동기생끼리 체포하고 조사받는 인생 드라마를 연출했다고 볼 수 있다. 박준병은 보안사령관을 마친 뒤 대장으로 전역해 민정당 의원이 되었다. 박세직도 강제 전역 조치되었지만, 이후 전두환 대통령의 마음이 누그러져 '하나회 복권'이 이루어졌다. 전두환 대통령은 그를 안기부 차장으로 복권시켰고, 6공에 들어서 노태우 대통령은 그를 더욱 신임해 박세직은 안기부장과 서울시장에까지 오를 수 있었다.

박세직이 수경사령관직에서 강제 예편당할 때만 해도 이권 개입, 직권남용 수뢰 등 일종의 파렴치 행위에 가까운 비행 혐의가 나열되었으나 예편 뒤 불과 2, 3년 만에 고위공직에 기용된 현실은 어떻게 설명할 방법이 없었다. **최고권력자가 미워하면 하루아침에 만천하에 망나니로 공표되고, 또 용서받기만 하면 국가 고위직에 오르는 도깨비 세상이었다. 어차피 일반 국민의 눈과는 상관없이 공직 임명이나 예산 운용을 제멋대로 하는 독재 시대였다. 일반 국민은 물론 언론이나 국회도 이를 따지지 않았다. 그런 의식마저 사라져 버린 암흑기였다.**

▌ 13기 대표주자 최세창의 명암

이외에도 12기 하나회에서는 장관이 한 명 더 나왔다. 총무처 차관과 장관을 지낸 장기오다. 그도 12·12 때 서울 근교에 위치한 5공수여단장이었다. 그의 병력은 효창공원에 대기했으나 이렇다 할 공은 세우지 못했다. 그래서인지 그는 중장으로 예편했으며 그 뒷자리가 총무처 차관이었다. 그 자리에서 장관으로까지 올라간 것이다.

또 12기의 하나회로 윤필용 사건 때 보안사 서울지구대장이었던 정동철은 노동부 차관을 지냈다. 정동철은 본래 윤필용계였으나 윤필용 사령관과 함께 동기생이었던 강창성 보안사령관이 윤필용 사령관을 편하게 해주려고 그를 수경사 감시역인 서울지구대장에 임명했던 것이다. 박정희 대통령의 명령에 따라 윤필용 수경사령관이 구속되면서 하나회 사조직이 드러나자 그는 대령으로 예편 조치된다. 그러나 하나회 공화국인 5공 정권은 이 예비역 대령을 차관으로 임명했다.

13기는 최세창, 정진태 등 두 명의 대장만이 배출됐는데 이들 역시 모두 하나회다. 이 중 최세창은 합참의장으로 예편해 광업진흥공사 사장을 거쳐 국방부 장관으로 임명되었고, 정진태는 한미연합사 부사령관을 끝으로 예편한 뒤 장관급인 비상기획위원장을 지냈다.

13기생 중 장래가 촉망되던 선두 주자는 임동원(통일원 차관을 지냈다), 심기철(외무부 대사를 지냈다), 유승국(병무청장을 지냈다) 등이었다. 이들은 모두 하나회에 가담하지 않았기 때문에 군에서 밀려난 결과가 됐으나 많은 육사 출신의 '눈'이 있어 군 이외의 공직을 하나씩 맡았다. 생도 시절에는 수석 졸업자 정기철과 대표화랑 정일섭(조폐공사 감사를 지냈다)가 유망주로 꼽혔으나 수석 졸업자 정기철 소령은 월남전에서 전사했다.

13기생들은 자신들이 육사 기수 중에서 가장 홀대받았다고 불만이 많았다. 대장도 적게 나온 데다 대개 기수마다 한 명씩 배출되던 육참총장도 12기 박희도에서 14기 이종구로 건너뛰었기 때문이다. 이 같은 '13기 홀대'라는 불만을 해소하기 위해 최세창이 국방부 장관으로 기용됐다는 얘기도 있었다.

13기가 군의 보직 면에서는 소외된 감이 있으나 최세창, 정진태를 비롯해 이우재 전 체신부 장관, 이정오 전 과학기술처 장관, 최문규 전 비상기획위원장 등 5명이나 장관급에 올라 11기, 12기보다 떨어지는 대우를 받은 것은 아니다. 이들 장관급 5명 중 비하나회는 이정오 전 과기처 장관 한 사람뿐이다.

또한 13기 하나회에서는 다른 기에 비해 국회의원 등 정치인이 많이 나왔다. 14대 민자당 의원으로 윤태균, 신재기가 있고, 정동호 의원은 1993년 4월 재산공개 파문으로 민자당을 탈당했다. 오한구는 제11대 총선부터 세 번 당선돼 국회 내무위원장까지 지냈으며, 이우재도 11대 때 민정당 의원을 지냈다.

이 중에서 오한구 전 의원은 노태우 대통령의 괘씸죄에 걸려 제14대 총선 공천에서 탈락한 것으로 알려졌다. 노태우 대통령이 야당과 타결한 5공 청산을 실천하기 위해 정호용을 의원직에서 사퇴시키자 오한구는 정동호가 보궐선거에 무소속으로 출마할 때 그를 지지했다. 그것이 괘씸죄였다.

13기 하나회의 대표주자는 역시 합참의장과 국방부 장관을 거친 최세창이다. 생도 시절에는 중간 정도의 성적으로 그다지 눈에 띄지 않았던 그는 임관 후 철저한 명령 복종과 임무 수행 자세를 좋게 평가받아 소요 진압 등 특수작전에 동원되었다. 그는 3공수여단장으로 1979년 10월의 부마 사태 때 진압군 지휘관으로 투입됐고, 12·12 쿠데타에서는 전두환 보안사령관 등 신군부의 지령에 따라 직속상관인 특전사령관 정병주 소장을 체포했다.

그러나 무엇보다 그에게 두고두고 짐이 되는 것은 1980년 5월 광주항쟁 현장에서의 살상 진압 작전을 지휘한 일이다. 본래 그는 부친이 제헌의원과 3대 의원을 지낸 명문 집안 출신이다. 그의 아버지 최윤동 장군은 중국의 장개석 정부가 세운 운남군관학교 출신으로 광복군 간부였다. 최윤동의 운남군관학교 동기로는 이승만 대통령 아래서 국무총리를 지낸 이범석 장군이 있다. 최윤동 장군은 해방 후 정치에 투신해 대구 갑구 출신 재선 의원을 지내고 1968년 작고했다.

독립운동 유공자이며 정부 초창기의 중진 정치인인 부친 아래서 성장한 그가 시민 시위를 강성 진압한 지휘관으로 많은 사람의 입에 오르내리게 된 것은 묘한 아이러니가 아닐 수 없다. 그 배경을 굳이 따진다면 그가 미국에서 특수전 훈련을 받았다는 점을 들 수 있다. 최세창은 1950년대 말 전두환, 장기오, 차지철 등과 함께 미국 특수전학교에서 훈련을 받았다. 이들이 국군 특수전 부대를 처음

만든 창설 요원들이다.

'특수전'이란 적의 요지에 대한 우회 침투나 주요 군사시설의 파괴, 후방지역 교란 임무 등을 수행하는 것을 말한다. 심리전 유격 공수부대 등이 이러한 특수임무를 수행한다. 따라서 이들 특수전 부대의 훈련은 고립된 적지에서의 생존능력과 대원 간에 생명을 건 신뢰감 배양 등이 주된 내용이다. **그처럼 외적에 맞서기 위해 훈련된 특수전 요원들이 시민 시위에 대한 진압군으로 돌변했던 것이 당시의 시대상이었다.**

아무튼 최세창 장군은 군정 집권층에서 주어진 특수임무를 수행한 뒤 소장으로 진급해 요직인 20사단장에 임명된다. 수도권 인근의 충정부대인 20사단은 이렇게 해서 12기 하나회의 선두 주자인 박준병 소장에 이어 13기 하나회의 핵심인 최세창 소장을 사단장으로 맞게 되었다. 최세창 소장은 또 박세직 수경사령관이 강제 예편되자 그의 뒤를 이어 수경사령관으로 발탁된다. 그리고 중장으로 진급, 1군단장과 육군참모차장을 거쳐 1985년 12월 대장으로 3군사령관에 오르는 등 승승장구했다.

그가 3군사령관 임기를 끝낸 1987년 말에는 육참총장 박희도가 총장 임기를 1년 더 남겨놓고 있었다. 이 때문에 그는 바로 육참총장 자리에 올라가지 못하고 합참의장으로 갈 수밖에 없었다.

‖ 하나회의 황태자, 이종구

하나회는 11기부터 12, 13기까지가 창설기였다면, 14기 이후 16기까지는 화대기였고, 17기부터 융성기에 해당한다. 14기 하나회에서는 대장이 1명밖에 배출되지 않았다. 바로 이종구 전 국방부 장관이다. 14기 전체 중 대장은 2명이며 다른 한 명은 민경배 전 국가보훈처장이다.

이종구의 군경력은 창군 이래 유례를 찾아보기 어려울 정도로 화려하다. 그는 하나회의 시조들인 11기와 후배들을 이어주는 총무 역할을 했다. 그러면서 하나회의 총무답게 핵심 코스만 거치면서 힘쓰는 자리는 모조리 앉아본 것이다. 그는 준장으로 진급하며 동해경비사 참모장으로 임명된다. 이 자리는 그래도 권력의 중심권에서 좀 떨어진 야전에 속한다.

그는 1979년 12·12 쿠데타도 동해경비사에서 맞았다. 이 때문에 하나회가 주도한 쿠데타에 하나회의 중심인물이었던 그가 깊이 관여하지 못했다. 그러다가 12·12 직후인 1980년 1월, 그는 육본 작전처장이라는 핵심부서로 자리를 옮겼다. 육군 예하 부대의 병력 이동이나 부대 배치 등 작전 상황을 한눈에 파악하고 있어야 하는 요직이다.

그가 장성에 오른 후 대구 출신으로서 하나회를 키워온 대통령 박정희는 죽었으나 그때부터는 하나회가 직접 실권을 잡았고, 이종구 장군의 군부 내 출세 가도는 다른 하나회 장성들보다도 더욱 눈에 띄는 것이었다. 그는 전두환, 노태우의 알력과도 상관없이 5공과 6공에서 승승장구했다. 준장 진급 2년 만인 1981년 8월, 그는 동기생 중 선두로 소장을 달고 요직인 20사단장에 임명된다.

이종구 소장은 20사단을 화력과 기동력을 갖춘 기계화부대로 개편시켰다. 이는 예산이 크게 소요되어 힘 있는 장성이 아니고서는 생각조차 할 수 없는 일이다. 장성들의 보직 임기가 고작해야 2년이기 때문에 그동안 별 사고 없이 지내다가 다음 자리로 옮겨가면 그만이라고 생각하는 사람도 많다. 그러나 이종구 소장은 의욕이 있는 데다 일을 추진할 만한 힘도 갖추고 있었다.

20사단장을 마치고 그는 1983년 6월 수경사령관으로 임명된다. 당시 하나회 핵심들의 출세 코스를 그대로 따라 올라간 것이다. 그가 처음 수경사령관으로 갈 때는 소장 자리였으나 수도권 부근의 부대들을 흡수해 수도방위사령부로 부대를 확대 개편하면서 중장으로 진급했다. 수도방위부대의 개편도 필요성을 주장하는 장성들이 있었으나 실세가 아니고는 윗사람들을 납득시키고 허락을 받기가 어려웠다. 그는 전두환 대통령에게 수경사는 서울과 청와대를 지킨다고 해서 친위부대라고 생각하기 쉽지만 이 부대를 실질적인 전략군으로 바꾸어야 한다고 설명했다.

수방사령관을 마친 이종구 중장은 1985년 6월 보안사령관으로 기용됐다. 이것은 보기 드문 인사였다. 경쟁이 치열한 군 장성 보직 인사에서 동기생 중 한 사람을 수방사령관으로 임명하면 다른 경쟁자는 보안사령관에 올려주는 것이 상례였다. 두 자리가 모두 군부 실세로 지칭되는 보직이기 때문에 한 사람이 다 거쳐 가는 경우는 거의 없었다.

그는 보안사령관을 1년 정도 하다가 1986년 7월 대장으로 진급해 2군사령관으로 임명된다. 본래 2군사령관은 후방 군지휘관이어서 야전군인 1군, 3군사령관보다 떨어지는 보직이라는 인식이 일반적이다. 그러나 그는 여기서도 전임자들이 하지 못하던 일을 해낸다. 후방군단 2개를 창설하고 방위병제를 개선하기 위해 방위병 월급제를 도입한 것이다.

2군사령관으로서 2년 임기를 마친 그는 1988년 6월 모두가 예상했던 대로 육군참모총장에 올랐다. 이때는 5공 전두환 정권이 끝나고 노태우 정권이 들어선 뒤였다. 그가 총장이 되리라는 것은 군부를 조금만 관심 있게 지켜본 사람이면 어렵지 않게 예상할 수 있었다. 그에게 경쟁상대가 별로 보이지 않는 상황이었다.

육참총장으로서 그가 남긴 또 하나의 유별난 발자국은 육군본부의 계룡대 이전을 단행한 일이다. 전임 총장들은 육군본부를 옮기기로 이미 1988년 6월에 결정해 놓았으나, 그는 이에 반대했었다. 서울올림픽이 그해 가을에 열리는데 육군 지휘부가 서울을 떠난다면 안보 대처에 대한 불안감만 조성할 우려가 크다는 이유였다. 그는 육본 이전계획을 7개월 연기시켰다가 그다음 해에 실천했다.

1990년 10월 총장 임기를 마치면서 전역한 그는 한 번 더 사람들을 놀라게 했다. 전역한 지 불과 4개월여 만에 다시 국방부 장관으로 입각한 것이다. 공직에서 물러나 쉬는 기간이 짧았다는 것도 기록적이지만, 육참총장을 지낸 사람을 국방부 장관에 임명하는 예가 없었기 때문에 더욱 놀라웠다. **군부에 너무 강한 인물을 키워놓으면 안 된다는 발상으로 박정희 대통령 시절부터 금기시되어 온 인사 관**

행이었다. 특수상황이었던 5공 초기에 육참총장을 지낸 정호용이 국방부 장관으로 임명된 적이 있었으나 그것은 예외였다.

국방부 장관으로서 이종구는 많은 정책 쇄신을 강구했다. 힘이 없던 국방부의 위상을 각 군 본부와 합참의 상급부서로 확립했으며 합참도 군사전략을 총괄하는 기구로 강화했다. 이종구의 이런 경력을 들여다본 사람들은 누구나 혀를 내두른다. 한직에 있어 본 일도 없고 빈틈없이 승승장구만 했던 그는 분명 하나회의 황태자였다.

▌▌ 하나회의 친위 세력화를 비판하던 박동원

하나회를 확장하는 데 앞장선 14기의 초기 핵심 인물은 배명국과 박정기였다. 하나회의 대부였던 윤필용이 방첩대장 때, 그 아래에 들어갔던 배명국은 윤필용이 방첩대장을 마치고 5사단장과 베트남 맹호사단장으로 나간 후에도 계속 방첩대의 후신인 보안사에 있었다.

1973년 윤필용 사건이 터졌을 때 그는 보안사 인사과장이었다. 당시 이 사건을 수사한 강창성 보안사령관은 하나회를 윤필용 장군의 주변 사조직으로 파악했고, 배명국 중령도 하나회 명단에 포함되는 바람에 옷을 벗어야 했다. 강제 예편당한 그는 건설회사를 차려 돈을 번 뒤 고향인 경남 진해에서 제11대 총선에 출마해 국회의원에 당선됐다. 그는 11, 12, 14대 의원으로 국회 건설위원장과 상공위원장을 지낸 중진 정치인이 되었는데, 제11대 국회에서 초선의원인 그가 건설위원장을 맡은 것은 당시의 5공 정권이 하나회 공화국임을 보여주는 또 하나의 지표이기도 하다.

박정기는 윤필용 사건이 터지기 직전까지 윤수경 사령관의 비서실장을 지낸 윤필용계의 핵심 인물이다. 그도 배명국과 함께 중령으로 강제 예편됐다가 역시 5공 정권이 들어서자 한국전력 사장 등 막강한 영향력을 행사할 수 있는 자리를 맡게 된다.

생도 시절 14기의 유망주는 졸업 때 대표화랑으로 뽑힌 박동원과 연대장 생도였던 조효섭, 홍성태 등을 꼽는 사람이 많다. 이 중 박동원은 월남전에서 명성을 떨친 중대장으로 을지 및 충무 무공훈장까지 받고 계속 선두를 달렸으나 1979년 12월 준장 진급에서 한 번 탈락했다. 이북 출신으로 명문 경기고등학교를 졸업하고 육사에 들어간 그는 대통령 동향 출신이 주도하는 하나회가 군부 내에서 **친위세력화**하는 데 비판을 가했고, 동기생 모임 등에서도 군의 정치 유착을 크게 경고했다. 그러자 그를 무게 있는 반대 세력이 될 인물로 여겼던 하나회계는 그의 진급 등에 제동을 걸었다.

더욱이 그는 12·12 쿠데타 당시 하나회계 신군부의 반란을 진압하려다 실패한 장태완 수경사령관 아래서 작전참모를 지냈다. 그러나 노태우 소장은 쿠데타에 성공한 신군부의 수경사령관으로 부임해서도 그를 바로 내몰지는 않았다. 군에서 참모들은 지휘관이 명령하는 대로 따를 수밖에 없다는 기본율을 인정하면서 이른바 대화합의 제스처를 썼기 때문이다. 그는 후에 실병력이 없는 방위사단장을 끝으로 예편했다.

재학시절 연대장 생도였던 조효섭은 하나회 반대 세력으로 견제를 받아 별도 달아보지 못하고 대령으로 예편했다. 홍성태는 소령 시절 지상군과 기갑전의 본고장이랄 수 있는 독일 육사에 유학하는 등 촉망받는 기갑 장교였다. 그는 특히 1960년대 말 전두환이 북극성회장일 때 그 아래에서 연구부장을 지냈었다. 웬만하면 전두환의 보스 기질에 녹아들었을 법한데도 홍성태 소령은 그 손아귀에 잡히지 않았다. 하나회 확대에 앞장서는 등 극성을 부린 14기 하나회의 핵심인 배명국, 안무혁 등이 그에게 여러 차례 호의를 베풀었으나 끝내 사조직에 가입하기를 거절했다. 그는 수도기계화사단의 여단장을 거쳐 준장으로 예편했다.

14기 하나회에서 장관급에 오른 사람은 3명이다. 이종구 전 국방부 장관과 이춘구 전 내무부 장관 그리고 안무혁 전 안기부장 등이다.

15기 하나회의 대표주자로는 육참총장을 지낸 이진삼과 고명승(보안사령관을 지냈다) 전 3군사령관, 나중배 전 한미연합사 부사령관 등 3명의 예비역 대장이 꼽힌다. 15기 전체에서 대장은 이들 하나회 출신 3명뿐이다.

이 중에서 이진삼은 노태우 대통령의 직계인 **9·9 인맥**의 핵심 인물로 6공 말기 체육부 장관을 지내기도 했다. 9·9 인맥이란 노 대통령이 준장 때 9공수여단장, 소장 때 9사단장을 역임해 붙여진 이름이다. 이때 9공수와 9사단에서 그와 함께 근무했던 참모들이 6공 정권의 군부 실세 자리를 대거 차지했다. 전두환계 하나회와는 구분되는 노태우 직계 세력이었다.

그러나 이진삼은 김영삼 정부가 들어선 후 군부 테러 문제가 폭로돼 구속당하는 시련을 겪었다. 그가 정보사령관 시절 정보사 요원들에 의해 자행된 김영삼, 양순직 등 야권 인사들에 대한 테러 음모를 사전에 알고 있었다는 혐의였다.

‖ 영남 군벌에서 군부 전체의 엘리트 집단으로

당초 15기 하나회의 핵심은 경북고 출신인 이대희 전 병무청장이나 민병돈 전 육사교장, 김상구(민자당 의원을 지냈다) 등이었다. 이 중에서도 이대희는 경북고를 나온 영남 군벌의 총아로 청와대를 경비하는 30단장과 33단장을 모두 지냈다.

그가 청와대 근위대장을 하는 동안 중학교 수학 교사였던 그의 부인이 청와대 가정교사 노릇을 했다는 사실을 아는 사람은 많지 않다. 그의 부인은 육영수 여사의 초빙으로 청와대에서 박정희 대통령 자녀들에게 수학을 과외지도했다. 이렇게 안팎으로 박정희 대통령과 긴밀한 관계를 맺었던 것을 보아도 그는 장래가 거의 보장된 장교였다.

그는 소장 때 '장성 보직의 꽃'이라 불리는 육본 인사참모부장에 기용됐다. 그러나 그가 인사참모부장으로 있던 1986년 3월, 다음 5장에서 살펴보게 될 국방위 회식 사건이 터졌고 사건의 장본인 중 한 사람이 그였다. 이 사건으로 그는 전방으로 좌천되고, 이후 중장으로 전역했다. 그 사건만 없었다면 그가 4성 장군이 되는 것은 맡아놓은 밥상이라고 보는 사람들이 많았다.

15기에서는 장관이 2명 배출됐다. 하나회와 비하나회가 각각 1명씩으로, 이진삼과 권영해 전 국방부 장관이 그들이다. 권영해 전 장관도 하나회의 견제를 받아 군에서 제대로 진급하지 못해 소장으로 예편했다. 그러나 그는 하나회가 아니었기 때문에 김영삼 정부가 들어선 후 국방부 장관으로 발탁됐다. 그가 장관으로 재직한 기간은 10개월여에 불과하지만, 그 기간에 단행된 군 개혁의 내용은 유례가 없을 만큼 엄청난 것이었다. 특히 하나회 숙군은 권영해 전 장관의 하나회 폐해에 대한 개인적 체험이 크게 작용한 것으로 알려져 있다.

15기까지만 해도 동기생 중 리더십이나 학과 성적을 바탕으로 선발되는 대표화랑은 하나회에 가담하지 않았다. 15기의 대표화랑은 신대진 예비역 소장이다. 그도 군부가 사조직에 의해 좌우되지 않았더라면 4성 장군은 물론이고 훌륭한 육참총장이 됐을 것으로 평가하는 사람들이 많다. 그는 또 12·12 당시 육참총장이던 정승화 대장의 처남이어서 신군부의 주요 감시 대상이었다.

하나회에 대표화랑과 성적 우수자가 포섭되기 시작한 것은 16기부터였다. 뒤집어보면 그때부터 하나회가 육사 출신 장교들 간에 상당한 영향력을 확보했다는 뜻이다. 하나회는 후배들을 포섭할 때 동기생 중에서 리더십이 있거나 장교 근무 평가가 우수한 1차 진급자들을 골랐다. 포섭 대상자들도 군부 내에서 영향력 있는 선배들의 포섭을 거절하지 못했다. 이런 과정을 거쳐 하나회는 영남 군벌이라는 지역적 그룹으로부터 어느 정도 발판을 넓힌 엘리트 집단으로 떠올랐다고 볼 수 있다. 그 전성기는 16기를 넘어 17, 18, 19, 20기 때였다.

16기의 대표화랑은 최평욱 전 보안사령관이다. 그는 전두환이 대통령직을 물러나면서 자기 계열을 군부 요직에 대거 포진시켜 말썽을 빚었던 1987년 12월 장성 인사 때 보안사령관으로 임명됐다. 이것이 화근이 돼 그는 제 임기도 다하지 못한 채 1년 만인 1988년 12월 군복을 벗어야 했다. 이 또한 5공 청산 가운데 하나였다.

노태우 정권은 야당과 여론의 압력으로 그런 조처를 하지 않을 수 없었다. 그래도 그를 군에서 내보내면서는 산림청장이라는 뒷자리를 주었다. 16기에서 대장은 이필섭 전 합참의장과 신말업 전 3군사령관 등 하나회가 2명이었으며, 송웅섭 전 합참2차장은 비하나회지만 12·12 쿠데타 가담자였다. 이필섭 전 합참의장은 노태우 직계 9·9 인맥으로 육사교장, 2군사령관 등 요직을 거쳤으나 김영삼 정부가 들어선 후 12·12 가담자 숙정 때 임기를 남겨놓고 전역했다.

▌▌하나회 전성기, 17기의 출세 가도

16기 하나회에서 정계의 명사가 된 사람은 장세동 전 안기부장과 정순덕 전 민정당 사무총장이다. 장세동은 전남 출신이지만 집안이 일찍부터 서울로 옮겨와 성동공고를 졸업하고 육사에 들어갔다.

공수부대 인맥으로 전두환을 만나 하나회에 가입한 그는 1979년 12·12 당시 쿠데타 지휘부였던 경복궁 30단의 단장이었다. 이날 그는 쿠데타 지휘부의 참모장 역할을 했다. 그리고 쿠데타에 성공한 신군부가 5공 정권을 세우자 중장으로 예편해 전두환 아래서 실질적인 이인자 역할을 했다.

그는 청와대 경호실장을 거쳐 안기부장 자리에 올랐다. 안기부는 그가 부장으로 부임하기 전만 해도 대통령 살해 집단이라는 오명 속에 위세가 크게 약해져 있었다. 5공 정권의 산실 역할을 한 보안사가 안기부보다 발언권이 더 셌다. 그러나 **전두환의 '분신'이라 불리던 장세동**이 부장으로 가면서 안기부는 10·26 사건 이전의 위상을 되찾았다. 5공에서 '나는 새도 떨어뜨린다'던 그가 나중에 5공 청산의 표적이 되는 것은 불가피했다. 특히 전두환이 대통령에서 물러난 후에도 영향력을 행사할 방안을 모색했던 그는 일해(日海, 전두환의 아호) 재단을 설립하는 과정에서 빚어진 권력 남용 등의 혐의로 구속되기도 했다.

정순덕은 1980년 민정당 창당 때 하나회계 집권 세력으로서 고향인 경남 통영에서 출마해 제11대 의원으로 정계에 발을 들여놓았다. 그는 그 후 한 번도 낙선되지 않고 내리 당선된 4선 의원으로 국회 재무위원장과 민정당, 민자당의 사무총장을 지냈다. 또 청와대 정무1수석비서관으로 전두환 대통령을 보좌할 만큼 신임도 두텁게 받았다.

하나회 기별로 보았을 때 유명 인사가 가장 많이 배출된 기수는 17기다. 국방부 장관, 육참총장, 안기부장, 총무처 장관, 대사 그리고 청와대 경호실장과 국회의원 등 참으로 다양한 고위직이 17기 하나회에서 배출됐다. 고위장성도 하나회 출신만 대장 2명, 중장 4명으로 11기 다음으로 많다.

17기 하나회가 이같이 '화려한' 인물상을 보이는 것은 12·12 당시

이들이 대령으로 '행동대' 역할을 맡는 등 실질적으로 병사를 거느린 지휘관으로서 전성기에 있었기 때문이다. 17기 하나회 가운데 먼저 국방부 장관 이병태는 그 하나회를 발본색원하겠다는 김영삼 정부의 두 번째 국방부 장관으로 기용됐다. 순전히 김영삼 대통령과의 개인적 인연 때문에 이루어진 예외적 인선이었다.

그는 김영삼 대통령의 경남고 후배로 1992년 가을 대통령 선거 때 김영삼 후보의 군 문제 담당 자문역이었다. 당시 그는 하와이 총영사 신분이었으나 이따금 서울에 밀행하면서 자문했다는 소문이 떠돌았다. 김영삼 정부가 출범한 후 청산 대상인 하나회 출신으로는 유일하게 그가 국가보훈처장으로 임명된 것은 당연한 논공행상이었다. 그러다가 권영해 전 국방부 장관이 불의의 암초에 걸려 개각 대상에 포함되자 그 후임으로 기용되었다.

대표화랑 출신으로 하나회에 가입한 사람이 16기의 최평욱에 이어 17기의 김진영 전 육군참모총장이었다. 그도 1988년 6공 들어 5공 청산의 여파로 군부 실세 자리인 수방사령관에서 한직인 교육사령관으로 좌천당하는 시련을 겪었다. 그러나 그는 이미 뛰어난 경력을 쌓은 뒤였다. 교육사령관으로 조용히 와신상담하다가 결국 대장 진급과 함께 한미연합사 부사령관으로 임명되고 이어 1991년 12월 육참총장 자리를 차지한다.

하지만 그의 이 같은 시련 극복도 문민정부 출범이라는 대세 앞에서는 더 이상 어쩔 수가 없었다. 김영삼 대통령의 군부 수술은 우선 하나회 거물을 솎아내는 일이었으며 그가 첫 희생 타가 된 것이다. 김 대통령은 1993년 3월 8일 하나회 핵심 인물인 김진영 육참총장과 서완수 기무사령관을 전격 경질시켜 버림으로써 서릿발 같은 군부 숙정의 막을 올렸다.

17기 하나회에는 또 전두환, 노태우 대통령의 경호실장이 나란히 있어 눈길을 끈다. 안현태가 전두환 대통령을, 이현우가 노태우 대통령을 각각 경호실장으로 보좌했다. 이 중에서 이현우는 6공 말기에 안기부장까지 지냈다.

17기 하나회 중 노태우 직계 9·9 인맥의 핵심은 이문석 전 총무처 장관이다. 그는 노태우 대통령이 9사단장 때 그 아래 연대장이었다. 전두환 대통령 시절에는 빛을 못 보고 '변두리'에서 돌았으나 6공 들어서 특전사령관 육참차장을 거쳐 동기생 중 가장 먼저 대장에 진급해 일약 1군사령관으로 진출했다. 1991년 12월에는 육참총장 자리를 놓고 김진영 한미연합사 부사령관과 치열하게 겨루었지만, 월계관은 김진영 대장에게 돌아갔고 그는 옷을 벗었다. 그러나 그가 전역한 지 불과 몇 달 후 노태우 대통령은 그를 총무처 장관으로 입각시켜 위로했다.

총무처 장관을 지낸 사람은 17기에 한 명이 더 있다. 하나회는 아니었지만 전두환 대통령이 신임했던 김용갑이다.

■ 분열과 암투의 시작

17기 하나회에서 국회의원은 허화평(경북 포항), 허삼수(부산 동구) 등 두 명이다. 두 사람 모두 보안사에서 잔뼈가 굵은 전두환 직계로

12·12 쿠데타의 핵심 역할을 했다. 허화평은 당시 전두환 보안사령관의 비서실장이었으며 허삼수는 보안사 인사처장으로 정승화 육참총장을 강제 연행한 장본인이다.

두 허 씨는 5공 정권 출범 후 청와대 수석비서관으로 들어가 새 정권의 시책을 펴는 데 앞장섰다. 그러나 이철희·장영자 금융 사기 사건을 엄격히 다스리다가 그만 대통령 부인 이순자의 괘씸죄를 사 쫓겨나는 신세가 되고 말았다.

장영자는 이순자의 삼촌인 이규광(단기 육사 3기, 준장 예편)의 처제였다. 이순자는 사정기관의 지휘자들인 두 허 씨에게 선처를 부탁했으나 그 부탁이 제대로 먹히지 않았던 것으로 알려졌다. 이에 따라 장영자 부부는 법에 따라 처리됐고 이순자가 노발대발했던 것이다. 그렇지 않아도 세간에는 5공 정권 출범 얼마 후 '청와대 여사'의 치맛바람이 세다는 얘기들이 나돌았고, 시중에 여사와 관련된 재미있는 은어가 유행된 것도 그즈음이었다.

"율사(판검사, 변호사) 위에 육사, 육사 위에 보안사, 보안사 위에 여사."

은어나 동요는 그 당시의 시대상을 알려주는 지표 중 하나다. 5공 정권은 법대를 졸업하고 사법시험에 합격한 판검사 출신을 청와대 비서관 안기부 특보와 민정당 의원 등으로 '동원'했다. 그리고 신군부의 육사 출신들이 각 분야에 포진해 간부 노릇을 했고 그중에서 가장 영향력 있는 통치기구가 보안사였다. 그러나 이 모든 권력자들을 누르고 있는 것이 '청와대 여사'라는 풍자였다.

17기 중 비하나회로 대장에 오른 사람은 김동진 육군참모총장과 김연각 전 2군사령관이다. 김동진 총장은 육사 수석 졸업자로 대표 화랑인 김진영과 쌍벽을 이뤘으나, 진급은 그보다 한발 늦었다. 그러다 김영삼 대통령이 김진영 육참총장을 경질시키면서 "그다음 서열을 올리라."라고 해 한미연합사 부사령관에서 총장으로 발탁됐다.

이외에도 17기의 비하나회 인물로는 임복진 민주당 의원과 김광석 병무청장 등이 꼽힌다. 임복진 의원은 17기가 처음 별을 달 때 1차 진급한 선두 주자 6명 중 한 사람이었다. 그러나 비하나회인 데다 광주 출신인 그는 별 두 개를 달고 사단장을 지낸 데 만족해야 했다. 지난 1992년 제14대 국회의원 총선 당시 4명의 예비역 장성이 야당에 영입돼 정가에 신선한 충격을 주었는데, 임복진 의원은 이때 강창성(소장 예편, 보안사령관을 지냈다), 나병선(중장 예편, 군단장을 지냈다), 장준익(중장 예편, 육사교장을 지냈다) 등과 함께 야당에 입당했던 것이다. 다른 세 장성은 모두 전국구였지만 임복진은 지역구(광주 남구)에서 출마해 압도적인 표차로 당선되었다.

이와 함께 5공도 서서히 저물어가는 시기가 다가왔다. 하나회는 처음엔 비하나회 동료들을 제치고 자기들끼리 진급과 보직에서 혜택을 주고받았다. 그러나 위로 올라갈수록 한자리를 놓고 같은 하나회원끼리 경쟁하게 된 것은 당연한 수순이었다. 대체로 '별'을 달면서부터 이런 갈등이 생긴다. 대의를 위해 함께 목숨을 바치자고 서약했지만 막상 먹을 떡을 앞에 두고는 서로 다투는 탐욕의 진면목이 나타나는 것이다.

하나회에게 지금까지 가장 '큰 떡'은 5공 정권의 권력이었다. 그

권력을 어떻게 분배하느냐를 두고 하나회는 갈라졌고, 그것이 전두환계와 노태우계의 분열과 암투로 나타났다. 전두환계와 노태우계는 17기 하나회부터 확연히 구별된다. 전두환의 경호실장을 지낸 안현태와 허화평, 허삼수, 임인조, 김진영 등이 전두환계였고 역시 노태우의 경호실장을 지낸 이현우와 이문석 등이 노태우계였다.

18기 하나회의 실세로는 당초 이학봉 전 민자당 의원과 성환옥 전 감사원 사무총장 등이 꼽혔다. 이학봉은 부산 출신으로 보안사의 대공처에서 잔뼈가 굵은 수사통이다. 그는 10·26 사건의 수사팀으로 활약했다. 당시 수사를 담당한 대공처의 처장은 남웅종 대령이었고, 그 아래 수사국장이 백동림 대령이었다.

백동림 대령은 보안사에서 배출된 수사관 중 가장 알아주는 베테랑으로, 10·26이 일어나자 김재규 수사를 주도했다. 12·12 쿠데타로 연행된 정승화 육참총장에 대한 수사도 백동림에게 맡겨졌다. 그러나 백동림은 전두환 보안사령관 계열이 요구하는 대로 정승화의 혐의를 조작하기를 거절했다. 그는 박정희 대통령 살해 사건에 정승화 총장을 연루시키기는 어렵다고 보고했다. 당시 보안사의 실세들은 그가 하나회가 아니어서 주문하는 대로 따라주지 않는 것이 못내 괘씸했다. 결국 백동림 대령은 그다음 해 한직으로 밀려난다.

이어 보안사 수사팀의 실권은 명실공히 이학봉 대령에게 넘겨졌다. 이학봉은 준장으로 예편한 뒤 전두환 대통령 아래서 민정수석 비서관을 거쳐 안기부 2차장과 제13대 민자당 의원을 역임했으나 5공 청산의 여파로 구속돼 유죄판결을 받았다.

19기 하나회에서는 서완수 전 기무사령관과 김상준 전 합참작전 본부장 등이 핵심으로 꼽혔다. 서완수는 경북고 출신의 하나회 성 골로 특전사령관을 거쳐 기무사령관에 기용됐다. 김상준은 1980년 당시 신군부의 정권 장악을 위한 기구였던 국보위에 문공위 전문위 원으로 참여하기도 했다.

또 19기에서는 김진선 전 2군사령관이 9·9 인맥의 핵심으로 주목 받았다. 그는 노태우 소장이 12·12 직후 수경사령관으로 재직할 때 인사참모였다. 12·12 당시 그는 장태완 수경사령관과 박동원 작전 참모를 보좌하는 상황실장이었으나 쿠데타군을 진압하려는 지휘부 와는 입장이 달랐다. 그는 5공 때는 한직에 머물다가 6공에 들어서 육본 인사참모부장을 거쳐 수방사령관, 육군참모차장 등 요직에 기 용됐다.

5공 당시 전두환계 하나회 성골들로부터 괄시를 받은 9·9 인맥은 6공에 들어와 작은 인사 개혁을 시도하기도 했다. 하나회의 군 요 직 독식을 일부 없앤 것이다. 예컨대 과거 수방사의 주요 참모직에 는 하나회가 아니면 들어가기가 거의 불가능했으나 이것이 6공 중 반부터 깨지기 시작했다. 1990년엔 수방사 참모장(준장)에 비하나회 장성이 보임됐다. 이것은 군부 내에서 상징적인 인사 개혁으로 받 아들여졌다.

20기 하나회부터는 멤버가 분명치 않다. 주요 인물로 안병호 전 수방사령관과 이현부 전 7군단장 등에 대해 양론이 있다. 두 사람은 1991년 12월 20기 중에서 맨 먼저 중장에 진급한 선두 주자였다. 이들은 하나회가 포섭할 때 거절했는지가 분명치 않으며, 주변에서는 이들이 하나회의 폐해에 대해 평소 비판적이었다고 말한다. 이현부 장군은 육사 졸업 시 20기의 대표화랑으로 앞날이 유망한 장성이었으나 1992년 2월 경북 선산 지역 상공에서 헬기 추락 사고로 부하 6명과 함께 순직했다.

▌▌ '5공 청산'이 시작되다

1980년대가 끝나가던 무렵, 하나회는 더 이상 하나가 아니었다. 전두환은 1987년 12월 말 전격적으로 군부 인사를 단행한다. 당시 군부와 정가에서는 이 군부 실력자들의 면면을 보며 말들이 많았다. 모두가 전두환계의 보스들이었기 때문이다.

전두환은 합참의장에 3군사령관이던 최세창 대장(육사 13기)을 임명하고 그의 후임 3군사령관에 보안사령관이던 고명승 중장(육사 15기)을 대장으로 진급시켜 임명했다. 이어 보안사령관에 최평욱 중장(육사 16기), 수방사령관에 김진영 수도기계화사단장(육사 17기) 등 군부 실세들의 연쇄인사가 발표됐다. 박희도 대장이 맡고 있던 육참총장은 종전의 임기 2년에서 3년으로 연장돼 그가 그대로 눌러앉았다.

그들은 전두환이 말 한마디만 하면 당장 행동으로 실천할 선봉장 같은 사람들이었다. 최평욱 신임 보안사령관 한 사람만 제외하고는 12·12 쿠데타 당시 전두환의 지령에 따라 자신의 직속상관을 총격으로 체포하는 등 행동대장 역할을 했던 하나회 핵심들이 그대로 군부에 남아 실세 자리를 이어가고 있었다.

1987년 12월 말의 군부 인사는 이와 같이 5공 정권 출범 당시의 역할 분담으로 군에 남아있던 전두환 직계의 물리적인 힘이 노태우 대통령 당선자가 인수인계하는 시점까지 고스란히 보존됐다는 사실을 드러낸 것이다. 더욱이 차기 대통령에 당선된 노태우가 취임까지 두 달을 앞둔 시점에 전두환 대통령이 군부 요직 인사를 단행한다는 것이 문제였다. 정국의 구도를 다시 짜야 할 노태우는 크게 거슬릴 수밖에 없었다.

그러나 그는 아무 내색도 하지 않았다. 그때까지도 설움 받는 권력의 이인자로서 감내하는 자세를 견지했다. 섣불리 권력구조의 개편을 내비치다간 다 된 밥상에 재를 뿌리는 사태가 초래될지도 모르는 일이기 때문이다. 다행히도 노태우 대통령이 취임한 후부터 전개된 정치 상황은 그가 권력구조를 다시 짜는 데도 도움이 됐다. **5공 청산 문제의 대두가 바로 그것이다.**

5공 정권의 권력 남용과 비리에 대한 단죄를 요구하는 국민의 목소리는 전두환계가 남겨놓은 정치 구도를 일신할 수 있는 에너지를 주었다. 시대는 정말로 바뀌고 있었다. 우리는 5장에서 정치군벌 하나회 공화국의 말로를 더욱 깊이 들여다볼 것이다.

제 5 장

동트기 직전이 가장 어둡다

1979년 10·26 사건으로 박정희 대통령이 살해된 후 전두환 보안사령관이 주도하던 육군 하나회계 장교들은 5공 정권을 세우는 데 물리적 힘을 제공했다. 12·12 쿠데타를 주도한 신군부의 정권 찬탈부터 5공 초까지 이 나라가 하나회 군인들의 독무대라는 데 별 이의가 없었다. 그들은 공신의 세도를 누렸고 누구에게든 거리낄 것 없이 행동했다.

그러나 1986년은 5공 체제가 황혼빛으로 저물기 시작할 무렵이었다. 바로 전해인 1985년 2·12 총선 결과 여권의 붕괴가 예고됐고 그 직후부터 5공 헌법을 거부하는 개헌 추진 운동이 전국적으로 거세지고 있었다. 강압 통치에 대한 불만이 군에 대한 불만과 맞닿아 있었다.

이제부터 우리는 1986년의 한 '요정'으로 시선을 옮겨보자. 나는

1986년에 벌어진 일련의 사건이 윤석열이 집권하고 폭주했던 2024년과 그렇게나 닮았다는 점을 깨닫고 새삼 놀라지 않을 수 없었다. 집권 세력의 야당 국회의원과 정치인에 대한 그 노골적인 불신과 적대감, 거나한 술자리가 불러일으킨 희극적인 파국, 어느 힘없는 일반 병사의 원통한 죽음과 그것을 은폐하려는 정권 차원의 시도, 북한과 중국 등 외부의 위협에 대한 끊임없는 강조…. 그것은 어느 정권이 고꾸라지게 되는 미래를 예비적으로 보여주는 지극히 유사한 흐름이라 할 수 있었을까. 먼저 군인들이 국회의원을 폭행했던 국방위 회식 사건부터 차근차근 들여다보자.

1986년 3월 21일 저녁 7시, 서울 회현동에 위치한 요정 '회림'. 일반인들에게는 잘 알려지지 않은 이 요정에서 20여 명이 모인 한판 술자리가 벌어졌다.

참석 인사의 면면만으로는 왜 이들이 한자리에 모였는지 감이 잡히지 않는 기묘한 주연이었다. 육군참모총장 등 군 고위장성 8명과 여야 국회의원 10여 명이 모인 자리였다. 당시 집권 여당이던 민정당에서는 원내총무 이세기 의원과 상임고문 채문식 의원, 천영성 국회 국방위원장, 남재희, 이종률, 유근환, 지갑종, 정현경 의원 그리고 제1야당인 신민당에서 김동영 총무와 김현규, 김옥선 의원, 국민당에서 김용채 총무와 양정규 의원 등이 초대받은 '손님'들이었다.

맞은편 줄에는 8명의 육군 수뇌들이 자리했다. 육군참모총장인 박희도 대장(육사 12기), 참모차장 정동호 중장(육사 13기), 인사참모부장 이대희 소장(육사 15기), 육참총장 비서실장 구창회 준장(육사 18기)

등 육군의 '노른자위'들이었다.

이날 지역구 행사나 문상을 다녀오느라 국회의원 한두 명이 늦게 왔다. 그러나 장성들은 모두 정각에 도착해 다소 긴장한 듯한 표정을 감추지 못하고 있었다.

오후 7시 반이 지나자 지역구가 지방인 김동영 신민당 총무가 약속 시간에 대지 못했음에도 여유만만한 태도로 들어섰다. 그가 도착한 순간에는 사복 차림의 장성들과 의원들이 인사를 나누는 중이었다. 김동영 총무는 대충 방안을 훑어보았으나 자신의 상대역인 민정당의 이세기 총무는 보이지 않았다.

그래서인지 김 총무는 자리에 앉으며 특유의 걸쭉한 목소리로 나름대로 농담을 던졌다. "허, 힘 있는 거물은 안 오고 똥별들만 먼저 모였구먼…." 순간 분위기는 묘하게 변했다. 장성 일부의 안색이 굳어졌고 의원들조차 어색한 듯 헛기침을 하는 사람이 있었다. 그러나 김 총무는 그런 것에는 전혀 개의치 않는 모습이었다.

오랫동안 야당투사 생활을 해온 그는 민정당 의원들이나 군 고위 장성들을 그저 5공 정권과 한통속이려니 생각해 왔고, 또 한편 처음 만나는 군부 실세들 앞에서 '기죽지 않는' 모습을 보이려고 그저 한마디를 한 것에 불과했다.

따라서 김동영 총무가 내뱉은 첫 '인사'는 돌출적이라기보다는 정국의 풍향을 반영한 느낌을 주었다. 비위가 상한 장군들 그리고 어색해하는 의원들 사이에 별말이 오갈 리 없었다. 그래도 그중에서 나름대로 분위기를 잡을 줄 안다고 자부하는 일부 의원과 장군들이 이쪽저쪽에서 술병을 잡고 "자, 술이나 합시다."라며 관심을 돌리려 애썼다.

육군참모총장 박희도 대장이 자리 가운데에서 일어섰다. "임시 국회도 열리고 바쁘신 날 이렇게 참석해 주셔서 감사합니다. 생각 해보면 국회 국방위원 여러분들은 국가안보를 튼튼히 하고 국민 2 세인 국군장병들의 복지와 사기를 높이기 위해 항상 관심을 써주고 계십니다. 바로 그런 점에서 어느 정치인들보다도 저 같은 군인과 동색이라고 봅니다. 국방위에는 다행히도 여야의 중진의원님들이 많아서 오늘 이 자리에 함께하게 된 것을 영광으로 생각합니다…. 우리의 국가안보와 원만한 여야 관계를 위하여 건배, 잔을 말끔히 비웁시다. 위하여!"

‖ 5공의 개국공신 장성들

1986년 3월 22일 서울 여의도동 1번지 국회의사당. 전날 개회된 임 시국회 본회의가 이날 속개 예정 시각인 10시를 훨씬 넘겨서까지 열리지 못하고 있었다. 의사당 주변은 "의원들이 군 장성들한테 얻어맞았다더라."라는 수군거림이 점점 커져 심상치 않은 분위기였다. 야당 의원들은 "이제 군인들이 술을 마시다가 국회의원을 두들겨 패질 않나, 세상 참 희한하게 돌아간다."라고 한탄했다. 여당 의원들은 이 일에 대해 일절 말이 없었다. 간혹 "술자리에서 일어난 일을 가지고 뭘…."이라며 "그날 다들 너무 취해서 어떻게 됐는지 기억이 없다고 하더라."고 얼버무렸다.

다시 그날의 '회식' 현장. 45도짜리 국산 양주 10여 잔을 거푸 마셔 취기가 진해진 김동영 신민당 총무가 이날 술자리를 마련한 박희도 육군 참모총장에게 소리쳤다. "여보 박 총장, 여당 총무는 안 오기로 했나, 어떻게 된 거야. 이세기를 불러와." 김동영 총무는 박희도 총장의 이름은 익히 들었지만 직접 얼굴을 마주하는 건 처음이었다. **진짜 야당임을 내세우는 신민당의 핵심과 5공 정권 군부 실세와의 대작**은 긴장감이 없을 수가 없었다.

배짱 있는 야당투사로 이름 높았던 김동영 총무도 이날 모인 별들이 **전두환계의 선봉장**임을 익히 알고 있었다. 게다가 박희도 총장은 육사 12기의 하나회 중심인물로 지난 1979년 12·12 사건 때 실병력을 움직여 무력을 행사했던 장본인이었다. 당시 특전사 예하 1공수 여단장이었던 박희도 준장은 국방부와 육군본부를 평정하고 노재현 국방부 장관을 찾아내는 일이 주 임무였다. 육본 건물 옥상의 대공포 경비대와 교전하는 등 삼각지 군사지역을 무력 점거한 1공수여단이 노재현 장관을 찾아낸 것은 12월 13일 새벽 1시. 노재현 장관은 국방부 비밀통로를 따라 미8군영 내로 피신했다가 사태를 파악한 뒤 나타났다.

박희도 준장은 즉시 전두환 보안사령관에게 "국방장관 찾았음"이라고 보고했다. 이때 신군부 측이 노재현 장관을 애타게 찾은 것은 정승화 육참총장을 체포한 데 대해 장관이 대통령의 재가를 받아야 했기 때문이었다.

전두환 보안사령관으로부터 정승화 총장을 체포·수사하겠다는

건의를 받은 최규하 대통령은 먼저 국방부 장관의 서명을 받아오라
며 버렸다. 신군부는 이미 정승화 총장을 체포해 놓았지만 이를 합
법화하기 위해서는 노재현 장관의 서명이 필요했다. 어차피 사전
재가를 받지 않았으므로 불법체포, 즉 하극상이었으나 사후에라도
문제의 소지를 없애려 했던 것이다.

정승화 총장 불법체포의 시비를 없애기 위해 노재현 장관을 찾는
데 혈안이 된 신군부에 박희도 준장의 공은 지대했다. 한편, 회식 현
장의 또 다른 실력자 정동호 육참차장도 육사 13기의 하나회 핵심
인물이었다. 그는 5공 초기 현역 소장으로 청와대 경호실장을 지낼
만큼 전두환 대통령으로부터 신임이 두터웠으며 정치권에도 널리
알려진 장성이었다.

또 전방 노태우 장군의 9사단에서 연대 병력을 끌고 서울로 들어
온 9사단 참모장이 이날 술자리의 막내 장성인 총장 비서실장 구창
회 준장이었다. 12·12 당시 구창회 참모장 등이 지휘한 9사단 병력
은 중앙청을 점거했다. **면면이 용맹을 떨친 5공의 '개국공신' 장성들
이었다. 따라서 그들은 순수한 군인이라기보다 정권의 공신으로 5공
의 실세들이었다.**

이날 술자리에서 사회를 본 육본 인사참모부장 이대희 소장은
12·12 사태와 직접적인 관련이 없지만 정통 TK에다가 하나회의 핵
심 인물이었다. 이른바 '하나회 성골'들만 거친다는 수경사의 30단
장, 33단장을 역임한 뒤 승승장구하는 장성이었다. 대령 때 30단장
을 지낸 장성을 보면 손영길, 전두환, 이종구, 장세동, 이현우 등이

었고, 33단장을 거친 이들은 고명승, 김진영, 김정헌, 김종배 등 군부 안팎의 유명 인사들이었다.

30단과 33단은 수방사 예하로 청와대 경비를 맡는 정예부대다. 5·16 당시 서울 중앙청을 점령한 30사단과 33사단의 대대 병력이 그 후 계속 경복궁에 주둔하면서 두 개의 경비단으로 증편해 지금까지 **'대통령궁 근위대'** 역할을 해오고 있다. 이렇게 위세 있는 장성들 앞에서 김동영 총무가 여당 총무의 지각 문제로 시비를 걸자 오히려 긴장감이 잠시 가시는 분위기였다. 박희도 총장은 옆에 있는 정동호 차장에게 이세기 총무를 찾아보라고 지시했다.

밖으로 나온 정동호 차장은 생각 끝에 수방사 헌병단에 '이세기 총무 수배령'을 내렸다. 이세기 총무의 자택이나 지구당 주변에 헌병단 외근조라도 보내 연락해 보라고 지시했다. 수배 연락을 받았는지는 알 수 없으나 아무튼 이세기 총무는 그로부터 한 시간쯤 뒤에 술자리에 나타났다. 평소 주량이 세지 못한 그는 지역구 행사와 문상을 다니며 두어 잔씩 마신 뒤라 제법 취한 상태였다.

그가 들어섰을 때 술판은 이미 흐트러진 분위기였다. 이대희 소장이 마이크를 들고 서서 흥을 돋우며 사회를 보고 있었으나 좌중은 혀 꼬부라진 말소리들로 어지러웠다. 김동영 신민당 총무가 넓은 방의 한쪽 소파 위에 누워 있는 모습이 눈에 들어왔다. 김동영 총무는 군 장성들로부터 집중적으로 술잔 공격을 받아 취할 대로 취한 상태였다. 이세기 총무를 보자 정동호 차장이 약간 휘청거리며 일어섰다. "이세끼 총무, 뭐 이렇게 늦게 오고 그래. 그러니까 야당 측에서 우릴 보고 똥별이라고 하지 않나 말이야…." 정동호 차장은 이 총무의 팔을 덥석 잡았다.

▌ 5공이 무너지던 그 순간, 어느 예비군의 죽음

1986년 3월 21일 개회된 제129회 임시국회 국방위원회의 최대 현안은 **안양 예비군 폭행치사 사건**이었다. 야당인 신민당은 이 사건을 정치 문제화해, 개헌 정국의 주도권을 잡을 생각이었다. 반면 여권은 어떻게든 사건이 정치 문제로 비화하는 것을 막으려 했다. 국회에서 다뤄지더라도 '겉핥기'에 그쳐주기를 바랐다.

임시국회 개회 보름 전쯤인 3월 초, 안양시 교외의 박달 예비군 훈련장. "헌법이 어디 엿가락입니까. 이리 바꾸었다가 저리 바꾸었다 해서야 되겠어요. 일단 한번 정했으면 이 정부 임기까지는 그대로 해봐야지, 그렇지요? 개헌을 꼭 해야 한다면 다음 정부가 들어선 뒤 1989년쯤이나 가서 검토해야 합니다." 이른바 정신교육 시간이었다. 보통 때 같으면 잡담이나 하지만 정국 동향이 미묘한 때인지라 교관은 하달된 지침에 따라 호헌(護憲) 논리를 주입하려 애썼다. 슬라이드 관람도 곁들여졌다.

그러나 여당의 국회의원들도 그럴듯하게 둘러대기가 어려운 논리를 예비군 교관이 답습하자니 내용은 더욱 궁색하게 들렸다. 예비군 훈련장에서 교관의 얘기를 진지하게 듣는 사람은 거의 없었다. 그저 한쪽 귀로 흘려버리고 시간이나 때우면 그만이라는 표정들이었다. 그런 상황에서 교관이 어설픈 주장을 재차 강조하는 것이 그만 반발심리를 불러일으켰다. 여기저기에서 웅성거리는 소리가 들리기 시작했다. 그러는 가운데 한 예비군이 큰 소리를 내고 말았다. "쳇, 놀고 있네." 그러자 땅바닥에 낙서를 그리거나 먼 산을 쳐다보며 딴생각에 빠져 있던 예비군들까지 "와!" 하고 웃음을 터뜨렸다. "도대체 말이나 되는 소리를 해야지."

노골적인 야유가 들렸다. 대부분 정부 여당의 정치적 의도를 주입하는 데 사용된 예비군 훈련장의 안보 교육이나 정신교육은 많은 저항감을 불러일으켰다. 집권층 입장에서 보아도 유치하고 어설픈 정신교육은 안 하느니만 훨씬 못했다. 민심의 이탈만 더 가속화되기 때문이다. 박달 훈련장의 이런 야유는 전국의 어느 예비군 훈련장에서나 흔히 들을 수 있었다. 사실상 5공이 무너져 앉는 자리였다.

얼굴이 벌겋게 달아오른 교관은 그 자리에서 그를 끌어내게 했다. 그 예비군은 군 수사기관을 거쳐 안기부로 넘겨졌다. 개헌 문제로 시비를 일으켰기 때문이었다. 그는 졸지에 '시국사범'이 돼 있었다. 그로부터 나흘 후 장이기라는 그 예비군의 사망 소식이 재야권에 나돌았다. 사인은 심하게 폭행당한 사람들에게서 나타나는 장파열이었다.

이 사건은 언론도 제대로 다루지 못했다. 다만 재야 단체와 야당가에서 문제화되고 있었다. 그러지 않아도 개헌 문제로 정국이 타오를 조짐을 보이던 중에 개헌 시비로 예비군이 폭행당해 숨겼으니 예사로운 일이 아니었다. 국회가 열리면 이 사건은 당연히 큰 쟁점이 될 수밖에 없었다. 국방위는 5공 정권 아래서 국회의원들이 들어가고자 하는 인기 상임위 측에 들지 못했다. 군부의 위세가 높을 대로 높아 국방위원이 군 장성들에게 큰소리 한번 제대로 칠 수가 없었기 때문이다. 상임위의 관련 정부 부처가 의원들에게 잘 보이기 위해 향응하는 일도 국방위에서는 별로 없었다.

그래서 상임위 배정권을 행사하는 각 당의 원내총무 대부분은 다른 의원들이 기피하는 자리를 메우기 위해 국방위에 소속돼 있었다. 군 수뇌들은 그동안 국방위원들을 소홀히 대해온 데다 예비군 사건이 터져 이를 사전에 무마해 볼 속셈으로 모처럼 향응 자리를 마련했던 것이다. 이들은 의원들을 대취하게 만드는 것이 이날의 '전략목표'였다.

박희도 총장의 건배 구호에 뒤따라 참석자들은 일제히 '위하여'를 외치며 첫 잔을 비웠다. 그다음에는 천영성 국방위원장이 일어나 건배사로 화답했고 다 같이 술잔을 기울였다. 이어 신민당의 김동영 총무가 "기왕에 만났으니 마시고 얘기해 보자."라며 한 잔, 또 김용채 국민당 총무도 건배 제의…. 독한 양주를 물에 타거나 나누어 마시지 않고 초장부터 스트레이트로 내리 마셨다. 이렇게 한 시간쯤 술잔이 돌자 좌중은 취기가 가득해졌다. 이날 이세기 민정당 총무는 다른 사람들이 거의 인사불성으로 취한 뒤에야 나타났다.

다음 날인 3월 22일 오전 9시, 국회 운영위원장실. 10시에 열릴 본회의에 앞서 국회 의사일정을 여야 총무가 협의하게 돼 있었다. 그런데 약속 시간이 지나도 3당 총무 중 아무도 보이지 않았다. 취재기자들은 영문을 몰라 당사와 자택 등에 전화를 걸었다. 의원들의 보좌관과 운전기사들을 상대로 전날 밤의 행적을 취재 중인 기자들 앞에 뒤늦게 나타난 '회식 의원'들은 얼굴이 멍들어 있는 등 정상이 아니었다. 김동영 총무의 얼굴은 무엇엔가 부딪힌 것처럼 멍들었고, 남재희 의원은 입 위에서부터 눈 아래까지 심하게 부어 있었다. 이세기 총무도 목덜미가 붉게 긁혀 있었다. "의원들이 군 장성들과 술 마시다가 죽도록 맞았다더라." 소문은 순식간에 꼬리를 이었다. 국회 안팎이 술렁이기 시작했다.

‖ 직선제 개헌을 위한 기반이 마련되다

국방위 회식 사건이 세간에 화제를 불러일으킨 1986년 3월은 정치적으로 매우 뜻있는 시점이었다. 한 해 전 1985년 2월 12일 총선에서는 일반의 예상을 뒤엎고 신민당이 제1야당으로 급부상했다.

신민당은 이 12대 총선이 불과 두 달밖에 안 남은 때 재야 민주 세력이 '선명 야당'이라는 기치를 내걸고 급히 만든 당이었다. 당시 민주화추진협의회의 김영삼·김상현 공동의장과 구 신민당 시절 비주류 연합전선인 이철승, 신도환, 이충환, 김재광계가 주축이 되어 신(新)야당을 창당한 것이다. 김상현은 그때까지 미국에서 망명 생활 중이던 김대중의 대리인 자격이었다. 김대중은 총선을 불과 며칠 앞두고 귀국한다.

이 선명한 야당이 창당되기 전 야당으로 민한당과 국민당이 있었다. 그러나 이 두 야당은 신군부가 정치판을 벌이기 위해 필요한 '구색 갖추기' 식의 야당이었다. 당시 전두환 정권의 정치공작 산실은 옛 중앙정보부에서 보안사로 넘어와 있었다. 그 보안사팀이 여당인 민정당을 만들고 구색을 갖추는 데 필요한 야당 창당 시나리오도 짜 주었다. 여기서 '야당 제1중대, 제2중대'라는 은어까지 생겼다. 1중대, 2중대라는 말은 정계와 언론계 등에서 당시의 정치 실상에 대한 풍자적인 말로 유행되기도 했다. 정치군인들이 정권을 장악하고 민주주의 흉내는 내야 하겠기에 여당과 야당을 짜맞춘 것이다.

당시 민한당 전국구 의원으로 명단이 발표된 어느 인사는 "아니, 내가 왜 민한당이야. 분명히 민정당이라고 했는데."라며 불만을 터뜨리기도 했다. 정치공작팀이 이렇게 의원들을 여당과 야당에 적당히 배치해 웃지 못할 희극이 벌어진 것이다. 이런 상황에서 '진짜 야당'이 창당되자 집권 세력의 들러리 야당은 설 자리를 잃을 수밖에 없었다. 신민당이 일거에 제1야당으로 자리 잡게 된 것은 이 때문이었다.

신민당은 그 여세를 몰아 직선제 개헌 운동을 벌였다. 1987년 6월 항쟁도 이 같은 강성 야당의 장외투쟁으로 유발된 것이었다. 그러나 집권 세력은 이른바 6·29 선언으로 직선제 개헌 요구를 수용하지 않을 수 없게 된다. **통일주체국민회의 대의원에 의한 간접선거 방식으로 대통령을 선출하던 유신체제가 실질적으로 깨져나가는 전환기였다.**

2·12 총선에서 여야는 직선제 개헌이냐 유신헌법의 골격을 유지하는 호헌이냐로 일대 공방전을 벌였다. 그 후 국회에서도 계속 이 문제에 대한 여야 대립 상태가 해소되지 못했다. 1986년 1월 16일,

전두환 대통령은 국회 국정연설에서 민심의 숨통을 터주려는 듯 다음과 같이 말했다.

"대통령 선거 방법의 변경에 관한 문제는 평화적 정권교체의 선례와 서울올림픽 개최라는 긴급한 국가적 과제가 성취되고 난 1989년에 가서 논의하는 것이 순서일 것입니다." 그러나 신민당은 3월 7일 이민우 총재와 김영삼, 김대중의 3자 공동회견을 통해 "1986년 가을까지 직선제 개헌을 완료해야 한다."라고 거듭 천명했다. 1989년까지 개헌이 가능하다는 전두환 대통령의 양보를 거부해 버린 것이다. 그리고는 3월 11일 서울을 시발로 장외 개헌 운동에 불을 지폈다. 국방위 회식 사건이 일어난 것은 이로부터 열흘 뒤의 일이다.

정부 여당은 민심의 폭발을 우려하지 않을 수 없었다. **이미 1979년 10월 부마 사태와 1980년 광주 시민 항쟁이라는 쓰라린 경험을 직접 겪은 장본인들이었기 때문이다.** 전두환 대통령은 4월 30일 청와대에서 이른바 3당 대표 회담을 열었다. 참석자는 여당인 민정당의 노태우 대표와 이민우 신민당 총재, 이만섭 국민당 총재. 이 자리에서 전두환 대통령은 개헌 문제에 관해 이렇게 말했다.

"나 개인적으로는 1989년까지 현행헌법을 지키는 것이 바람직하다고 생각합니다. 그러나 국회에서 여야가 합의해서 건의하면 재임 기간 중 개헌하는 데 반대하지 않겠습니다." 이 언급은 사실상 노태우 민정당 대표에게 공을 넘긴 의미가 있었다. 민정당만 찬성하면 여야 합의가 이루어질 것이고, 그러면 개헌이 가능해지기 때문이다. 6·29 선언의 여건은 사실 여기서부터 조성됐다고 보아야 할 것이다.

▌▌현역 의원이 국회 개회기에 구속되다

정치사적 전환기임을 드러내려는 듯 1986년에는 '사태'로 불리는 사건들이 많았다. 선명 야당 돌풍을 일으킨 신민당은 2·12 총선 1주년을 맞은 1986년 2월 12일 기습적으로 대통령직선제 개헌을 위한 1,000만 명 서명운동에 돌입했다. "대통령을 내 손으로 뽑읍시다. 자유로운 정부선택권을 우리 국민에게 돌려주어야 합니다."

유신체제 아래서는 물론이고 1980년 들어 신군부에 의한 5공 정권 내내 입 밖에 낼 수 없었던 외침이 쏟아져 나왔다. 민심은 이런 구호를 내걸고 나선 신야당에 쏠렸다. 신민당은 서울을 시발로 부산, 광주, 대전, 청주, 대구에서 도지부 직선제 개헌 추진대회 겸 개헌 운동을 위한 현판식을 강행했다. 이 와중에 터진 것이 5월 3일 인천 시민 시위 사태였다. 항구도시의 부두 노동자들이 가세한 이 5·3 인천 사태는 적잖이 폭력성을 띠어 이 때문에 불순세력이 개입했다는 혐의도 받았다. 그러나 기본적으로 직선제 개헌 운동의 여파였다.

국회에서도 파란은 격렬했다. 10월 14일 국회 본회의장, 대정부 질의를 위해 신민당 소속의 유성환 의원이 단상에 올랐다. 그는 대구 출신의 초선의원으로 야당 생활을 오래 한 김영삼계였다. 이날 그는 대정부 질의에서 벼르고 벼르던 발언을 이어가다가 현역 의원이 국회가 열려 있는 기간에 구속되는 기록을 남겼다.

"국시를 반공으로 해두고서야 올림픽 때 동구 공산권이 참가하겠습니까? 이 나라의 국시는 반공보다 통일이어야 합니다. 적어도 분단 국가에 있어서 통일 또는 민족이라는 용어는 이념으로까지 승화되어야 한다고 생각합니다. 통일이나 민족이라는 용어는 그 소중함을 생각하면 공산주의나 자본주의보다 그 위에 있어야 한다고 봅니다."

발언이 계속되다 이 대목에서 단상의 마이크가 꺼졌다. 이날 유성환 의원은 자택에 돌아간 후 즉각 연금당했다. 그리고는 신민당의 동료의원 등을 비롯해 외부와의 접촉이 일체 차단됐다. 법무부는 다음 날 유 의원 체포동의서를 국회에 접수했다. 대통령 명의의 체포동의서로, 정부 수반이 입법부의 장에게 보내는 공문이었다. 적용 법규는 국가보안법상의 반국가단체 찬양고무죄였다.

유성환 의원의 이 발언으로 정치권은 이른바 '국시(國是) 논쟁'이 뜨겁게 달아올랐다. 민정당은 이 발언이 공산화 통일도 용인하고 북한에 동조했다는 등 국가보안법 위반으로 문제 삼아 결국 유 의원에 대한 구속동의안을 국회에서 통과시켰다. 현역 의원이 국회가 개회 중일 때 구속되려면 국회 동의가 필요한데, 여당이 이를 밀어붙인 것이다. 허문도 당시 통일원 장관도 유 의원의 발언이 북한을 이롭게 한 것이라며 비난하는 글을 잡지에 게재하기도 했다.

▮▮ "서울 물바다"로 개헌론 수장

유성환 의원의 구속은 당시 개헌 논쟁으로 경색되어 가는 정국에 찬물을 끼얹는 결과가 됐다. 거기다 10월 31일 건국대 점거 농성사태가 터졌고 정부는 이 농성 시위를 강제 해산한 뒤 무려 1,400여 명을 구속했다. 해방 이후 사법 사상 최대의 구속 인원이었다. 이 같은 강경책과 함께 '좌경용공세력 척결조치'가 내려졌다. 이처럼 경색된 정국이 계속되자 개헌 논의는 자연스레 주춤할 수밖에 없었다.

　개헌 운동과 시위사태가 잠시 가라앉은 데는 10월 30일 정부가 발표한 북한의 수공 위협설도 상당한 몫을 했다. 수공 위협설이란 북한이 초대규모의 금강산댐을 건설하고 있으며, 이것을 일시에 방류할 경우 서울의 여의도 아파트까지 물에 잠긴다는 주장이다. 이것을 이기백 국방부 장관(육사 11기)이 발표해 위기설은 더욱 맹위를 떨쳤다. 이기백 장관은 국방부의 군사정보팀이 만들어준 자료를 제쳐두고 안기부가 전달한 발표문을 읽었다. 군사정보팀은 북한에 의한 수공작전이 직접적인 안보 위협은 아니라고 보았다.

　정부의 발표에 따르면 북한은 10월 21일 금강산 수력발전소 건설에 착수했는데, 문제는 이 발전소용 댐이 상식을 초월한다는 것이다. 길이가 1,100m, 높이 200m(해발 400m)에 저수량은 우리 소양댐의 7배에 가까운 200억t에 이른다는 것이며, 그 위치도 화천댐 상류 지점이어서 위협적이라는 얘기였다. 정부는 10월 30일 국방 문공 건설 통일원 등 4부 장관 합동 기자회견을 갖고 이 북한 측의 수공 위협에 대응할 수 있는 '평화의 댐'을 건설하겠다고 발표했다. 그리고는 평화의 댐 건설을 위한 국민 모금 운동을 벌였다. 이것이 개헌 서명운동에 일종의 맞불 역할을 했다.

　그러나 '내 손으로 대통령을 뽑고 정부를 선택하자'는 민심은 잠시 수그러들었을 뿐 정부 여당의 수법에 사라지지는 않았다. 다음 해 일어난 6월 민주항쟁이 바로 그 증거다. 이 항쟁을 진정시키기 위해 집권 세력은 6·29 선언을 내놓지 않을 수 없었다. 이로써 대통령직선제

개헌이 성취된 것이다.

국방위 회식 사건은 이런 정치적 전환기에 일어났기에 국회의원과 군부 실세가 그나마 대적할 수 있었다. 그렇지 않았다면 5공 정권의 1등 공신인 하나회 장성들은 국회의원을 '피고용인'쯤으로 생각했을는지도 모른다. 그럴 경우 야당 의원이라 해도 장성들에게 처음부터 언짢은 대화를 건넬 수는 없었을 것이다.

▮ 군 장성에 멱살 잡힌 국회의원

회식 사건이 터진 그날 밤, 이세기 민정당 총무는 술판이 예상보다 훨씬 진해진 데 놀랐다. 김동영 신민당 총무는 이미 인사불성이었고 장성들도 취기가 거나했다. 이세기 총무가 잡힌 팔을 빼려 하자 정동호 육참차장은 손아귀에 더 힘을 주어 붙들고는 "늦게 온 사람이 3배는 해야지"라며 얼음물을 담아놓던 컵에 양주를 부어 내밀었다.

이세기 총무는 지난 1981년 초 민정당의 서울 성동구 국회의원 후보로 공천받을 때부터 정동호 장군과 안면을 터놓은 사이였다. 당시 정동호 장군은 청와대 경호실장으로 5공 정권의 실세였다. 더구나 정동호 장군은 오래전부터 성동구 능동에 살았기 때문에 이세기 총무의 '선거구민'이었다. 국회의원은 선거구 유지에게 특별관계로 예우하는 것이 통례지만 이세기 총무는 그가 공천권자인 전두환 대통령의 측근이기 때문에 더욱 친밀하게 대해야 했다.

그러나 이런 관계는 어디까지나 은밀하게 묻어두어야지 공식적인 자리에서 드러내기에는 선뜻 내키지 않는 일이다. **실질적으로는**

그쪽이 더 힘을 가졌지만, 공식 석상에서 군 장성이 국민의 대표인 국회의원보다 지위가 더 높을 수는 없는 일이다. 또 다른 동료의원들 앞에서 그런 은밀한 사연으로 군 장성에게 '꿀리기도' 싫었다.

이세기 총무는 술도 약한 데다 야당 총무가 곤죽이 되어 있는 분위기에 더럭 경계심이 일었다. 우선 예봉을 피해야겠다고 마음을 먹었다. "나는 술을 잘 못 하는데 이미 지역구에서 3차나 했으니 노래로 벌을 대신하지." 이세기 총무는 사회를 보고 있던 육본 인사참모부장 이대희 소장에게서 마이크를 빼앗아 들었다. 노래를 한 곡 끝내고 자진해서 한 곡을 더 부르려 하자 장성 둘이 나와 그를 떠밀다시피 해 정동호 차장 곁에 앉혔다.

"술도 한잔하셔야지, 노래만 하면 됩니까?" 총장 비서실장으로 여흥을 책임진 구창회 준장이 술 한 잔을 따라 이 총무의 손에 쥐어 주었다. 이에 이 총무는 짜증을 내며 술잔을 내려놓았다. "왜들 이렇게 취했어. 마셔도 정신들은 좀 남겨놓아야지." 이때 천영성 국방위원장이나 박희도 육참총장이 '임석상관'으로서 한 번쯤 개입했을 법한데도 두 사람 모두 오불관언이었다.

천영성 위원장이 육군장성 출신이기만 했어도 뭐라고 끼어들었을지 모른다. 그는 공사 1기 출신의 예비역 공군 소장이었다. **육군 장성들에게 해군과 공군 출신의 선배 노릇은 안 통한다.** 천영성 위원장은 이날 덜 취했으나 분위기를 추스를 만큼의 무게를 갖지는 못했다.

이날의 실질적 주관자인 박희도 총장은 몸을 좌우로 흔들며 평소

대로 과묵했다. 정동호 차장이 호방하고 거침없는 성격인 줄 잘 아는지라 그러려니 하고 내버려 두었다.

정동호 차장과 함께 구창회 준장이 "첫 잔이라도" 하며 재차 술잔을 들이밀었다. 이 총무가 마지못해 한 잔을 비우자 정 차장은 그를 끌고 소파에 누워 있는 김동영 신민당 총무 옆으로 다가갔다. "자, 여당 총무 왔는데 정치 좀 잘해야지. 둘이 손잡고 잘할 수 있잖아. 정치를 잘 해줘야 바깥에서도 안 떠들 거 아닌가?" 정동호 차장은 이세기 민정당 총무의 손을 끌어다 김동영 신민당 총무의 손 위에 얹었다.

이때 이 총무는 겸연쩍음을 느꼈다. 군 장성이 정치 얘기를 꺼내며 '여야 총무의 제휴'를 주선하려는 듯한 몸짓을 한다는 데 거부감도 느껴졌다. "이거 놔, 왜 이래. 이렇게 인사불성인데…." 그는 손을 뿌리쳤다. 다시 마이크를 잡고 "우리 노래나 합시다."라며 분위기를 바꾸려 했다. 그러자 정 차장이 뒤따라가더니 이 총무의 목덜미 근처 셔츠를 움켜쥐었다. 정 차장에게는 여야 총무의 제휴가 중요하지, 노래는 문제가 아니었다. 그는 이 총무를 김동영 신민당 총무 쪽으로 끌었다.

이 총무는 목이 죄어짐을 느껴 "아야얏"하고 소리쳤다. 그런데 이 소리가 마이크를 통해 방 안에 크게 울려 퍼졌다. 참석자들은 깜짝 놀랐다. 그때 한쪽에서 유리컵이 날아와 벽에 부딪혀 산산조각이 났다. "뭐 하는 짓들이야, 이게." 민정당의 남재희 의원이 유리잔을 내던지며 소리를 질렀다. 남재희 의원은 이날 약속 시간보다 1시간 정도 늦게 왔다. 그러니까 김동영 신민당 총무의 '똥별 발언'을 모르는 상태였다.

또 그는 이세기 총무와 정동호 차장의 개인적 관계를 알지 못했다. 그런데 보고 있자니 육군 중장이 국회의원을, 그것도 여당 의원의 대표인 총무를 구슬리는 모양새가 몹시 불경스러웠다. 또 그는 신문사에서 정치부장, 편집국장 등을 거친 언론인 출신이었다. 그로서는 이날 군 장성들이 국회의원에게 대하는 행동거지를 도저히 묵과할 수 없었으며, 이 자리에서는 자신이 질서 없는 분위기를 잡을 수 있는 중진이라고 생각했다.

남재희 의원은 이 자리의 주관자 박희도 총장과 오래전부터 잘 아는 사이였다. 지난 1978년 그가 제10대 국회의원일 때 박희도 총장은 그의 선거구에 있는 1공수여단의 단장이었다. 술기가 오르기도 한 남재희 의원은 군 장성들에게 무언가 뼈대 있는 모습을 보여 줘야겠다는 생각이 들었다. 그는 연거푸 유리컵 2개를 맞은편 벽에 냅다 던졌다.

"손님으로 초대해 놓고 이따위 짓들이야." 그러자 그쪽에 앉았던 이대희 소장이 "어, 이게 뭐야." 하더니 벌떡 일어섰다. 왼쪽 눈두덩에서 피가 흘러 하얀 와이셔츠에 떨어지고 있었다. 유리잔 파편이 튀어 눈꺼풀 위를 스쳤던 것이다. 순간 양말 바람인 이대희 소장의 발길이 남재희 의원의 안면에 날았다. "술을 마시려면 제대로 마셔!" 피를 본 이대희 소장은 흥분했다. 앉은 자리에서 뒤로 벌렁 나자빠진 남재희 의원의 왼쪽 입술 안쪽에서 피가 흘러나왔다.

▌▌폭탄주 마시며 함구 약속

피로 물든 셔츠를 내려다보며 이대희 소장은 씩씩거렸다. 태권도 4
단 유단자인 이대희 소장의 반사행동에 얻어맞은 남재희 의원은 한
동안 정신을 차리지 못했다. 얼굴은 금세 부어올랐다.

다른 쪽에서는 이세기 민정당 총무를 정동호 육참차장 등이 우격
다짐으로 쥐어 잡았다. 이 총무가 남 의원 쪽으로 가려 하자 장성들
이 그를 움직이지 못하게 제압하면서 몸싸움이 벌어졌다.

박희도 총장과 김용채 국민당 총무가 일어나서 소리쳤다. "이러
지들 마. 다 술에 취했는데 정신들 좀 차려!" 그때까지 말없이 지켜
보던 박희도 총장은 사태가 점점 심각하게 돌아간다고 느끼기 시작
했다. 그는 이 상황을 수습하고자 우선 장성들에게 조용히 자리에
앉을 것을 지시했다.

이런 소동 속에서도 술에 만취한 김동영 신민당 총무는 술상으로
부터 떨어진 소파에 누워 코까지 골며 자고 있었다. 이세기 민정당
총무와 김용채 국민당 총무는 먼저 김 총무를 집에 보내기로 했다.
특히 신민당이 이 사건을 알고 끼어들면 말썽이 커질 소지가 있으
며 뒷수습도 어려울 것이라는 생각이 들었기 때문이다.

술집의 직원들은 유리컵이 박살이 날 때 혼비백산하여 한쪽에 몰
려 서 있었다. 이들은 상황이 좀 가라앉자 주변 정리에 나섰다. 그
들은 엉거주춤 일어나는 남 의원을 부축하고 입가에 흘러내린 피를
닦았다. "크게 찢어지진 않았어요." 술상 맞은편에서는 다른 직원
둘이 이 소장의 눈 위 상처를 헝겊으로 눌러 지혈시켰다,

이세기 총무와 박희도 총장은 남재희 의원의 양옆으로 가 상처 부위를 살폈다. 이는 부러지지 않았으나 입술이 안쪽에서 찢어졌다. 발로 차거나 얼굴을 맞은 양쪽이 모두 취한 상태였기 때문에 상처가 그리 크지는 않았다. 김동영 신민당 총무가 종업원의 등에 업혀 나간 뒤 박 총장은 먼저 남재희 의원에게 사죄했다.

"이거 죄송합니다. 다 제 부덕의 소치입니다. 용서하십시오." 남재희 의원은 눈만 끔뻑이며 손수건을 꺼내 입가를 눌렀다. 술기가 도는 데다 머리가 멍멍했으나 정신은 좀 들었다. 그는 어떻게 해야 할지 판단이 잘 서지 않았다. 그러나 군 장성들과 어울려 술을 마시다가 얻어맞은 사실이 '얼굴 깎이는 일'이라는 것은 틀림없었다.

이세기 총무도 남재희 의원의 손을 잡으며 넙죽 엎드리듯 빌었다. "아이쿠 남 선배, 이거 완전히 제 잘못입니다. 이렇게 모셔가지고 어떡하나." 이때 박희도 총장이 남재희 의원을 가격한 이대희 소장에게 눈짓했다. 빨리 빌어서 위기를 모면하라는 뜻이었다.

이대희 소장은 남재희 의원 옆으로 가지 않고 술상 맞은편에 앉아 허리를 굽혔다. "순간적으로 제가 좀 격해져서 그만…. 죄송합니다." 직속상관인 박희도 총장의 압력 때문에 사과하긴 했지만 속으로는 **'술버릇 나쁜 정치인'**에게 허리를 굽히는 것이 억울하다고 생각하는 듯했다. 정당한 징벌을 가했을 뿐이랄까. 그는 그런 속마음을 표시라도 하듯 손수건으로 눈꺼풀의 상처를 눌렀다. 남 의원은 손수건으로 입가를 누른 채 이 소장을 바라보았다. 그는 누구한테 맞았는지도 몰랐다.

이대희 소장의 흰 와이셔츠에 묻은 핏자국이 그제야 눈에 들어왔다. 피를 많이 흘리지는 않았지만 피가 번진 얼룩이 컸다. "맞기는 내가 맞았는데 그쪽이 왜 피를 흘렸나?" 남재희 의원은 순간적으로 일어난 사건의 전후 사정을 모르는 상태였다. 그러자 술집의 직원들이 얼른 나섰다. "저 유리컵 파편이 튀었어요. 눈으로 들어갔으면 큰일 날 뻔했어요." 남 의원은 좀 머쓱해졌다. 김용채 국민당 총무가 큰 소리로 분위기를 잡았다. "자, 술자리에서 일어난 일인데 화해하고 없었던 일로 하지."

모두 한마디씩 거들었다. "그래, 나라는 시끄럽고 우리가 잘해보자고 한잔하다가 이렇게 된 거니 없었던 일로 칩시다." 남재희 의원과 이대희 소장이 악수했다. "우리가 이대로 헤어질 수 있나. 화해의 술로 2차를 합시다." 이들은 자리했던 2층 방에서 아래층 방으로 옮겼다. 이때 천영성 국방위원장과 박희도 총장 등은 회식 행사를 공식적으로 종료하고 귀가했다. 화해 술자리에는 이날 활극의 당사자들을 포함해 6, 7명만이 참석했다.

2차 술은 이른바 폭탄주. 맥주가 가득 찬 글라스 속에 양주잔을 채워 집어넣는 폭탄주는 취하는 속도를 훨씬 빠르게 만든다. 잔뜩 취한 남재희 위원은 이대희 소장의 찢긴 눈꺼풀을 들여다보더니 손수건을 꺼내 눌러주며 한마디 했다. "거, 장군 피부가 유리 같은 것 하나 못 견디나?" 이 소장도 손수건을 꺼내 남 의원의 입가에 갖다 댔다. "대한민국 장군 얼굴에 피를 내고 이 정도면 참말로 다행인 줄 아셔야지." 그러다가 이 소장은 한 마디를 더했다. "우리 손수건을 기념으로 교환합시다." 두 사람은 피 묻은 손수건을 서로 바꾸었다.

사건은 이렇게 현장에서 화해하며 끝이 났다. 그리고 이 일이 바깥에 알려지지 않도록 함구하기로 약속했다. 그런데 문제는 다음 날 국회에서 일어났다. 모이기로 한 여야 총무들이 제시간에 아무도 나타나지 않은 것이다.

‖ 꼬리 내린 군부 실세

국방위 회식 사건이 일어난 다음 날인 1986년 3월 22일 낮 12시 반 국회 본회의장. 이재형 국회의장이 개의를 선포하며 뼈 있는 한마디를 더했다.

"원내 교섭단체 간의 의사일정 합의가 돼야 하는데… 그게 안 돼서… 의장이 직권으로 개의합니다." 이날 신민당 의원들은 '회식 사건의 진상규명이 없는 한 회의에 참석할 수 없다'는 당 확대간부회의의 결정에 따라 전원 본회의에 불참했다.

22일은 토요일이었다. 김동영 신민당 총무는 주말 이틀간 주독을 풀고 월요일인 24일 국회 내 총무 집무실에 출근했다.

"21일 밤 회식 자리에서 사건이 벌어졌을 때 나는 집에 가고 없었어. 민정당 사람들하고 군 장성, 저들끼리 치고받은 건데 우리가 나서서 대리전 할 필요가 있나?" 김동영 총무는 신민당 의원들이 이날부터 본회의에 참석할 것이라고 밝혔다. 그런데 그의 얼굴은 무언가에 부딪힌 듯 멍든 자국이 남아있었다.

"이건 말이지, 그날 밤 만취해서 난 어떻게 집에 왔는지 모르겠는

데, 밤에 화장실에 가다가 문에 받힌 기다. 내가 누구한테 얻어맞겠나." 그는 당 간부와 기자들에게 폭행당한 사실이 없다고 거듭 강조했다. 활극 현장에서 인사불성으로 소파에 누워 잠들어 있었기 때문에 어떤 일이 벌어졌는지 전혀 모르겠다고 말했다.

이날 오후 본회의에 앞서 국방위원 간담회가 열렸다. 천영성 국방위원장은 회식 사건으로 인한 불똥을 빨리 꺼야 한다고 역설했다. "사석인 술자리에서 일어난 일입니다. 더 이상 거론돼 좋을 게 없습니다. 우리가 동료의원들을 설득해야겠습니다."

이어 이기백 국방부 장관이 곤혹스러운 얼굴로 답변대에 섰다. 그는 우선 머리부터 조아렸다. "앞으로 이런 일이 다시는 일어나지 않도록 각별히 유념하겠습니다. 군 간부들의 불미스러운 행동으로 물의를 빚은 데 대해 깊이 사과합니다."

사건 당일 군 장성에게 얻어맞은 남재희 의원도 당사자들끼리 일단락된 일이라고 주장했다. "술자리에서의 일입니다. 즉석에서 화해했으니 더 이상 거론하지 맙시다." 그러나 신민당 의원들은 그 정도 사과로 넘어갈 수 없었다. 회식에 참석하지 않았던 의원들이 더 흥분했다. "그런 자리는 결코 사석일 수가 없어요. 더구나 초청받은 사람을 쥐어팬다는 게 있을 수 있는 일입니까?", "낱낱이 진상을 밝혀야 해요. 육본의 누가 국회의원 누구를 깠는지."

신민당은 이날 오후 긴급 의원총회를 열어 국방위 회식 사건을 정치 문제화하기로 공식 당론을 정했다. 이로 인해 4월 1일과 4일, 국방위는 국방부와 육군본부의 업무보고 때 이 사건을 놓고 일대 논란을 벌인다. **12·12 이후 위세 높던 군 수뇌가 국회에 불려와 곤욕을 치른 것은 이때가 처음이었다.**

4월 1일 오후 3시 국방위 회의실. 천영성 국방위원장이 개의 선포와 함께 이기백 국방장관의 보고를 듣겠다고 의사일정을 밝혔다. 그러자 야당 의석에서 이의를 표하는 "위원장!" 소리가 합창처럼 터져나왔다. 회의는 제대로 진행될 수 없었다. 국방위는 결국 4일 다시 회의를 갖기로 하고 어렵사리 산회했다.

그러나 4일 속개된 회의에서도 이기백 장관의 보고는 신민당 측 제지로 중단됐다. 국회는 신민당 측의 주도로 이기백 장관과 박희도 총장의 사과를 받고 그날의 폭행 장성에 대한 응분의 조치를 요구하는 선에서 회의를 마쳤다. 육군은 결국 정동호 참모차장을 전역시키고 이대희 소장은 전방부대로 좌천시켰다. 1980년 5월 광주 시민항쟁의 무력 진압에 이어 또 한 차례 민군 관계의 얼룩으로 남은 국방위 회식 사건은 이 정도 선에서 마무리됐다.

▌▌ 이미 '군심(軍心)'도 5공을 떠나 있었기에

1986년 5월 초, 육군참모총장 박희도 대장이 총장실 부관으로 일하는 정훈장교를 불렀다.

"이 책 읽어보았겠지?"

그가 내민 것은 『김대중 정치방황 30년』과 『학원 급진사상 비판』이라는 두 권의 책자였다. 『학원 급진사상 비판』 같은 책자는 예전에도 종종 보던 것이지만, 특정 정치인을 대상으로 한 『김대중 정치방황 30년』은 그즈음 군 장교들 간에 화제가 되고 있었다. 물론 정훈장교들도 그 내용을 읽어보기보다는 책의 제목을 놓고 사석에서 시비를 논하는 분위기였다.

"이 책에 대한 독후감을 써야겠어."

"어디다 쓰시려고 그러십니까?"

"군 고위 간부들이 다 읽어보고 장병들에게도 교육하도록 내려보내야겠어. 총장이 솔선수범하는 걸 보여주면 장교들이 그렇게 하겠지?"

당시 군 내부 분위기를 잘 아는 이 정훈장교는 암담한 생각이 들었다. 1985년 2·12 총선 때부터 이미 민심뿐 아니라 '군심(軍心)'도 5공 정권을 떠나 있었는데, 군수뇌부에서는 아직도 구시대적 수법으로 체제 유지에 나서려 하기 때문이었다.

"제가 이 책을 읽어보았는데 특정 야당 정치인을 매장하려는 정치적 의도가 지나치게 노골적으로 드러나 있습니다. 어떤 사람이 쓴 것인지 저자도 분명치 않습니다. 이런 무책임한 책에 대해 총장님 이름으로 독후감을 돌리고 장교들에게 읽으라고 한다는 것은 말이 안 됩니다."

문제의 책은 보안사 기획조정처 주관 아래 관변 지식인들이 집필한 것으로 알려져 있었다. 책의 내용은 △민중봉기의 선동 △연출된 귀국극 △한민통의 반국가성 △청년 시절의 사상편력 △위험한 통일안보론 △좌경 급진 학생들과의 연합시도 △역할분담론의 실상 등 김대중을 일방적으로 매도하는 것이었다.

당시 국방부와 육군본부는 정훈교재비 등으로 이 책을 구매해 예하 부대에 나누어주었다. 그런데 이런 책이 먹혀들 분위기가 아닌 듯 보이자, 보안사는 궁리 끝에 참모총장의 독후감을 전파하기로 한 것이다. 박희도 총장이 독후감을 쓴다면 그 작업이 자신에게 떨어질 것으로 생각한 정훈장교는 극구 반대했다. 육군참모총장이 야당 정치인들을 원색적으로 비난하는 책의 독후감을 쓰려고 생각하는 그 자체가 하나회와 5공이 무너지고 있다는 증거와도 같았던 것이다.

박희도 총장은 육사 12기의 하나회 핵심 인물이다. 앞서 언급했듯 12기 하나회의 선두 주자는 '쓰리 박'이라 불리는 박세직, 박준병, 박희도였다. 이 중에서 박희도는 다른 두 사람보다 장성진급이 뒤졌었다. 12·12 쿠데타 직전까지만 해도 박세직은 3사단장, 박준병은 20사단장으로 소장이었는데, 박희도는 1공수여단장으로 준장이었다.

그러나 쓰리 박의 선두 경쟁은 1981년 8월 초 세상을 깜짝 놀라게 했던 박세직 수경사령관 강제 예편 사건으로 정리되기 시작했다. 당시 국방부는 박세직 수경사령관이 동기인 12기 출신 업자의 이권 청탁을 받고 서울시장 등에게 압력을 행사했고, 5공 정부의 개혁 구호인 청탁 배제를 어겼기 때문에 개혁 차원에서 해임한다고 발표했다. 그러나 권력 집단 내부의 일이 언제나 그렇듯 공식 발표보다도 막후의 사정은 훨씬 복잡했다.

박세직 수경사령관은 성격상 기업인, 대학교수, 고급 관료 등 군

바깥의 민간 영역과 접촉이 많았다. 그가 하나회 핵심으로 5공 정권에서 대단한 영향력을 가졌다고 본 정부의 장·차관들도 그에게 어려운 일을 부탁하곤 했다. 당시 정부의 모 장관은 수경사령관실에 담당국장과 함께 찾아와 추진사업을 브리핑하고 지원을 부탁하기도 했다. 1981년 5월 남산음악당에서 열린 부활절 구국기도회에서는 "국가와 민족, 국가 지도자를 위하여 기도합시다. 전두환 대통령께서 하시는 모든 일을 가호해 주시고… 박세직 수경사령관님의 앞날에 축복을 내려주시기를 간절히…." 라는 내용의 공개 축원이 있을 정도였다.

12·12 쿠데타 공신으로 5공의 주도 세력이었던 허화평, 허삼수가 청와대 수석비서관 자리에 앉아 그렇게 돌아가는 꼴을 보니 어땠을까? 그들은 가관이라고 생각했다. 쿠데타에 아무런 공도 못 세운 박세직이 하나회 선배라고 해서 후계실력자처럼 행세하는 것은 권력의 생리상 그냥 넘어가기가 어려웠다. 그는 하루아침에 이권 개입과 월권행위로 몰려 '숙정' 당하고 말았다. 제2의 윤필용 사건으로 군뿐 아니라 정치권에도 파문이 컸다. 이 사건 조사를 담당했던 박준병 보안사령관도 민정당 의원으로 나가면서 군복을 벗었다. 그리하여 군에서 12기의 하나회 대표주자는 박희도 총장이 차지하게 된 것이다.

아무튼 박희도 총장은 결국 정훈장교에게 책 두 권의 내용을 요약하게 하고 그것을 바탕으로 21장 분량의 독후감을 직접 작성했다. 그의 독후감은 이렇게 시작된다.

"사회 안정이 안보의 요체—『학원 급진사상 비판』및 『김대중 정치방황 30년』을 읽고서—향후 2, 3년간은 우리나라 안보의 취약 시기라는 데 국내외 군사전문가들이 그 인식을 같이하고 있다. 1986년, 1988년의 행사와 평화적 정권교체 그리고 미국 대통령 선거 등 중대 국면은 물론 최근 북괴 사정 등을 감안해서 도출해 낸 결론이다."

서두의 내용은 당시 군 장교들의 일반적인 생각과 별다름이 없었다. 국방 안보의 전문 집단인 군인들이 안보 위기론을 강조하는 것은 다원주의적인 사회에서라면 당연하게 받아들여야 할 일이다. 그러나 군인들이 전권을 쥔 군정 체제에서 군부의 발언은 그 의미가 다르다. 더구나 국가안보를 튼튼히 하기 위하여 정부 여당에 대한 비판이나 정권 경쟁을 제한해야 한다는 함의가 항상 문제였다. 박희도 총장의 독후감도 일반 군인들의 안정 희구를 넘어서는 수준이어서 정훈장교들 간에 화제가 됐다.

"신념의 인간으로서가 아니라 상황에 따라 시시각각으로 변하는 천의 얼굴, 혹은 다채로운 보호색을 보여줌으로써 파렴치하고 줏대 없이 책임을 전가하는 사욕을 추구하기 위한 미완성의 인간인 것 같은 인상을 깊게 드리운다."

이는 특정 정치인에 대한 중상모략과 인식 공격으로 집권자의 정적을 매장하기 위한 음모로 받아들여졌다. 그는 이어 김대중을 "선동 정치가요, 분별없는 정치인인 동시에 술수의 대명사"라며 "우리나라가 다원화된 사회이기에 망정이지 그렇지 못한 경우 김대중 씨는 벌써 이 땅에 발을 붙이지 못하고 망각된 존재가 되었을 것"이라고 규정했다.

육군본부는 박희도 총장의 이 독후감을 친필 그대로 복사하고 겉표지에 지휘관들의 독후감 작성을 권장하는 인쇄 문안을 붙여 군단장급 이상 고위지휘관들에게 내려보냈다. 일부 군단장은 다시 이것을 사단장들에게 하달하고 총장의 솔선수범에 따르도록 지시했다.

이처럼 군대 내에서 야당 정치인을 매도하는 '정권의 사병 역할'에도 하나회가 앞장섰다. 그 표적이 1960년대부터 군사정권에 가장 비타협적인 도전자로 야당의 대통령 후보였던 김영삼, 김대중이었다. 이 같은 하나회 그룹이 육참총장과 보안사령관 자리를 독차지했기 때문에 결국 그들의 반(反)문민정치 의식이 군 장교 전체를 지배하게 된 것이다. 그리고 이러한 문제는 다음 6장에서 다뤄질 군대의 부정선거 관련 문제와도 직접적으로 연결된다.

▌▌ 하나회 총수 전두환의 눈물

1988년 11월 23일 오전, 88 서울올림픽 이후 최대 시청률을 기록한 이날 전 국민의 눈길은 TV 화면에 집중됐다. 낯익은 얼굴, 전두환 전 대통령이 연희동 자택에서 전국에 생중계되는 TV 카메라 앞에 섰다.

"지난 시대 모든 국정의 과오는 최고 결정권자이며 감독권자인 이 사람에게 책임이 돌아오는 것임을 잘 알고 있습니다. 어떤 단죄도 달게 받아야 할 처지임을 깊이 깨우치면서 국민 여러분의 심판을 기다리겠습니다."

그는 약간 울먹였다. 불과 10개월 전까지 뜻한바 아무것도 못 할 일이 없던 권력자가 심판대에 서서 용서를 빌었다. 예전의 당당하던 목소리도 간데없이 가라앉았고 어깨가 처져 있었다. 그의 모습은 권력무상 바로 그것이었다. 전두환의 권력은 군 장교들의 비밀결사 하나회를 조직하면서 씨앗이 뿌려졌다. 뒤집어 말하자면 이날 그가 받은 모멸의 눈총과 시련도 정치장교들의 리더가 되면서 싹텄다. 그에게 가해진 심판대는 법률에 의한 재판정이 아니라 **국민과 역사에 의한 법정**이었다.

　　그는 이날 퇴임 후를 대비해 갖고 있는 비자금이 139억 원이라고 밝혔다. 그가 숨겨둔 돈이 얼마인지에 대해서도 국민의 관심이 증폭돼 있었다. 그동안 그가 써낸 돈이야 헤아릴 길이 없지만 대통령 직을 떠나면서 상당한 규모의 비자금을 챙겨갔다는 얘기들이 시중에 널리 나돌았기 때문이다. 일반인들은 개인적인 축재 차원에서 흥미를 나타냈지만 정치권 인사들에게는 그의 비자금을 차후의 정치적 영향력으로 계산했다.

　　정치판에서 자금은 흔히 '실탄'으로 불린다. 정치판에서 돈은 마치 전쟁에서 군인에게 실탄과도 같다는 뜻이다. 비단 야당 정치인뿐 아니라 여권의 노태우계 인사들도 전두환이 비자금을 대량으로 모아서 가져갔다는 것이 찜찜했던 이유는 바로 이 때문이다. 그렇지 않아도 그가 퇴임한 후 계속해서 정부에 막후 영향력을 행사하기 위한 계획들이 이따금 새어 나오곤 했다. 심지어 그는 실질적인 국가원수 역을 해보겠다며 중세 시대 정치 구도를 꿈꾸기도 했다.

그런 구도를 법률로 제도화하면 1950년대 미얀마의 국부 역할을 한 네윈과 같은 존재가 된다. 정책과 행정실무를 담당하는 정부가 있고, 그 뒤에서 실질적인 영향력과 결정권을 행사하는 국가원수 역이 따로 있는 이른바 이원집정제가 그것이다. 그러나 아무리 하나회가 장악한 군정 체제라 해도 이런 전근대적인 정치제도를 채택한다는 것은 거의 불가능한 일이었다.

법률과 제도로 그런 실권자 위치를 지속시키기가 어렵기 때문에 생각할 수 있는 대안은 돈으로 영향력을 확보하는 것이었다. 이른바 금권정치다. 1970년대 일본 자민당의 대부 다나카가 그 모델이라고 할 수 있었다. 표면에 직접 나서지 않고서도 국회의원들에게 정치자금을 대주면서 정치판을 조종할 수 있었던 것이다.

전두환이 갖고 간 비자금이 상당히 거액이라는 정보는 그가 막후에서 '돈의 정치'를 하려 한다는 우려를 낳았다. 여당의 신주류를 형성한 노태우계도 여당 의원들의 막후 대부가 따로 있다는 것은 용납할 수가 없었기 때문에 전두환의 정치자금 줄을 방치하지는 않았다. 그러나 전두환이 TV를 통해 밝힌 비자금 규모 139억 원은 실제 액수가 아니라 협상에 의해 정해진 액수라는 소문이 돌았다. 즉 양측 모두에게는 어느 정도를 갖고 있다고 해야 국민이 납득할 수 있느냐가 중요했지, 실제 액수는 문제가 아니었다.

당초 전두환 측은 수십억 원 선으로 제시했다고 한다. 그러나 청와대를 차지하고 앉은 노태우 측에서 "국민이 납득하는 선은 그보다 훨씬 많은 액수"라며 더 높이라고 요구했다. 노태우 측의 요구는 사실상 전두환이 대통령으로 재직하면서 모은 부정 축재를 빼앗기 위한 것이었다. 공방전을 벌이다가 합의를 본 것이 139억 원이라는 액수였다. 그는 이 돈과 연희동 자택 등을 국가와 사회에 헌납하겠다고 밝히고 서울을 떠나 강원도 험지인 인제의 백담사에 은둔했다. 그가 서울을 떠나는 모습은 TV에 담겼다. 애처로운 모습을 보임으로써 국민의 분노를 누그러뜨리려는 시나리오였다.

이 같은 굴욕적인 협상을 벌이면서 동향 친구에 육사 동기, 그리고 함께 하나회를 비밀리에 조직한 평생 동지로 보였던 두 사람은 사이가 벌어지기 시작했다. 전두환 측은 정권을 잡은 노태우가 위험부담이 있더라도 자신을 적극적으로 보호해 주지 않는 것이 괘씸했다. 전두환의 측근들 사이에서는 노태우가 '역시 의리가 약한 사람'이라는 얘기도 흘러나왔다.

이에 대해 노태우 측은 국민 정서를 정확히 알아야 한다고 반박했다. 아무리 새 정부가 전두환을 비호하려 해도 국민의 감정이 풀리지 않는 한 아무 효과가 없다는 것이다. 그뿐만 아니라 무리하게 그를 비호하다가는 국민의 저항을 받아 노태우 정부의 입지마저 흔들릴 우려가 있다고 꼬리를 뺐다. 실제로도 그럴 위험성은 다분히 있었다. 어쨌든 전두환은 서운했고, 5공 청산이라는 '벼락'을 맞아 하나회의 뿌리인 전두환, 노태우라는 두 거목은 균열을 일으켰다.

전두환의 굴욕은 대국민 사과 방송에서 그치지 않았다. 하나회 출신 중 전두환의 수족들은 이때부터 혹독한 시련을 겪게 된다. 전두환이 혹한기를 앞두고 백담사로 떠난 지 사흘 후, 노태우 대통령은 특별담화를 발표해 전두환을 용서해 주자고 국민에게 호소했다. 그러나 노태우의 호소가 먹혀들 리 없었다. 전두환의 탄압을 받아 온 사람이 그를 용서하자고 했다면 논리적으로 그럴듯할 수 있다. 그러나 그와 똑같은 육사 하나회 출신의 군정 권력자가 용서를 호소하는 것은 설득력을 갖추기가 어려웠다.

노태우 대통령의 담화 발표 후 정부는 5공 비리 특별수사부를 발족시켰다. 이 특별수사부는 1989년 1월 말까지 하나회 핵심으로 전두환의 수족 노릇을 한 장세동 전 안기부장과 이학봉 전 보안사 수사국장(당시 민정당 의원) 등 9명을 구속했다. 전두환과 함께 하나회를 조직한 노태우 정부가 하나회 골수들을 이렇게 단죄한다는 것은 예상하기 어려운 일이었다. 그것은 국민 심판에 노태우 정부가 따라갈 수밖에 없다는 증거이기도 했다.

군사정권 성격의 정부가 힘을 잃기 시작한 것은 1987년 6월 항쟁 이후부터였다. 그리고 6공이 들어서면서 여당인 민정당보다 야당인 평민당, 민주당, 신민주공화당이 더 많은 의석을 차지해 여소야대 국회가 되자 정부는 더욱 민의를 따라가지 않을 수 없었다.

‖ 5공 청산으로 갈라진 '평생 동지'

1989년 1월 말 정부의 5공 비리 특별수사부가 장세동, 이학봉 등을 구속하는 선에서 조사를 마무리하고 해체되자 야당들은 반발했다. 당초 세 야당의 김영삼, 김대중, 김종필 총재가 3김 회담을 통해 요구한 5공 청산안과 거리가 멀다는 것이었다. 3김이 요구한 것은 장세동, 정호용(국방부 장관을 지냈다), 안무혁(안기부장을 지냈다) 등 하나회 출신 권력자들과 이희성(육참총장을 지냈다), 이원조(은행감독원장을 지냈다), 허문도(통일원 장관을 지냈다) 등의 사법 처리였다.

이희성은 육사 8기로 하나회는 아니지만 12·12 직후 육참총장에 올라 5·18 광주항쟁 때 계엄사령관이었다. 이원조는 하나회 핵심인 노태우, 정호용 등과 경북고 동창으로 일찍부터 대구 경북지방 출신 정치장교들의 돈줄 역할을 했다. 그는 그 공으로 5공 때는 '금융황제'라 불리며 은행가를 지배했다.

허문도는 조선일보 도쿄 특파원 출신으로, 12·12 쿠데타가 일어나자 전두환 중앙정보부장 서리의 비서실장으로 들어갔다. 그는 일본 유학 당시 국민에게 어떤 정치적 목표와 이상을 신뢰하게 하는 이른바 대중조작 이론을 공부했다. 전두환이 대통령이 되자 청와대에 들어간 그는 정무비서관과 공보처 차관을 거치면서 5공 정권의 정당성 선전역을 맡았다.

한편, 세 야당은 정부의 5공 비리 조사가 미진하다며 국회가 이를 매듭지어야 한다고 주장했다. 야당은 5공 비리와 광주항쟁 진압의 철저한 진상조사를 위해서는 전두환, 최규하 두 전임 대통령이 국회에 나와 증언해야 한다고 요구했다. 그러나 여당의 논쟁은 전두환을 국회 증언대에 세우느냐의 문제로 쏠렸다. 노태우 정부는 이런 야당의 요구를 막지 못했다. 1989년 청와대에서 열린 노태우 대통령과 3김 간의 5공 청산 협상은 전두환을 국회 증언대에 세우기로 합의하고서야 타결될 수 있었다.

전두환이 다시 한번 노태우를 원망하는 건 당연했다. 하나회 조직에서나 군부 내 위상 그리고 12·12 쿠데타 이후 신군부 정권의 권력 서열에서도 노태우는 언제나 전두환 다음인 이인자였다. 그런데 6공으로 바뀌자 두 사람의 관계는 하루아침에 달라졌다. 노태우 측의 제의로 백담사에 간 지 1년이 넘었는데도 이 유배를 풀어줄 기미는 없으면서 국회의 5공 청산 청문회에 참석하라는 요구에 전두환은 치를 떨었다. 굴욕은 줄 대로 주면서 그것으로 끝나는지도 알 수 없었다.

그러나 칼자루는 노태우 정권이 쥐고 있는 터. 야당과 협상을 하건 국민을 다독거리건 정부가 해결할 의지를 가져야 했다. 전두환으로서는 한을 품으면서도 국회 청문회에 서야 했다. 그는 백담사 유배가 풀리지 않은 채 청문회에 참석하기 위해 서울로 '출장'을 나왔다.

1980년대를 마감하는 1989년 12월 31일, 국회 본회의장.

1980년 5월 광주항쟁 당시 보안사령관으로서 실권자였던 전두환에 대한 청문회가 열렸다. 문답식 청문회가 아닌 그의 증언 낭독이 있었다. 이날 전두환 증인에 대한 국회 청문회는 14시간여나 진행됐으나 증언 시간은 두 시간도 채우지 못했다. 대부분 야당 의원들의 울분에 찬 규탄과 여당 의원의 맞고함으로 일곱 차례에 걸쳐 정회하는 데 시간을 다 써버렸다.

"광주 자위권의 행사 문제는 초기에는 군인복무규율에 따라 불가피한 상황에서 이루어진 것으로 알고 있습니다. 5월 22일 자위권 발동도 가능하다는 계엄사의 작전지침이 하달된 데 따른 것입니다."

이때 평민당의 신기하, 양성우 의원 등이 고함을 질렀다.

"양민 학살이 자위권이란 말이야?"

그러자 이날의 다섯 번째 정회에 들어갔다. 여야 간의 협상에 이어 그로부터 세 시간 후 회의가 속개됐다. 전두환은 끊어진 증언을 계속하기 위해 "자위권 행사는…."이라고 운을 뗐다. 그러자 1980년 5월 당시 광주 시민군 간부였던 평민당의 정상용 의원이 자리에서 일어서 소리쳤다. "사람을 죽여놓고 자위권이냐. 발포명령자를 밝혀라." 잠시 후에는 더 큰 파란이 일었다. 소설 『꼬방동네 사람들』로 이름난 작가 출신 이철용 의원이 몸을 슬며시 일으키더니 증언석으로 다가갔다. 조용히 전두환에게 가까이 간 이 의원은 그의 얼굴에 대고 소리쳤다.

"당신은 살인마야!"

민정당 의원 몇 명이 나가 두 야당 의원을 육탄으로 저지했다. "살인마" 소리에 놀란 전두환은 얼굴이 샛노래졌다. 그는 머리를 좌우로 절레절레 흔들며 퇴장했다.

여야 총무단은 다시 청문회를 속개할 것인지를 두고 밀고 당기는 협상을 재개했다. 그러나 전두환은 미처 다 읽지 못한 증언을 기자들 앞에서 낭독하는 것으로 대신했다. 그로부터 두어 시간 후 자정 무렵, 갑자기 국회의사당 현관 쪽에서 고함치는 소리가 났다.

"전두환이가 도망간다. 저놈 잡아라!"

여기저기서 뛰고 왁자지껄하는 소란이 벌어졌다. 주로 야당 의원들의 보좌관과 운전기사들이 고함을 쳤다. 현관에서는 전두환이 검정색 승용차에 급히 몸을 싣고 도망치듯 국회의사당을 빠져나갔다.

5공 청산이라는 벼락은 전두환과 노태우의 사이만을 갈라놓은 것은 아니었다. 노태우 대통령은 야당과 협상을 타결하기 위해서 5공 핵심 인사의 공직 사퇴에 합의했다. 그 5공 핵심의 대표적 인사로 야당은 정호용을 꼽았다. 전두환, 노태우와 함께 하나회의 시조 중 한 사람인 정호용은 12·12 직후 특전사령관을 맡았다. 광주항쟁 당시 과잉 진압 시비를 불러일으킨 공수부대들의 최고사령관이었다.

정호용은 당시 광주에 내려간 공수부대들이 30사단에 작전 배속됐으므로 자신에게 지휘 책임이 없다고 주장했다. 그러나 군을 잘 아는 사람들은 공수부대의 지휘계통이 따로 있었을 것으로 보았다. 공수부대가 아무리 배속됐다고 해도 일반 보병부대장의 지휘통제에 따른다는 것은 생각하기 어렵다는 얘기다.

이런 여론의 압력과 야당 측 요구에 따라 노태우 대통령은 전두환 외에 가장 가까운 하나회 동지인 정호용에게도 의원직을 사퇴하도록 조치했다. 정호용은 유권자가 선거로 뽑은 지역 구의원을 대통령이 사퇴시킬 수 있느냐고 항변했지만, 압력을 이길 수가 없어 의원직을 내놓았다.

문제는 그다음이었다. 정호용이 물러나 공석이 된 지역구에서 보궐선거를 치르자 그가 정치적 심판을 받겠다고 나선 것이다. 물론 정호용은 노태우가 총재인 민정당을 탈당해 무소속으로 출마를 선언했다. 그것은 노태우 대통령의 권위에 대한 간접적인 도전이었다. 그러나 정호용은 출마를 포기해야 했다. 안기부가 나서서 노태우 대통령의 결정을 엄정히 지키기 위해 정호용에게 회유와 압력을 가했다. 정호용이 울분을 터뜨린 것은 물론이다.

권력의 세계는 냉엄한 것이다. 대통령은 친구였지만 그의 명령을 집행하는 안기부 요원들은 그런 관계에 대해 일절 개의치 않았다. **군 내 비밀 사조직 하나회를 만들어 육군 대장에 올랐고 대통령과 국방부 장관으로 영화를 누린 전두환, 노태우, 정호용 등은 이렇게 해서 완전히 갈라섰다.** 이 중 그래도 공개적으로 수모를 당하지 않은 사람은 노태우였다. 평생 동지로 도원결의한 하나회의 의리보다 그것을 단죄하는 민심 쪽에 편승한 덕이었다.

제 6 장

'부정'과 '비상사태'의 뿌리를 찾아

"어떠한 비합법적인 비상 수단을 사용해서라도 이승만 박사와 이기붕 선생이 꼭 당선되도록 하라. 세계역사상 대통령 선거에 소송이 제기된 일이 있느냐? 법은 나중이니 우선 당선시켜 놓고 보아야 한다. 콩밥을 먹어도 내가 먹고 징역을 가도 내가 간다. 국가 대업 수행을 위하여 지시하는 것이니 군수 서장들은 시키는 대로만 하라."

— 최인규 내무부 장관, 군수·경찰서장 회합 시 부정선거 지시

(1960년, 국가기록원 「최인규 판결문」)

선거는 아름답다. 선거는 민주주의의 꽃이며, 누군가가 총칼을 들지 않아도, 사람들이 피를 흘리지 않아도 권력을 바꾸는 일을 가능하게 하는 유일한 정치적 제도다.

그러므로 부정선거는 시민을 분노하게 만든다. 지금도 세계 곳곳

에서 부정선거로 인한 전국적인 시위와 유혈 사태 소식이 들려온다. 우리 역사도 만연한 부정선거와 그에 대한 항거로 인해 조금씩 진전했다. 1960년 3·15 부정선거는 마산의 의거와 전국적인 4·19 혁명으로 이어졌고 결국 이승만 정권을 무너뜨렸다. 3월 15일 대선의 부정은 한순간에 이뤄진 게 아니었으며, 1950년대의 모든 선거를 얼룩지게 했던 온갖 폭력과 부정의 집약이었던 건 잘 알려진 사실이다.

1960년대는 어땠을까. 우리는 1967년 6월에 치러진 제7대 총선에서의 6·8 부정선거와 1971년 제7대 대선의 4·27 부정선거를 기억한다. 중앙정보부 부장 김형욱이 미국 의회에서 증언했던 것처럼, 부정선거가 아니었다면 대한민국은 그때 김대중 대통령을 맞았을지도 모른다.

그 엄청난 부정에도 불구하고 박정희는 민심이 점차 자신에게서 멀어지는 사실을 실감할 수밖에 없었다. 1971년 같은 해 5·25 총선에서 국민은 야당인 신민당에 힘을 실어주었다. 박정희의 공화당은 대도시에서 참패했고, 서울에서는 19개 선거구 중 한 곳을 빼고 모두 신민당이 이겼다. 이에 박정희는 1972년 10월 계엄령을 선포하고 헌정질서를 유린하며 유신 개헌을 단행했다. 그의 영구집권을 사실상 보장하는 유신체제가 수립된 것이다.

일반 국민을 대상으로 한 부정이 이토록 만연해 있는데 군대 안은 어땠을까. 불 보듯 훤한 일이다. 그 시절 군대에 있던 모두가 증언하는 바는 공통적이다. **30여 년간 이어진 실질적 군정 시절, 군인**

들에게 선거의 자유는 존재하지 않았다.

여기서 내 얘기를 꺼낼 수도 있다. 1972년의 11월의 헌법개정안을 위한 국민투표 당일, 나는 일등병의 군인 신분이었다. 당시 배정받은 중대 막사에서 국민투표를 진행했는데, 들어가 보니 투표소가 없는 공개 투표장이었다. 직업 군인인 상사가 책상 앞에 앉아 있고 들어온 사람한테 일일이 투표지를 내밀었다. '반대' 칸을 손으로 가린 채였다. 모두에게 강제로 '찬성' 칸을 찍도록 한 것이다. 그 모습을 보고 "나는 투표 안 한다, 못 한다." 소리친 뒤 뛰쳐나왔다. 이런 부정한 투표는 역사에 남을 것이라고 생각했다.

내 표는 당연히 대리 투표를 통해 찬성표로 만들어졌다. 나는 학생 운동을 하다가 강제징집을 당했던 특수한 병사였기에, 중대장과의 면담 정도로 유야무야 넘어갔다. 나는 누군가에게 맞지는 않았지만, 모두가 나와 같은 것은 아니었다. 그때 같은 부대에는 김상현 신민당 의원의 보좌관 출신 하사가 있었다. 이 사람은 투표지를 뺏어서 책상에 놓고 '반대' 칸에 찍고 나왔다. 그리고 어떻게 됐을까? 그는 그 후 보안대에 불려가서 폭행당하고 사나흘 뒤에는 후방으로 전출당했다. 그가 반대를 찍은 투표지에 찬성표를 또 찍어서 무효표로 만들어 버리기까지 했다. 야당 국회의원의 보좌관이 그렇게나 함부로 다뤄질 수 있는 시절이었다.

부정선거라는 뇌관은 폭발적이다. 안타깝게도 우리는 '부정선거론'이 여야를 가리지 않는다는 사실을 알고 있다. 대통령 직선제 개헌 이후인 1987년 제13대 대선부터 지난 2024년의 제22대 총선까지 벌어진 숱한 선거에서 어느 정치세력이든 예외 없이 부정선거론을 꺼내들기 일쑤였다. 많은 사람들이 아직도 이 나라의 선거를 믿지 못한다. 왜 그럴까. **나는 해방 이후 이승만 정권은 물론 군사독재 아래에서 진행된 모든 선거가 관변 공작선거라는 사실을 우리가 자신의 몸으로, 직간접적인 기억으로, 그것들이 쌓인 집단적인 무의식으로 체험했기 때문이라고 본다.**

그러니 우리 현대사의 독재자들을 긍정하고 우상화하는 쪽이 부정선거를 더욱 목 놓아 외치는 장면은 기이할 수밖에 없다. 선거를 누가 관리하느냐에 따라서 충분히 조작할 수 있다는 무의식이 그 누구보다도 자신의 과거 인식과 정체성 안에 내재해 있음을 보여준다고 할 수 있을까. 인간은 자신에게 내재한 사악함을 가장 증오하는 법이다. 그들은 자신이 추종하는 과거를 전혀 극복하지 못한 채 스스로를 향한 깊은 혐오와 자기부정의 단말마를 외부에 표출하고 있을 뿐이다.

‖ 박정희의 3선 개헌과 유신

박정희 후보는 1971년 대통령 선거에서 중단 없는 경제개발과 안정을 내세워 3선 신임을 호소했다. 그는 이번 선거가 자신이 출마하는 마지막 기회라고 언명했다. 그러나 표 얻기에 모든 수단을 동원하는 선거 전략에서 나온 이 언명은 그가 유신체제로 계속 장기 집권함으로써 결국 하나 마나한 말이 되고 말았다. 목표를 달성하기 위해서는 어떤 수단과 방법도 가리지 않는 그의 마키아벨리스트적인 면모가 드러나는 한 예이기도 하다.

박정희가 그처럼 득표 전술로 국민 기만책까지 동원한 이유는 야권의 1인 장기 집권에 대한 공격이 국민에게 먹혀든 것에 위기를 느꼈기 때문이다. 앞서 말했듯 신민당에서는 40대 기수론이 새바람을 일으킨 가운데 소장파인 김대중, 김영삼 등이 많은 연로 그룹을 제치고 대통령 후보의 경합에 나섬으로써 국민적 관심을 사로잡았다. 이 같은 민주적 경선에서 승리해 급부상한 김대중 후보는 공화당 정권이 대만과 같은 총통제 도입을 획책하고 있다면서 이번 선거가 국민의 손으로 대통령을 선출하는 마지막 기회가 될 것이라고 경고했다.

김대중의 주장은 이듬해부터 들어서는 유신체제에 대한 정확한 예측에 근거를 두고 있었다기보단 정권 도전자로서 유권자들에게 호소하기 위해 최악의 경우를 상정한 것이었다고 봐야 한다. 그 역시도 유권자의 마음을 움직이기 위해서 과장된 선거 전략을 선택했다고 보는 편이 옳을 것이다. 그러나 그 같은 최악의 예상이 다음 해 유신체제 선포로 현실화됐다는 데서 한국 정치사가 갖는 퇴행성을 엿볼 수 있었다. 야권은 당시 민주 헌장의 기본 규범을 깨뜨린 3선 개헌을 실효화(失效化)시키기 위해서도 이번 선거에서 정권교체가 이루어져야 한다고 국민에게 호소했다.

박정희와 김대중이 득표한 양상을 분석해 보면, 이른바 표의 동서(東西) 구분 현상으로 한국 정치의 가장 큰 맹점인 **'지역감정에 의한 투표'**가 이때부터 배태됐다는 사실이 드러난다. 즉 박정희는 영남에서, 그리고 김대중은 호남에서 각각의 상대를 크게 이겼던 것이다. 두 후보가 자신의 출신지에서 각기 승리하고 중립지에서 접근전을 벌인 것은 유권자들의 투표 결정 요인이 정책 노선이나 인물 됨됨이를 따진 결과가 아니라 지역감정에 기반했다는 증거였다.

이처럼 지역감정이 작용한 투표 성향은 그 후로도 계속 심화되어 지금까지 정치 문화를 파탄시키고 있으며 정치 차원을 넘어서 민족사적인 문제를 남겼다. 대통령 선거에 비하면 그해 5월 총선에서는 여야가 전국 각 지역에서 고르게 득표했다. 이는 지역감정이 대통령 후보라는 인물을 중심으로 배태됐으며 그때만 해도 정당의 지지 기반과 연결되지 않았다는 지표였다.

공화당은 5월 총선 선거운동 과정에서 선거 후유증을 역력히 우려하는 기색이었다. 당의 길재호 사무총장은 "부정행위로 물의를 빚는 후보는 당선돼도 당에서 제명하겠다."라고 언명했다. 그만큼 처음부터 공화당이 안정세력 확보에 자신이 있기도 했지만, 대통령 박정희가 3선 연임하게 된 마당에 정권의 순탄한 출범에 장애가 될 사건은 다른 희생을 치르더라도 미연에 방지한다는 방침이었다.

‖ 선거다운 선거가 사라진 나라에는

3선 개헌 이후 1970년대 한국 정치의 결정 행위자는 대통령을 정점으로 두는 청와대 비서실과 중앙정보부였다. 민주적 정치과정에서 국민 의사와 여론을 수렴해 정책 결정 구조에 투입하는 정당, 국회, 언론 등은 구색을 갖추기 위한 치장에 지나지 않았다. 국민의 이익 표출과 그것을 집약해 정치과정에 반영하는 투입 구조는 억압되거나 왜곡, 조작됐고 집권 세력 내에서 일방적으로 결정된 정책과 법령 각종 조치가 국민을 억눌렀다. 비대한 체계 불균형이 심각했다.

또 행정부와 법원, 국회 의결 기구 중에서도 공식적 기구보단 **대통령의 친위 조직인 청와대 비서실과 공안 정보기관으로서 비밀경찰의 성격마저 지녔던 중앙정보부**가 국가 경영 전반에 걸쳐 통제, 조정하는 관료적 권위주의 지배체제가 본격화됐다. 실제로 선거 과정에서부터 여야 정치인 간의 협상과 원내 발언, 표결 행위 그리고 각종 행정 적용에 이르기까지 각 영역에서의 자율성이 보장되지 않았고 공안 정보 기구와 관료적 친위 조직이 모든 문제에 관여했다.

이와 같이 국가 사회 전반에 걸친 일원적 중앙통제는 중앙정보부와 군 정보 사찰 기구, 심지어 경찰까지도 각 영역에 정보원을 파견하여 전담 보고하게 함으로써 효율적으로 이루어졌다. 각 행정부처와 주요 사회단체에 이 정보기관원이 출입 상주했으며 심지어 대학, 언론사, 야당에까지 이들 정보원의 동향 파악 및 보고서 작성 등이 '직업적 활동'으로 묵인되는 실정이었다.

실례로 당시 서울 동대문구 동숭동에 소재한 서울대의 경우 중앙정보부, 군 보안사, 치안본부, 서울시 경찰국, 관할 동대문 경찰서 등 5개 기관에서 각기 정보원이 출입해 교수와 학생의 동태를 파악한 뒤 보고하고 있었다. 이와 같은 중첩적인 정보 조직에 의해 지식인 비판 세력의 반정권적 활동을 사전에 탐지, 봉쇄함으로써 박정희 정권의 장기 독재가 가능했다.

1970년대 한국 정치에서 권력구조의 핵심은 대통령을 꼭대기에 둔 채 국무총리, 청와대 비서실장, 중앙정보부장, 공화당 의장의 사각형으로 구성됐으며 이 중에서도 정보부장과 비서실장이 영향력을 크게 행사했다. 물론 국회와 사법부까지도 이들에 의해 통제되었다고 할 수 있다. 시국 사건 판결에서 정권이 요구하는 대로 따라주지 않고 영장 기각이나 무죄 판결을 많이 내는 법관을 뒷조사해 구속하려는 데 반발한 1971년 7월의 사법부 파동이나 공화당 의원들의 원내 반란 표결로 빚어진 같은 해 10·2 항명 파동 등이 단적인 증거다. 특히 10·2 항명 파동은 국회의원의 원내 행위에 대한 헌법상의 면책특권을 대통령 박정희의 명령에 의해 중앙정보부가 짓밟은 헌정 문란 사건이었다.

사건의 발단은 야당이 제출한 내무 장관 오치성에 대한 해임 건의안을 당시 반(反)김종필 4인 체제의 보스들인 김성곤, 길재호, 김진만 등이 대통령의 의사를 거스르며 통과시켜 준 데서 비롯됐다. 공화당 내부의 세력 경쟁 측면에서 보면 이것은 신주류인 4인 체제와 장경순, 오치성, 김재순, 이병희 등 반(反)4인계의 대결이다. 공화당은 당 총재의 지시를 따르지 않고 반란 표결을 주동한 김성곤, 길재호의 탈당계를 받아 의원직을 상실시켰다.

여기까지만 해도 당 자체 내부 문제라는 차원으로 어느 정도 해명이 가능할 수 있다. 그러나 중앙정보부가 항명에 대한 조사를 맡아 두 주동 인물을 연행해 폭행하고 고문한 것은 헌정 문란의 성격을 면할 길이 없다. 정당 내부 문제를 공식적으로는 국가안보 기관인 중앙정보부가 처리했으며, 국민의 대표인 국회의원에게 헌법상 면책특권이 명문 규정돼 있는 원내 행위를 문제 삼고 고문 조사했기 때문이다.

이것은 **국정 전반에 걸쳐 대통령의 지시와 중앙정보부의 그 수임 활동이 모든 실정법을 넘어선 최고 우위에 존재했다는 증거**인 것이다. 그다음 해인 1972년 5월 중앙정보부 이후락이 평양에 밀행하고 7·4 남북 공동성명을 주도한 것도 이 같은 중앙정보부 최우위의 체제에서 가능했으며, 이는 당시 사실상 위법 행위로서 다른 어떤 기관이나 인물도 감행할 수 없는 독점적 역할이었다. 대통령 박정희의 장기 집권을 가능하게 한 3선 개헌과 유신체제 수립도 모두 중앙정보부의 위협과 매수 등에 의한 정치공작으로 이루어졌다.

▮ 10·15 군 동원과 국가 비상사태 선언

5·16 쿠데타 세력과 박정희에 대한 최대 도전 세력은 대학생 집단이었다고 볼 수 있다. 4·19 학생혁명 이후 정권교체와 민주화 과정의 진통을 사회 혼란과 국가안보 위기로 규정짓고 군부 쿠데타를 통해 집권한 공화당 정권에게는 학생 운동의 비타협적인 도전과 비판이 항상 가장 부담스러운 멍에였다.

공화당 정권의 숙원 사업 중 하나였던 한일 국교 정상화 협상에 대한 비판의 진원지도 대학가였다. 그래서 1971년 10·15 대학가 위수령은 박정희가 1969년 3선 개헌과 이듬해 1971년 4·27 대통령 선거 등 어려운 과정을 거친 뒤 안정화된 독재 권력인 유신체제로 가기 위한 단계적인 준비와도 같았다. 자신의 최대 반대 세력을 사전에 무력화시켜 놓기 위해 5·16 세력이 세 번째로 군을 동원했던 것이다. 그것은 교수와 학생뿐 아니라 모든 지식인 비판 세력들에 대한 무력시위로 효과를 나타냈다.

박정희는 곧이어 1971년 12월 6일의 정부 시책에서 국가안보를 최우위에 두며 안보를 위해 언론집회 등 국민의 자유가 유보될 수 있다는 **국가비상사태**를 선언했다. 이날 오전 국가 안전보장 회의와 국무회의의 의결을 거쳐 정부 대변인인 문공부 장관 윤주영에 의해 발표된 국가 비상사태 선언은 모두 6개 항이었다.

그 내용을 보면, ①정부의 모든 시책은 국가안보를 최우선으로 하며 조속히 만전의 안보 태세를 확립함 ②안보상 취약점이 될 일체의 사회불안 요소 불용 ③언론의 무책임한 안보 논의 지양 ④모든 국민은 안보상 책무 수행에 성실할 것 ⑤모든 국민은 안보 위주의 새 가치관을 확립할 것 ⑥최악의 경우 우리가 향유하고 있는 자유의 일부도 유보할 결의를 가져야 한다는 것 등이다.

당시 아시아와 아프리카의 후진국 독재자들이 이미 써먹은 교도민주주의의 전형적 틀을 그대로 답습하고 있었던 항목들이다. 1950년대 말부터 1960년대까지 제3세계를 풍미하던 이 같은 독재 이론의 특징은 민주주의의 보편적 규범들을 부인하면서 특수한 국가안보와 민족적 여건을 강변하는 목표를 내세워 국민 개인의 자유와 권익을 제약하는 통치 강령이었다. 인도네시아의 수카르노, 필리핀의 마르코스, 이집트의 나세르, 가나의 은크루마 같은 독재자들이 그 예이며 이들의 장기 집권은 민도가 낮은 후진국에선 불가피한 교도적 역할로 인식된 것도 사실이다. 박정희 대통령의 비상사태 선언 6개 항에서도 볼 수 있듯 구체적으로는 언론과 지식인층의 비판 및 여론 형성 활동에 족쇄를 채우고 일반 국민에게는 정권이 정해주는 국가 목표에 충실해야 한다고 위협하는 것이 이들의 공통적 수법이었다.

정부 대변인으로 하여금 비상사태를 선언하게 한 뒤, 박정희 대통령은 별도로 약 3,000자에 달하는 특별 담화문을 발표했다. 그는 이 담화문에서 "국제사회의 일반적 조류는 확실히 대결에서 협상으로 흐르고 있으나 이것은 어디까지나 핵 경쟁의 교착 상태에서 강대국들이 주도하려는 현상 유지의 양상일 뿐"이라며 "오히려 한반도의 국지적 사정은 이런 경향을 역이용하여 침략적인 책동을 멈추지 않고 있는 북괴의 야욕 때문에 긴장은 더욱 고조되고 있다."라고 경고했다.

이 비상사태 선언의 후속 작업으로 공화당은 연말 국회에서 대통령에게 광범한 비상 권한을 부여하는 「국가보위에 관한 특별조치법」을 제출한 뒤 통과시켰다. 신민당 의원들이 이를 저지하기 위해 국회 본회의장을 점거하고 철야 농성하자 공화당은 무소속 의원들과 함께 국회 별관에 은밀히 집결해 이 법안을 전격 처리했다.

이 국가보위법은 당시 헌법에 추상적으로 규정된 대통령의 국가보위에 관한 의무와 책임을 구체적으로 적시하고, ①경제규제 명령 ②국가 동원령 ③옥외집회와 시위 규제 ④언론출판에 대한 특별조치 ⑤특정 근로자의 단체행동권 제한 ⑥예산 및 회계상의 세출예산

변경권 등 실질적 독재 권력을 창출해 놓았다.

또한 비상사태 시 보편적으로 의회의 입법 사항에 속하는 상당한 내용을 행정부 국무회의에서 시행령으로 제정할 수 있도록 위임했다. 이는 기능이 다양해진 현대 국가의 정부가 불가피하게 가져야 하는 행정입법권의 차원을 떠나 권위주의적 관료 지배 체제로써 의회의 권능과 역할을 무력화하는 조치였다. 청와대 대변인 김성진은 "이 같은 비상사태의 존속 기간은 북괴의 침략 위협이 사라질 때까지"라고 밝혔다. 그러나 이듬해 유신체제는 국가보위법을 헌법사항으로 명문화했으며 이로써 비상 체제가 상시적인 통치구조로 고착되기에 이르렀다.

5·16 쿠데타 세력은 1971년의 대통령 선거를 마지막으로 정권교체가 불가능한 1인 체제를 노골화했다. 다음 해 유신헌법을 제정한 후부터는 국민의 직접선거가 아닌 통일주체국민회의 대의원들에 의한 간접선거와 복수 후보의 경쟁이 불가능한 흑백 선거를 치렀기 때문이다. 이 같은 눈가림식 대통령 선거가 1987년 6월항쟁에 의해 구체제의 두꺼운 탈이 벗겨질 때까지 엄연히 계속됐다. **'체육관 대통령 선거'라는 정치 희화극 속에서 배출된 대통령이 모든 권력을 장악한 중세 암흑기적 정치사가 군부정권 제1세대인 5·16 세력에 의해 도입된 후 군부 정권 제2세대인 1980년 5·18 세력에 의해 5공 정권에까지 이어진 것이다.**

그러나 정치 발전이 병행되지 않은 경제개발의 부산물은 더 큰 문제들을 파생했다. 소득분배 구조의 파행으로 인해 사회계층 간

갈등이 심해지고, 국가 기간산업과 간접자본의 투자가 특정 지역에 편중됨으로써 지역감정이 팽배해졌다. 더욱이 1인 장기 집권에 집 착한 공화당 정권으로서는 국민 개인의 이익 표출이나 소외 계층과 신흥 집단에 의한 정치적 도전 등이 허용할 수 없는 적대 행위로 간 주될 수밖에 없었다. 이 같은 정치적 욕구를 억압한 가운데 권위주 의적 개발독재 체제 아래서 경제성장의 속도 등에 성과가 있었다고 해도, 그것은 언젠가 민주화 정치 발전 과정에서 나타날 욕구 분출 로 인한 한계에 부딪힐 수밖에 없었다.

▌▌ 1992년 이지문 중위의 양심선언

이제 1993년 하나회가 척결되고 문민의 시대가 열리기 직전인 1992년으로 시선을 돌려보자. 이 해 제14대 총선 최대 후유증의 하 나로 남겨진 군(軍) 부재자투표의 부정 시비에 대한 진상규명 문제 로 군은 5공 청산과 국회 청문회 이래 최대의 홍역을 치렀다.

우리는 한국전쟁 이후 군대 내의 부재자투표가 부정으로 얼룩졌 음을 다양한 증언을 통해 알고 있지만, 당시 아직도 울타리가 높은 군부의 투표부정설은 어느 군 장교의 양심선언에 의해 바깥에 드러 났다. 이러한 과거의 용감한 결단들이 쌓여서 지금 우리 주위에서 도 누군가의 치열한 고뇌와 신념에 기반한 내부고발과 양심선언이 탄생할 수 있게 된 것이다.

1992년 3월 22일, 이지문 중위는 군이라는 울타리 안에서 지휘관 의 책임 아래 공개투표가 행해졌으며 기무사의 파견대가 투표 결과

를 검열했다고 양심선언을 했다. 3월 24일 제14대 총선 직전이었다.

당시 군검찰의 수사가 진상규명을 위해 객관적으로 이루어졌다고는 누구도 믿지 못했다. 이지문 중위의 폭로 이후 '공명선거실천시민운동협의회'(약칭 '공선협') 등에 전화 제보와 폭로 편지가 쇄도했고 이지문 중위의 폭로가 빙산의 일각에 지나지 않는다는 의혹을 키워주었다. 군부대에서 "여당인 1번을 찍으라."라고 강요한 영향 때문이 아닌가 하는 의문을 갖게 된 것이다. 제14대 총선에서의 군 부재자투표 부정 의혹은 군 자체의 부인에도 걷잡을 수 없이 확산되어 갔다.

이지문 중위의 폭로를 시발로 터지기 시작한 군 부재자 부정투표 문제는 육군 단위부대 차원을 넘어 전군으로 번져 부정투표의 규모가 도대체 어느 정도인지 가늠하기조차 어려울 지경이었다. 공선협에 접수된 제보에 의하면 선거 부정은 이지문 중위가 소속된 육군 9사단뿐 아니라 1, 5, 7, 12, 36, 52, 57, 60사단, 수도방위사령부, 2군사령부, 수송연대, 공군 3579부대, 해병 2사단 등에서 광범위하게 저질러졌다는 것이다. 또 당시 제보자는 대부분 일반사병이었으나 군인의 가족, 직업 군인, 영관급 장교도 한 명씩 있었는데 모두 일신상의 위험과 불이익을 각오하고 신고한 것이 특징이었다.

이에 대해 국방부가 당초 터무니없는 일이라고 몰아붙였던 입장에서 크게 후퇴해 일부를 시인하고 사과성 기자회견을 열기로 한 것은 투표 과정에 대한 의혹이 전군으로 번져가는 양상을 보였기 때문이다. 바로 그날 오후 최세창 장관은 계룡대에 내려가 김진영 육군참모총장, 한주석 공군참모총장과 극비리에 마주 앉아 장시간 수습 대책을 숙의했다. 군 부재자투표 부정 의혹을 전면 부인한 최세창 국방부 장관의 기자회견 이후 국민 여론이 어떻게 돌아가는지를 두고 국방부 관계자들은 신경을 곤두세웠다.

이들은 보도진만 마주치면 "진상조사나 문책을 강요하면 민군(民軍) 갈등이 심화될 것"이라며 "그보다는 제도 개선이 더 중요한 것 아니냐."라고 말하곤 했다. 국민의 의혹이 풀리지 않는 한 파문이 가라앉기 어려우며 화합도 이루어질 수 없다는 지적에 국방부와 육군 당국자들은 "군 수사기관에서 문제가 될 만한 근거를 잡지 못했는데 진상조사를 더 이상 어떻게 하겠다는 것이냐."라고 반문했다.

민정군(民政軍) 합동 기구가 나서 재조사해야 신뢰성이 있을 것이라는 설명에 이들은 "군의 정치적 중립성을 해친다."라고 반대했다. 최세창 장관도 4월 3일 오후 기자회견 중 "이지문 중위와 9사단에 대해 객관성 있는 제3의 민간단체 등이 조사를 맡아야 하는 것 아니냐."라는 보도진 질문에 "군에서 일어난 일인데 군이 수사해야 한다."라며 일축했다. 군의 정치적 중립성 보장을 군인들은 "외부 세력의 군 개입 배제"와 동일한 의미로 쓰고 있었던 것이다.

4월 2일 9사단 군사 법정에서 변호사 자격으로 이지문 중위와 면담하던 민주당의 장석화 의원은 일반 사병들에 의해 몸이 들려 나오는 '실력 행사'를 당하기도 했다. 그에 대해서도 "군부대에 들어온 정치인의 '잘못된' 행동 때문에 당한 수난"이라는 것이 군 장교들의 시각이었다. 그들은 장석화 의원이 이지문 중위의 구속적부심에 등록된 변호인이라는 지적에도 아랑곳하지 않고 "정치인이 왜 군부대에 들어와서…."라며 눈살을 찌푸렸다. 이것이 1992년의 현실이었다.

▮ '파문 차단'은 가능하지 않았다

하지만 시대는 바뀌고 있었다. 국방부는 1992년 4월 15일 국군통신사 예하 부대의 일부 대리투표 사실을 시인했다. 이지문 중위는 기소유예 처분으로 구속은 풀렸으나 사단 징계위원회에 회부돼 파면이라는 중징계를 당했다. 기소유예 처분은 재판 과정에서 벌어질 군 부재자투표 부정에 관한 파문의 확산을 막기 위한 것에 불과했던 것이다.

당시 투표 부정의 제보자들을 향한 보복이 횡행했고, 건강한 사회를 유지하고 발전시키려면 비리와 부정의 내부 고발자를 보호해 주어야 한다는 의식은 전무한 상황이었다. 1990년 10월, 재벌의 비업무용 토지에 대한 감사 비리를 고발했던 이문옥 감사관이 '용감한 시민상' 등을 받으면서도 '직무상의 기밀을 누설한 죄'로 파면당했을 때 누구나 느꼈던 아쉬움도 같은 맥락에서다.

투표일 직전인 1992년 3월 22일 밤 육군 9사단의 이지문 중위가 군 부재자투표 과정에서 공개투표, 대리투표, 기표검열이 행해졌다고 폭로한 후 군 부재자투표 부정 의혹은 전군을 대상으로 확산됐다. 공선협과 야당에는 제보를 받는 창구가 개설됐고 곳곳에서 들려오는 제보들이 언론에 즉각 공개됐다. 군 부재자 부정투표에 관한 증언들이 제대 및 휴가 장병들에 의해 계속 이어졌다.

　당초 군의 대민창구로서 민간 여론을 잘 아는 국방부 대변인실과 정훈장교 그룹은 '사실 여부 확인 후 문책 검토' 방침이 논리적으로 옳고, 그런 방침이 당장의 날 선 여론을 누그러뜨리는 데도 유용하다는 생각이었다. 그러나 야전 지휘관들이 강경 대처를 주장한 데다 국군기무사 측은 '잘못된 결론'이 나왔을 때 뒤따를 당선무효 소송 사태와 재선거 주장 등 총선의 근본적 정당성마저 흔들릴 위험성이 있다면서 처음부터 '빈틈을 보이지 않는 파문 차단' 방침을 제시했다는 얘기가 흘러나왔다. 어쨌든 국방부의 초동대처는 이 중위의 양심선언 이후 공선협과 야당 언론사 등에 갖가지 내용의 전화 제보와 폭로 편지가 쇄도하는 바람에 사실상 무력화됐다.

　공선협은 1991년 지방의회 선거 때 발족된 이후 제14대 총선에서 타락 선거 방지와 공명선거 캠페인을 벌여 긍정적인 성과를 거두었으며 결정적으로 군 부재자투표 부정 의혹을 제보받고 공개함으로써 더욱 유명해졌다. 대학 교수와 기독교 목사 및 불교계 인사들로 구성돼 도덕성과 민주시민의 고발정신에 바탕을 두고 있는 것이 이 단체의 특성이었다. 공선협 고발 창구에는 제14대 총선뿐 아니라 1972년 유신체제하의 대통령 선거에서부터 1988년 제13대 총선 때까지 전후 7차례의 선거에 관해 총 215건의 군 부정투표 사례가 접수됐다.

　공선협에 고발된 과거의 선거별 부정 사례 내용을 보면 1972년 제8대 대통령 선거(박정희 단독 출마, 통일주체국민회의 대의원이라는 대통령 선거인단 선거) 5건, 1973년 제9대 총선 2건, 1981년 제11대 총선 4건, 1985년 제12대 총선 49건, 1987년 제13대 대통령 선거 85건, 1988년 제13대 총선 17건, 1991년 광역의회 선거 없음, 1992년 제14대 총선 22건, 기타 21건 등이다.

이 제보 건수를 근거로 삼는다면, 1987년 대통령 선거 때 군부대에서 가장 극심한 부정행위가 저질러졌음을 알 수 있다. 이에 비해 1988년의 제13대 총선 이후 광역선거까지는 부정선거 사례가 없었으나 이번 제14대 총선에서 다시 문제점이 드러난 것이다.

‖ 공선협에 쇄도한 제보

공선협 제보에 따르면 이번 총선의 군 부재자투표 과정에서 육군 제1사단, 5사단, 7사단 , 9사단, 12사단, 36사단, 52사단, 57사단, 60사단, 수방사, 제2수송연대, 공군 제3579부대, 해병 제2사단 등에서 부정이 저질러진 것으로 나타났다. 군부대 투표 부정의 구체적 유형 몇 가지를 공선협이 공개한 제보 내용으로 알아보면 다음과 같다.

▪ 제1사단 ○○연대 ○대대

선거 한 달 전부터 대대병력을 연병장에 집결시켜 대대장이 "이 자리에 여러분이 와 있는 것은 나라를 안정시키기 위한 것이며 따라서 집권당을 밀어주어야 한다."라는 요지의 교육을 시켰다.

부재자투표 첫날 10명을 시험적으로 투표하게 한 후 야당 표가 많이 나오자 중대장이 분위기를 공포스럽게 만들며 이유 여하를 막론하고 여당을 찍으라고 강요했다. 이후 기표소에서 기표한 후 중대장과 인사계에 확인 검사를 받은 후 투표용지를 봉투에 넣어 발송하게 했다.

- **5사단**

부재자투표 첫날은 비밀 투표를 했으나 기무사의 검열 결과 야당 지지표가 많은 것으로 나오자 중대장이 상관에게 호출됐고, 다음날부터 완전한 공개투표가 이루어졌다.

- **공군 제3579부대**

선거 전 부대장과 인사장교가 "안정을 위해서는 여당을 찍어야 한다."라는 내용의 정신교육 실시했다. 기표소를 설치하지 않았으며, 투표용지를 넣은 봉투를 봉인하지 못하게 했다.

- **36사단**

여당 지원 정신 교육을 실시했으며, 투표용지 도착 후 중대, 소대별로 간부와 사병들 간 면담에서 여당 후보를 찍도록 종용했다. 투표 장소에서는 간부들이 지켜보는 가운데 공개투표를 했으며, 야당 표를 찍은 경우엔 다른 곳에 더 기표하는 방식으로 무효표를 만들었다.

- **수방사**

단기사병들이 간부들 앞에서 공개투표를 했다.

- **해병 2사단 ○연대**

여당 지지 정신교육. 민자당 이외 후보의 홍보물은 선거 후에야 받았다. 기표 후 간부들에게 보여준 후 발송 봉투에 넣었다.

선거 전 사회 혼란과 안정 논리 중 택일을 요구하는 '친군 활동'이라는 전 언통신문이 내려왔으나 이지문 중위의 증언 후 모두 소각했다. 3월 30일에는 공명선거임을 보장하기 위해 중대장, 인사관 등이 참관한 가운데 투표하는 장면을 연출해 사진을 촬영했다.

- **5사단**

광역선거 당시의 투표 성향을 기초로 선거 상황을 만들어 개별 접촉했다. 이에 앞서 군단 지휘서신으로 여당 지지를 호소했다.

- **1사단**

선거 한 달 전부터 정신교육을 통해 민자당 지지 투표를 강요하고 선거 때는 기표소에 기무부대원이 상주했다.

- **9사단** (이지문 중위가 양심선언한 부대로, 휴가 중이라는 한 사병이 추가 제보함)

행정반에서 중대장이 입회한 아래 투표를 실시했다. 대대장이 야당 성향 사병들과 면담을 가졌다. "사단에서 우편 검열기를 통하면 다 알게 되니 지금 얘기하라. 여당을 얼마나 찍었는지가 지휘관의 진급과 관계가 있으니 여당을 찍기 바란다."라고 종용했다.

위에 제시된 군부대들은 최세창 국방부 장관이 4월 3일 "현행 제도상 부정 투표가 불가능함이 확인됐다."라고 전면 부인하는 입장을 취하면서도 "차후 조사해 사실이 드러나면 지위 고하를 막론하고 엄중하게 문책하겠다."라고 밝혔고, 공선협은 4월 13일 이 자료를 국방부 측에 제공하고 진상조사를 촉구했다. 이는 4월 9일 최세창 장관이 이 단체의 이한빈 공동대표, 손봉호 상임집행위원장, 서경석 사무총장 등 5명의 대표들을 만나 약속한 데 따른 것이다. 이 자리에서 최 장관은 "접수된 제보자료들은 언론 등에 공개하기 전에 조사해 결과를 통보해 주겠다.라"고 제의했으며, 공선협 측도 이를 받아들여 이른바 '잠정적 협력'을 결정했다.

공선협에 전화로 현역 직업 군인이라고 밝힌 한 제보자는 "이지문 중위의 말은 100% 사실"이라며 "나는 선거 참관인이었으나 기무사에서 평점을 내리기 때문에 어쩔 수 없었다"고 말했다.

공선협은 이 같은 군부대 투표에 대한 제보 내용을 분석해 여당 지지를 위한 정신교육이 거의 모든 군부대에서 실시됐으며, 이것은 군의 공식 지휘 체계를 통해 지시된 것으로 보인다고 주장했다. 5사단에 대한 제보 중 군단 지휘서신이 이를 뒷받침한다는 것. 공선협은 또 기무사가 투표를 검열했으며 공개 기표와 강압적인 투표가 이루어졌다고 주장했다.

이지문 중위가 혼자서 양심선언을 했을 때만 해도 군부는 '돈키호테식 소영웅주의의 발로'라며 도외시하는 분위기였다. 그러나 공선협과 언론에 제보가 쏟아지고 부정투표 의혹이 전군에 확산되자 국방부와 군 장교들은 "지난 1988년 국회의 5공 청문회 이래 가장 심한 군부 매도 현상을 보고 굴욕감을 느낀다"고 실토했다.

강창성 전 보안사령관은 3월 31일 민주당 진상조사단 일원으로 최세창 국방부 장관을 만난 자리에서 **"12·12사건의 주역이며 정치 군인들의 비밀조직인 하나회 출신 최세창 장관과 김진영 육군 총장 이 취임한 후 일이 이렇게 된 것 아니냐."**라고 쏘아붙였다.

국회 국방위의 야당 측 간사인 권노갑 의원은 제14대 총선에서 광역선거에 대한 군부의 반작용이 일어난 게 아닌지 우려된다고 말했다. 그는 4월 1일 국회법과 증언·감정법을 근거로 국방부 장관에게 국정 질의서를 내고 답변자료를 요구했다. 이 같은 법적 대처만이 군부 문제에 실효성 있게 접근할 수 있는 방안이라고 언급한 권노갑 의원은 질의서를 통해 9사단의 중대별 각 투표소 참관인인 장교 1명, 하사관 1명, 사병 4명 등 6명씩의 참관인단 명단과 해병 2사단 5연대의 '친군 활동' 전언통신문, 공군방공포사령관 박창규 소장의 정신교육에 대한 국방부의 조사 내용, 이지문 중위에 대한 수사 기록 등의 제출을 요구했다.

민주당에 영입된 또 다른 예비역 장성들인 나병선 전 6군단장, 장준익 전 교육사 교장은 "우리는 기존의 야당 정치인 입장에서 군부를 공격하는 것이 아니며, 또 군을 매도한다고 해서 좋아할 국민은 없다고 본다."라면서 "대다수 군인의 명예를 지키기 위해서도 일부 비행 지휘관을 가려내 일벌백계해야 한다."라고 강조했다.

군부 전체의 명예를 존중해야 한다는 데는 공선협 측도 같은 입장이었다. 이 단체 대표들은 "군 부재자 투표의 부정 의혹을 군이 스스로 규명하고 국민이 납득할 수 있는 조치를 밝히라."고 촉구했다. 그러나 민주당 진상조사단 등 핵심 간부들은 "기무사의 감시를 의식한 것보다는 군 장성들 자신의 정치적 편견 때문에 부정이 자행됐다면 이것이 더 심각한 문제"라고 조심스럽게 지적했다. 많은 장성이 국정감사 때 국회의원들에게 허리를 굽히는 것을 굴욕적이라고 느낀다거나 정권의 선택기에 여당의 안정 의석을 강조하면서 "군 스스로가 군을 보호해야 한다."라는 말들을 주고받는다는 사실에 야당 측도 정치 공세보단 현실을 생각하지 않을 수 없다는 분위기였다.

이런 왜곡된 군부의 정치의식은 바로 문민정치의 군부 통제 원칙에 대한 거부감을 뜻했다. 이 경우 기무사나 부재자 투표제도의 개선은 오히려 쉬울 수 있으나 의식과 정치 문화의 개혁은 하루아침에 이루어지기 힘들다는 의견이 지배적이었다.

▮▮ 정치교육과 대리투표, 기표검열

이지문 중위의 양심선언과 공선협에 접수된 제보 내용에 따르면 군부재자 투표의 문제점은 크게 두 가지로 나타난다. 하나는 투표 전 지휘관의 정신교육이 여당 지지를 유도하거나 직접 종용하는 정치교육이었다는 것이고, 다른 하나는 투표 자체에서 공개투표, 대리투표, 기표검열 등이 자행됐다는 것이다.

지휘관의 정치성 정신교육은 선거법 위반 여부 이전에 군의 정치적 중립성을 해치는 행동이며, 투표 자체의 부정행위는 직접적인 선거법 위반은 물론이고 민주 헌정을 문란케 하는 파렴치한 범죄로 **'군부 쿠데타의 소극적 형태'**라고 볼 수 있다. 두 가지 모두 선거 때마다 각급 부대 지휘관들이 부하들의 '여당 지지율'에 책임과 부담감을 심하게 느낀 데서 비롯되는 비행이라는 분석이 유력하다.

일반 지휘관들이 그런 부담감을 느끼는 배경은 무엇인가. 공선협과 야당 그리고 제보자들은 한결같이 **기무사의 감시체제**를 지적했다.

마지막 7장에서도 살펴보겠지만, 1990년 11월 윤석양 이병의 폭로 이후 국군 보안사가 이름을 기무사로 바꾸고 고문 근절, 기구 축소, 민간사찰 중지 등 문제점 개선에 노력해 온 것은 사실이다. 이에 따라 기무사의 민간 영역에 대한 개입이나 월권행위는 크게 줄어든 듯했다.

그러나 군부 내에서만큼은 아직도 모든 직업 군인 장교들에게 기무부대원은 '감시 보고자'로 인식되고 있는 것이 현실이었고 이것은 어느 정도 고유 업무의 성격이어서 고치기가 쉽지 않았다. 제14대 총선을 앞두고 행해진 각 군 예하 지휘관들의 정치성 정신교육은 기무부대원의 지휘관 동향 보고 때문이라는 것이 군 주변의 일반적 통념이었다.

이들이 부하 장병들이나 간부들에게 행한 정신교육 내용은 '집권 여당의 안정 의석 필요성', '혼란스러운 반정부 비판 활동에 주력해 온 야당', '1988년 5공 청산 국회 청문회에서의 야당과 같은 군부 매도 세력의 배제' 등을 거의 공통적으로 포함하고 있었다.

대대장 이상 고급 지휘관의 부하들에 대한 훈시 및 정신교육 내용은 기무부대의 지휘관 동향 보고 대상이었다. 이 동향 보고 기록은 장교들의 진급과 보직인사 때 영향력 있는 평가자료로 활용되었다. 기무사의 장교 동향 보고 자료가 공식 인사고과 근거로부터 간접적 참고 자료로 개선되기는 했다고 하나, 아직까진 이것이 장교들에게 가장 위력 있는 통제 수단으로 작용하는 실정이었다.

장교들의 현실 인식을 잘 보여주고 있는 박창규 방공포사령관(소장, 육사 21기)의 정신교육 녹취 내용을 읽어보자.

"언제부터 군에 대한 눈초리가 아주 비판적이라고 생각하나. 5공 청산하고 청문회 하면서 그렇게 됐지. 근본적인 원인은 옛날에 일부 잘못된 군인 세력들이 정치에 개입한 것인데, 그것은 잘못된 거야…. 청문회 하면서 군을 완전히, 그놈들 용어로 하면 군대를 박살 낸 거야. 그 많던 야당 정치인들이 좌익 세력과 연결하고 또 좌익 세력 학생들의 비호를 받고, 심지어 그때 당선된 국회의원들은 옛날에 좌익운동을 했던 사람들이 어떤 물결을 타고…."

"내가 투 스타 번호판을 딱 달고 서울 시내에 가면 많은 사람이 쳐다보는데 시선이 정말 따갑다고…. 그럼 우리 군대는 스스로를 안 지켜도 되는 거냐. 군대를 박살 내겠다고 하는 사람들한테 우리 운명의 일부분을 맡겨도 되겠느냐."

"예를 들어서 지난번 광역선거를 하는데 부재자 투표에서 여당이 28표밖에 안 나왔다 이 말이야. 그럼 야당에서 뭐라고 그러겠어. 군대를 막 매도해도 찍을 건 다 찍고 괜찮구나. 우리 군인은 군인으로서 우리 집단을 보호하고 우리가 우리의 힘을 잘 발휘할 수 있도록 하는 그런 의사 표현을 할 필요가 있다는 얘기다. 구태여 어떤 사람을 찍어라 그런 얘기가 아니야… 아무나 국회의원을 해서 국정감사 나오고, 군부대마다 돌아다니면서 장군들이 허리를 90도 이상 꺾고, 국회의원들이 부하들 앞에서 지휘관들을 막 매도하고 말이야. 그래 가지고 군대엔 지휘 계통도 상당히 흔들리고 정신적인 유대관계도 흔들렸어. 국회의원이 뭔데 군대에 와서 그렇게 지휘계통을 흔들고 말이야. 우리 군도 스스로 목소리를 낼 때가 됐다고 나는 생각한다…. 특히 금년도 선거와 관련해서 과연 우리 군의 위상을 위해서 우리 스스로 군을 보호하고 유지 발전시켜 나갈 방안은 무엇이냐, 그런 측면에서 사령관과 궤를 같이 해주길 바란다."

이 같은 교육 내용에 대해 최 장관은 4월 3일 기자회견에서 "일부 지휘관들이 정신교육을 하는 과정에서 다소 오해의 소지가 있는 발언을 한 것은 일부 사실"이라고 시인하면서도 지휘관 개인의 소신과 성격에 따라 '표현상 강약'이 있었으나 문책할 만한 것은 아니라고 말했다. 일부 지휘관들의 정치성 교육이 얼마나 군의 정치적 중립을 해치는 치명상인지에 대해 '죄의식'을 갖지 못하고 있다는 증거다.

▮ 군정 30년을 돌아보면

그해 겨울이 되었다. 1992년 12월 18일 치러진 제14대 대통령 선거는 무엇보다도 1961년 5·16 이후 30여 년 만에 처음으로 군인 출신이 아닌 문민 출신 대통령을 탄생시켰다는 점에서 한국 현대정치사에 중요하게 기록되었다.

박정희, 전두환, 노태우 대통령 등 군인 출신들이 '세습적'으로 집권하는 동안 공식적 권력 요직은 물론 사회의 각 영역에서 직업 군인 출신이 핵심 역할을 수행해온 예가 허다했다. 직업 군인 출신이라고 해서 정치를 하지 말란 법이 없고, 사회 내 다른 분야로 전업하지 못할 이유는 없다. **다만 각 영역에 필수적인 전문성과 쌓아온 경험이 우월하다고 볼 수 없는 데도 집권층과 잘 통하는 군 출신이라는 이유로 '실세 역할'을 한다는 것이 문제일 뿐이다.**

그러나 행정부의 장·차관뿐 아니라 국회의 상임위원장 중에서도 몇 자리는 반드시 군인 출신 몫으로 정해져 있었다. 6공에 들어와 은행과 각종 경제단체 등에 이사, 감사, 사장 등의 정규 경영진 이외에 이사장이라는 해괴한 식객 자리를 만들어 주로 예비역 장성들에게 나누어준 것도 군인 지배 사회의 한 단편이라는 비판의 목소리가 높았다. 그러나 이 같은 공식적 요직보다도 한국 사회를 실질적으로 장악하고 조형해왔다고 할 수 있는 **3, 4공화정 시대의 중앙정보부와 5공화정의 안기부를 군 출신이 지배했다는 사실**이 더 중요하다. 군부의 정보기관인 보안사, 기무사가 정치사찰을 했던 것도 바로 실질적 군정을 뒷받침하기 위한 '충성 임무'였기 때문이다.

이들 공안·정보 기관은 순수하게 정보를 수집하는 데 그치지 않고 사회 각 영역에 상주 파견원을 두어 대소업무를 조정 통제했다. 공무원은 물론이고 민간 부문의 단체장들도 공안 정보기관원의 협조 요청을 거절하지 못했다. 권력을 견제하고 부정과 비리를 비판함으로써 사회의 자정 기능과 역사 진로의 방향 제시를 맡아야 할 대학, 언론, 사법부, 종교단체까지도 정보기관원이 드나들며 집권 세력의 의지를 관철했다.

3, 4, 5공화정을 통해서 군인 대통령들은 통치권의 강제성을 뒷받침하는 물리적 힘을 군부에서 끌어냈다. 5·16 이후부터 유신 직전까지의 3공은 그런 통치 기술을 연마하는 시기였으며, 유신과 5공은 '공포통치'의 절정기였다. 1987년 6월항쟁으로 차단된 뒤 출범한 6공은 오랜 군정으로부터 민정으로 넘어가는 완충적 과도기로 평가된다. 이런 관점에서 박정희, 전두환, 노태우 정권은 대구 지역과 육사 군 출신으로 동질적 집권 세력이지만 통치 기술과 군부와의 관계에서는 미묘한 차이가 있었다.

통치 스타일 면에서는 군인정치인 시대를 열어놓은 박정희는 정치공작과 용인술이, 군정 체제를 보존 유지한 전두환은 사조직과 '원시적' 의리가, 군정과 민정의 중간역에 해당하는 노태우는 '눈치 보기'와 인내심이 각각의 특성을 구성했다.

박정희 시대에는 권력의 추가 초대 중앙정보부장 김종필, 청와대 비서실장과 중앙정보부장을 지낸 이후락, 수도경비사령관 윤필용, 청와대경호실장 박종규 그리고 말기에는 중앙정보부장 김재규와 청와대경호실장 차지철 사이에서 박정희의 신임에 따라 오락가락했다. 이들은 모두 군인 출신으로 박정희가 개인적 인연에 의해 발탁한 인물들이었다. 행정부 각료 및 국회의원이나 집권당인 공화당의 간부 등은 구색에 불과했고 권력의 핵심에 있는 이들에게 모두 허리를 굽히는 처지였다.

박정희 시대는 전후 18년간으로 3명의 군인 출신 대통령 중 가장 길었으며, 그의 신임을 받아 권력의 핵심 위치에 있다가 하루아침에 괘씸죄에 걸려 몰락하는 등 집권 세력 내부의 부침이 심했다. 이는 박정희가 감정이 고르지 못하고 의심이 많기 때문이었는데, 이것이 때로는 그의 탁월한 용인술로 묘사되기도 했다.

유신체제 말기를 제외하면 박정희 정권에 발탁된 사람들은 당초 속해있던 영역에서 나름대로 능력을 인정받고 신망도 있었던 경우가 많았다. 대학교수 시절에는 학생들이나 동료 교수 사이에서 양식 있는 비판적 지식인으로 평판 높았던 인사가 박정희에 의해 발탁돼 정부에 참여한 뒤부터 강경정책의 집행자로 바뀌는 예가 많았다. 이것도 지식인의 변신과 함께 박정희의 용인술을 평가하는데 몫을 더 보탰다.

‖ 군부 역사에서 일관됐던 극심한 카르텔

박정희 정권은 독재정권이었지만 대학교수, 언론인, 문화계 인사가 어느 정부보다도 많이 참여한 정권이었다. 문제는 정권에 등용된 지식인들이 핵심 결정권을 행사하지 못하는 피고용자에 불과했다는 데 있었다. 정부 내에서 지식인 출신은 아웃사이더였고, 중요한 정책을 결정하고 추진하는 역할은 군인 출신이 담당했다.

박정희 정권에서 군부가 정치적·사회적 역할 정립을 어느 정도

확고히 한 것은 세 번에 걸친 군 동원이 있은 뒤부터였다. 첫 번째는 1961년 5·16 쿠데타, 두 번째는 1964년 한일국교 정상화 반대 시위에 대한 6·3 계엄령 사태, 세 번째는 대학 교련 철폐와 중앙정보부 해체 요구에 철퇴를 가한 기년 10·15 위수령이 그것이다. 이 세 차례의 군 동원을 거친 후 박정희 정권은 1972년 10월 유신을 선포했다.

5·16에 대해 현실적으로 여러 가지 평가가 존재하지만 '총구에서 권력을 만들어낸' 역사적 사실은 부정할 수 없다. 한마디로 민주 헌정을 물리적 힘으로 중단시킨 군사쿠데타였다. 그럼에도 5·16 이후 군부가 시민사회에 상대적으로 우위를 차지했던 것은 바로 **'배고픈 자유와 혼란'보다는 '미래의 풍요를 위한 사회통제'가 더 바람직하다는 논리**가 일반 국민에게 먹혀들었기 때문이다.

5·16 쿠데타 세력은 초기부터 수차에 걸친 반혁명 사건을 일으켜 '혁명 동지'들을 차례로 제거해 나가는 소수 지배화의 길을 걸었다. 장도영, 김동하, 박임항, 박창암 등이 쿠데타 집단 내부에서 반혁명 사건으로 거세돼 나갔다. 5·16 군사정부에서 부정 축재자와 반혁명 세력을 척결하는 혁명검찰부장이었다가 나중엔 자신도 반혁명 혐의로 구속당했던 박창암은 이렇게 말했다.

"5·16을 박정희 정권이나 공화당의 행적과 결부시키는 것은 잘못이다. 당시 혁명 세력은 공약을 지켜 민정 이양을 해야 한다는 군대 복귀파와 이왕 나온 김에 그대로 깔고 앉아 집권해 버리자는 정치군인들로 갈라졌다".

그는 자신이 혁명 공약만 완료한 뒤 군대에 복귀해야 한다는 주장을 펴며 정치군인들의 공화당 사전 조직에 구(舊)정치인들이 참여하지 못하도록 막았다고 말했다. 그에 따르면 반혁명으로 몰린 사람들은 대개 박정희에게 민정 이양을 거듭 건의하다가 미움을 샀던 군대 복귀파들이었다는 것이다. 박창암은 당시 육군 대령으로 장도영 국가재건최고회의장을 반혁명 음모 혐의로 구속했던 장본인이다. S그룹의 이 모 총수 등 굴지의 기업인들을 부정 축재 혐의로 불러들여 서슬이 퍼렇게 조사하기도 했다. 그러한 그가 1963년 2월 혁검부장에서 물러나고 준장으로 예편하자마자 반혁명 혐의로 체포된 것은 바로 박정희 정권의 용인술과 냉혹한 권력 속성을 드러내기 시작한 사건이었다.

그는 5·16에 대해 "일어나지 않을 수 없는 필지의 혁명이었다."라고 평가하면서도 그 후 공화당 정부의 경제개발의 공에 대해서는 부정적인 입장을 보였다. 그는 "부정부패만 몰아내면 누가 정권을 잡았어도 경제개발은 해냈을 것"이라고 단호하게 주장했다.

앞서 2장에서 살펴보았듯 5·16 후 일련의 반혁명 사건은 당시 군부에 형성돼있던 육사 5기와 8기, 그리고 관북파와 영남 군맥 간의 갈등상을 정리하기 위한 것이었다. 즉 5·16 후 불과 두 달만인 7월 9일, 그때까지 '혁명의 최고지도자'로 내세웠던 장도영과 그를 따르던 육사 5기 및 평안도 출신이 거의 모두 반혁명 음모 혐의로 구속됐다. 이 사건 이후 박정희 소장을 지도자로 옹립해 온 김종필, 윤필용, 김형욱, 길재호, 오치성, 김동환, 신윤창, 이석제, 옥창호 등 육사 8기가 득세했다.

이렇게 뿌리내린 영남 군맥은 유신체제 아래서 정치군인들의 사조직인 '하나회'를 키웠고, 그 하나회가 1979년 12·12 쿠데타를 일으켜 1980년 5공 정권을 공작해내게 된 것이다. 그러므로 우리는 군부의 역사에서 일관되게 지속되어 온 그 폐쇄적이고 카르텔적인 성격을 지적하지 않을 수 없다. **한국 사회의 각 영역 중에서 군 장성 집단처럼 지연과 학연에서 불균형을 이루고 있는 예는 찾아보기 어려웠다.**

당시 육군의 고위장성을 보면 7명의 대장과 30여 명의 중장급 중에 호남 출신은 천용택 전 합참전략본부장(육사 16기, 전남)과 김태섭 국방대학원장(육사 16기, 전북) 단 두 명이었다. 이들이 1993년 4월 전역하고 나서는 오영우 야전군단장단(육사 20기, 전북) 1명뿐이었다. 또 이 중에 ROTC 출신은 야전군단장인 박세환 중장(고려대, 경북 영주), 갑종 간부 출신은 야전군단장 최경근 중장(갑종 151기, 평양), 각각 1명뿐이고 95%가 육사 출신이다. **군부가 지금까지 시민사회와 괴리된 집단 의사를 형성해 올 수 있었던 배경은 이처럼 그 구성에서 지연과 학연이라는 소집단 동질성을 강하게 유지했기 때문이다.**

▌▌ 정권의 친위대 보안사와 수경사

군부의 힘으로 정권을 잡은 박정희는 누구보다도 군부의 관리에 신경을 썼다. 물리적 힘을 갖고 있는 군부가 언제라도 도전 세력이 될 수 있다는 사실을 잘 알았기 때문이다.

육군 특무대가 정치에 이용되기 시작한 것은 자유당 때 이승만 대통령에 의해서였지만, 박정희는 이것을 육군 방첩부대로 개명해 군부 내 도전 세력 감시 등 정권 보안을 위한 친위 정보기관으로 키웠다. 박정희는 군 정보기관을 키우는 한편 자신이 주도했던 5·16 쿠데타처럼 일부 군부대가 수도 서울만 점령하면 정권을 탈취할 수 있다는 사실에 유의해 5·16 후 먼저 수도경비사령부를 창설했다. **그리하여 박정희 정권 시대는 물론이고 30여 년간의 군인 대통령 통치기를 통틀어 방첩부대의 후신인 보안사가 군부를 통제하고, 수경사가 물리적 힘으로 정권의 심장부를 보호하는 양대 친위 세력이 된 것이다.**

이 양 친위군의 사령관은 군부에서 실세일 뿐 아니라 정계, 재계 등 사회 전반에 막강한 영향력을 행사했다. 이들은 또 집권층 내부의 역학관계와 권력 암투를 대행해 서로 충돌하기도 했다. 보안사에 관해선 7장에서 자세히 다룰 예정이니 여기서는 수경사에 관해 살펴보자.

1961년 6월 1일 국가재건최고회의는 수경사 창설을 의결하고 김진위 육군 준장을 초대 사령관으로 임명했다. 그는 육사 3기로 취임후 3년 9개월간 재임하면서 수경사의 틀을 다듬는 데 주력했다.

김진위 준장이 수경사 부대편성을 위해 먼저 해야 할 일은 미 8군으로부터 필요한 장비를 지원받는 것이었다. 그는 미 8군사령관 하우스 대장에게 찾아가 3가지 협조 사항을 '건의'했다. 병력 수송을 위한 1개 중대 규모의 수송차량과 1개 여단 규모의 병력 편성 그리고 서울의 방공을 위한 고사포부대의 배치 등이었다. 당시는 군수

품 및 장비 조달을 전적으로 미군에 의존하고 있었으며, 한국군 병력의 이동이나 부대편성의 변경 등 거의 모든 사항이 미군의 통제 아래 있었다.

김진위 준장은 월남에서 고 딘 디엠 대통령 관저가 월맹 비행기에 폭격당한 사건을 들며 고사포부대의 필요성을 강조했다. 그러나 하우스 대장은 수경사 창설에 대한 지원요청을 일언지하에 거절했다. 하우스는 김진위가 거듭 찾아와 졸라대자 "만약 당신에게 고사포부대를 주면 내가 탄 헬기도 격추시킬 것 아닌가." 하고 대꾸했다.

그러나 김진위는 수경사가 창설되더라도 미 8군의 작전지휘를 받기로 약속하는 등 여러 차례 설득 끝에 미군 측의 동의를 얻어냈다. 이때부터 서울 상공의 비행기 출입은 수경사에 의해 통제되기 시작했다. 처음 창설 때 미군의 작전지휘 아래 두기로 했던 수경사는 5공에 들어와 1984년 제11대 사령관 이종구에 의해 수도방위사령부로 확대 개편되면서 사령관직도 소장에서 중장급으로 올라갔으며, 현재는 2군사령부 예하 부대들과 함께 한미연합사의 작전통제권을 벗어나 있다.

수경사가 첫 실력 행사에 나선 것은 6·3 한일회담 반대 시위 사태 때였다. 이때 박정희 정권은 서울 일원에 수경사 병력을 계엄군으로 동원해 대학생과 야당 정치인 등 반대 세력을 일거에 진압했다. **정치 쟁점화된 문제를 국민 여론에 따라 수정하고 결정하는 정치과정이 아니라 집권층 내부에서 이미 결정해 놓은 방침을 집행하는 데 군이 동원될 수 있다는 쿠데타 권력의 면모를 보여준 것이었다.**

ⅠⅠ "박정희 없는 박정희 체제"가 지속되다

1961년 박정희의 5·16 쿠데타로 시작된 군사정권은 1969년 3선 개헌과 1972년 유신 선포를 거쳐 1979년 10·26 사건으로 막을 내리는 듯했다. 그러나 1979년 전두환 노태우 등 정치군벌 하나회의 12·12 군사 반란과 5·18 광주 시민 항쟁 살상 진압 내란을 거쳐 "박정희 없는 박정희 유신독재 체제"가 이어졌다. '박정희 없는 박정희 체제'는 1993년 김영삼 문민정부가 출범하기 전까지 지속되었다.

군정이 지속되는 동안 대통령 다음의 실질적 권력자는 중앙정보부장(안기부장), 보안사령관, 대통령 경호실장이었다. 이들이 바로 군사정권을 군사정권답게 만들어간 주역들이었다. 군사독재 정권 32년 동안 국가권력의 공식적 5대 기둥은 대통령 아래로 국회의장-국무총리-여당 대표-청와대 비서실장-중앙정보부장(안기부장)이었다. 그러나 이들 가운데 중앙정보부장이 항상 이른바 조정과 통제의 주도권을 휘둘렀다. 군정 시절 19명의 중정부장 가운데 민간 출신은 3명뿐인데, 이들도 군사쿠데타 공신이거나 대통령과 개인적으로 인연이 깊은 직계 충복들이다.

군정 기간엔 청와대 경호실장도 전원이 대통령의 군 시절 부하들로, '대통령의 분신'이라는 인식이 일반화되어 있었다. 이승만 대통령의 경호 책임자는 경찰 경무관 곽영주였고, 그는 권력 횡포로 문제를 일으켜 5·16 이후 사형에 처해졌다. 오랜 군정이 끝난 후 김영삼 대통령은 군 출신을 배제하고 민간 전문 경호관 출신을 경호실장으로 기용했다. 이런 경우에는 경호실장이 대통령의 신변을 보호하는 기능적 임무 수행자로 받아들여진다. 김영삼 정부 이후 문민 대통령의 경호실장은 직업 군인 출신이 아니었다.

군정에서 실질적 권력은 대통령에 집중되어 있다. 정권을 받치는 기둥은 중앙정보부장-청와대경호실장-보안사령관으로 삼권분립과는 거리가 먼, 전형적인 1인 독재 구조다. 집권 여당 대표나 국회의장은 얼굴마담 정도로 여겼으니 권력 실세와는 거리가 멀다. 총리와 청와대 비서실장의 경우 정치적 영향력은 있어도 권력자라고 보기는 어려웠다. 3부 요인의 하나인 대법원장은 사법의 관리자였지 권력자도, 정치적 영향력 행사자도 아니었다. 검찰총장이나 경찰총수는 강제력을 집행한다는 측면에서 권력자 이미지를 갖고 있으나, 이들은 중정부장 등의 지침에 따라 움직이는 기능적 집행자일 뿐이었다.

실세 권력자는 법과 제도로 규정된 직위에 얽매이지 않는다. 그에 비해 관료, 교수, 언론인 출신의 기능적 공직자는 그 직위가 아무리 높아도 그에 합당한 권력을 행사하지는 못했다. 군사정권 시절 많은 지식인들이 정권에 고위직으로 참여했다. 그중에는 4·19와 6·3 세대 등 민주화, 학생 운동의 주역들도 더러 끼어 있었다. 그렇게 많은 지식인이 참여한 유신체제가 반민주적이고 타락한 권력을 면치 못한 것은 그들이 아무 결정권도 갖지 못한 '피고용인'에 불과했기 때문이다. 그런 전문 지식인들이 많이 기용된 임명직 자리가 국무총리와 청와대 비서실장이었다.

군사정권 19명의 국무총리 가운데 군 출신은 정일권, 김종필, 김정렬 등 3명뿐이었다. 강영훈도 직업 군인 출신이었으나 그가 총리로 기용된 것은 대학교수로 입신한 후였다. 또 대통령 비서실장 15명 가운데 군 출신은 이후락, 김계원, 홍성철 정도였다. 동일인이라도 총리나 비서실장을 할 때보다 중정부장을 할 때 더 막강한 권력을 행사했다.

김종필은 5·16 쿠데타 직후 중앙정보부를 창설해 그 초대 부장으로 있을 때 막강한 권력을 행사했지만, 공화당 의장을 거쳐 총리를 지내면서는 오히려 운신의 폭이 좁은 얼굴마담에 가까웠다. 쿠데타의 주역으로 정권의 이인자로 통하던 그도 막상 총리가 되어서는 막후의 권력자들이 짜주는 시나리오대로 내각을 관리하는 보통의 총리상을 크게 벗어나지 못한 것이다. 이후락도 마찬가지로 청와대 비서실장으로 있을 때보다 중앙정보부장으로 있을 때 유신체제 사전 공작을 주도하는 등 더욱 큰 권력을 구사했다.

군정 시절 중앙정보부와 보안사 그리고 청와대 경호실을 '권부'라고 부르는 이유는 이들이 마음만 먹으면 모든 국가조직에 입김을 불어넣을 수 있었기 때문이다. '남산'이라 불린 중정과 서빙고동에 위치해서 '빙고호텔'로 불린 보안사 조사실은 공포통치의 상징이었다. 특히 중정과 보안사는 행정부 각 부처는 물론이거니와 사법부와 언론사까지 담당 요원을 출입시키면서 주요 업무를 사전 조정했다. 심지어 국회의원의 원내 표결을 이들이 사전 점검하는 일까지 흔하게 벌어졌다.

청와대 비서실의 국정 보좌 역할은 최고책임자인 대통령을 직접 보좌하는 비서관들이 있기 때문에 불가피한 측면도 인정된다. 또 청와대 비서관들의 경우 그 업무 수행이 언론 등을 통해 일반 국민에게 알려지고 여론의 비판에도 노출돼 있어 일방통행만은 아니다. 그러나 중정이나 보안사와 같은 정보수사기관은 그 내부구조나 의사결정 및 활동 내용이 기밀 속에 감추어져 있다. 그러면서 국민 생활에 막강한 권력을 행사해 왔다는 것 자체가 문제였다.

권한을 행사하면서 직접적인 책임을 지지 않는 통치 기구가 바로 중정과 보안사였다. 이들이 책임을 지는 것은 오로지 대통령 한 사람뿐이었다. **이 정보 통치 기구의 행동 방향은 대통령의 '심기(心氣)'에 따라 결정됐다. 그랬기에 대통령을 제외하고는 국무총리 이하 행정 각부 장관들과 정치인 등 모든 주요 공직자가 이들 정보 통치 기구의 감시 대상이었다.** 중정과 보안사는 국가 정보 기구로서 공조직이라기보다 순전히 최고 통치권자의 사적 기구, 사병으로 기능했던 것이다.

‖ '정치'와 '경제'라는 뜨겁고도 영원한 화두

우리나라가 처음으로 공화정체(共和政體)의 독립 국가를 형성시킨 해방 이후 제3공화국과 제4공화국은 '산업화에 의한 경제성장'이라는 목표가 정치적 집권 이념 역할을 담당한 시기였다. 제3공화국은 1961년 5·16에 의해 시작된 군사정권과 그 후 들어선 공화당 정부 시기로서 유신 헌정이 공표되는 1972년 10월 17일까지이며, 제4공화국은 유신체제가 운용되던 기간으로 1979년 10월 그 막을 내렸다. 이 시기에 집권층의 캐치프레이즈나 정강 정책의 기조는 **산업화, 수출 신장, 경제성장 등 경제 제일주의**였다.

공화당 정부의 이러한 경제 제일주의적 집권 이념은 5·16 군사혁명 당시 주도 세력이 내건 혁명의 주요 명분이 구체화되고, 그 이후의 정강 정책과 대통령 담화, 연설, 훈시 등에 거의 빠짐없이 명기됨으로써 일종의 국가 목표로 정립되어 갔다. **즉 우리나라의 군부 엘리트들은 이 당시부터 경제개발에 의한 국력 신장을 최우선시했으며 정치적 민주화 의식은 취약했다고 평가될 수 있다.**

5·16 당시 군사혁명의 주도 세력들이 내세운 혁명 구호 중 가장 주요한 명분은 반공, 경제개발, 부정부패 일소 등이었다. 이때 경제개발에 대해 이들은 **"기아선상에 허덕이는 민생고를 해결하고…"**라고 표현했다. 이러한 경제성장의 국가 목표가 국민에게 미친 영향은 정치의식이나 생활 양식 면에서 실로 엄청났다. 다만 안타깝게도 한국의 산업화는 서구와 다르게 자유민주주의 정치제도에 대한 신념을 신장하지 못했을 뿐 아니라 오히려 권위주의적 정권을 정당화시키는 구실이 되었다. **집권층이 내세운 경제 제일주의가 국민의 정치의식을 위축시켜 정치제도가 경제성장을 추진시키기 위한 도구적 의미로밖에 인정되지 않았던 것이다.**

예컨대 1969년의 3선 개헌은 그것이 민주정치 제도의 본질적인 규범에 위배되는 정치사임에도 불구하고 당시의 정권이 경제성장을 성공적으로 추진하고 있으며, 또 그 이후에도 지속적으로 국가목표를 달성시켜야 한다는 명분에 힘입어 국민투표에서 압도적인 지지율을 얻고 통과되었다. 이외에도 유신체제에서는 새로이 등장한 노동인구의 이익 표출 등의 행위가 크게 제약받았다. 즉, 근로자들이 임금 인상을 비롯한 처우개선 요구에 필수적인 단체행동권 등의 이른바 노동 3권이 기업의 자본 축적 또는 국제경제력 우위 확보를 위해 법률적으로 제한된 것이다. 이러한 상황에서 근로자 계층의 집단적 정치 활동이란 생각조차 하기 어려웠다.

기업의 신장이나 국가적 경제성장이 산업화의 주요 참여자인 근로 계층의 경제 여건 개선으로 연결되지 못하고 보류된 상태가 지속되었으며, 그것은 더욱이 근로 계층의 이익 표출 등 정치 행위가 막혀 있었기 때문에 체제가 변하지 않는 한 영구화할 위험마저 있었다. **이러한 예들은 '현안의 정치화'라는 정치적 격동 과정이 아니라 실로 '정치 문제의 경제화'라는 정치적으로 후퇴해 가는 징후들이었다. 이런 상황에서 정치 발전이란 문제는 일단 차후의 과제로 미루어졌다는 사실이 공공연히 인정된 것이다.**

이렇게 경제 제일주의는 기존의 생활 방식을 변화시키고, 그때까지 정치 생활에 대한 국민 교육에서 교과서적 가치 체제였던 민주주의적 원칙들을 **'이식된 외래사상'**쯤으로 도외시하게까지 하였다. 그것은 또 하나의 목표를 지향하도록 구속성을 가하면서 국민을 동원하는 역할을 했다. 물론 그것이 국민 단결이나 정신력 그리고 정치적 목표 설정 등에 있어서 가지는 공헌도 가볍게 여길 순 없다.

요컨대 경제 제일주의는 부정적인 측면뿐 아니라 긍정적인 성격도 함께 지니면서 18년 동안을 일관한 하나의 이데올로기였다. 경제와 정치의 그 미묘하고도 복합적인 상관관계는, 박정희 친위대로 출발했던 전두환의 7년 반 집권기는 물론이요 어쩌면 대한민국 군정 이후의 모든 정권까지를 관통하는 가장 중요한 화두일지도 모른다. 대한민국을 지배했던 정치군벌의 망령을 극복하고, 이 땅의 민주주의를 고민하는 사람들은 그 화두를 비껴갈 수 없다.

선거는 아름다운 것이다. 우리나라 국민은 1972년 10월 26일 국민투표에서 투표율 91.8%에 찬성 91.5%로 유신헌법에 손을 들어주었다. 그 투표에 왜 부정이 없었을 것이며, 군인들과 관변 단체는 나라 차원의 부정에 얼마나 동원되었을 것인가. 그러나 90%가 넘는 압도적인 찬성률은 결코 부정선거로만 설명할 수는 없는 것이다. 국민은 여전히 박정희의 경제 지상주의와 '조국 근대화'의 사명을 그토록 지지하고 있었는지도 모른다.

아니다. 바로 이듬해인 1973년 제9대 국회의원 선거에서 집권당인 공화당은 39%의 표를 얻는 데 그친다. 그 엄혹한 유신의 분위기 아래서도 신민당의 득표율은 32%를 넘긴다. 국민은 우리가 생각하는 것보다 훨씬 더 지혜롭다. 때때로 부정하고 싶은 생각이 들겠지만 우린 궁극적으로는 그것을 인정하지 않으면 안 된다. 역시, 선거는 아름다운 것이다.

제 7 장

과거는 현재를 구할 수 있는가

1979년 12월 12일 밤 10시 반 서울 필동 수도경비사령부. 사령관 장태완 소장이 작전참모 박동원 대령에게 작전명령을 내리기 시작했다.

"전차대대 병력과 화포 장비를 모두 사령부로 집결시켜라. 야포단(포병단)의 모든 포는 경복궁 30경비단을 목표로 잡도록 작전 지시를 하달하라."

오후 6시부터 군사 반란의 지휘소였던 30경비단에 하나회와 그 후원 장성들이 모여들었다. 밤 9시쯤 전체 윤곽이 드러난 그들의 명단을 수경사 참모장 김기택 준장이 메모지에 적어 장태완 사령관에게 보고했다. "1군단장 황영시 중장, 수도군단장 차규헌 중장, 국방부 군수차관보 유학성 중장, 보안사령관 전두환 소장, 9사단장 노태우 소장, 20사단장 박준병 소장, 71방어사단장 백운택 준장, 1공수여단장 박희도 준장, 3공수여단장 최세창 준장, 5공수여단장 장기오 준장, 30경비단장 장세동 대령, 33경비단장 김진영 대령….”

작전참모 박동원 대령은 김포 부근 야포단의 단장 구명회 대령에게 전화로 작전 준비 지시를 내렸다. 그러나 구명회 대령은 밀집 지역인 서울 시가전에서 포를 사용할 수는 없다고 반대했다. “우리가 월남전에서도 베트콩 몇 명을 잡자고 민가에 포를 겨누지는 못하지 않았습니까?” 박동원 대령도 할 말이 없었다.

그날 밤 장태완 사령관에게 두 번째이자 최후로 반란군 진압을 위한 결단의 시간은 자정쯤이었다. 이때는 1공수여단장 박희도 준장이 부대로 들어가 직접 병력을 이끌고 행주대교를 건넌 뒤였다. 국방부와 육군본부를 점령하는 것이 1공수여단의 반란 임무였다.

상황을 파악한 장태완 수경사령관은 0시 30분, 행정병까지 포함한 병력 100여 명과 전차 4대, 그리고 토우(TOW, Tube launched-Optically tracked-Wire guided) 미사일 10여 기로 공격개시선을 구축하라고 지시했다. 작전참모 박동원 대령은 토우 미사일에 생각이 꽂혔다. 반란군 진압 작전에는 분명 결정타가 되겠지만 역시 민가에 큰 피해를 줄 게 걱정이었다. 토우는 꽁무니에 명주실 같은 유도선이 붙어 있다. 이것이 시가지 전깃줄이나 나뭇가지 등에 걸려 끊어지면 포탄이 타격 방향을 잃고 제멋대로 날아가는 문제가 있었다. 박 대령은 토우 미사일 중대장에게 지시했다. “미사일은 절대 개함하지 말라. 여기에선 써먹을 용도가 없다.”

이때 양식 있는 군인은 반란군에 포를 쏘지 못했다. 그러나 불과 다섯 달 후 그 반란군 집단은 광주 시민 항쟁에서 주저하지 않고 발포했다. 선명히 대조되는 역사의 아이러니가 아닐 수 없다.

2023년 개봉되어 1,300만 관객을 동원한 영화 〈서울의 봄〉 덕분에 이젠 많은 이들에게 낯익은 12·12의 그 현장이다. 12·12 군사쿠데타는 1980년 5·18 광주항쟁에 대한 살상 진압을 예고하는 전주곡이었고, 두 역사적 범죄의 주범 집단은 정치군벌 하나회였다. 대통령 박정희가 중앙정보부장 김재규에 의해 살해된 10·26의 직접적 배경 중 하나인 부마항쟁에 진압부대로 투입된 1, 3, 5공수여단장도 모두 하나회였다. 훗날 하나회는 한국 사회 곳곳의 독점적지배 집단을 비유하는 말로 유행했고, 나는 윤석열과 그 수하들이 2024년 벌였던 그 끔찍한 일도 '하나회 놀음'이라 보고 있다.

ⅠⅠ 한강, 역사의 트라우마를 어루만지다

10·26 이후 하나회 내란의 정점은 말할 것도 없이 5·18 광주 민중항쟁에 대한 발포 살상 진압이었다. 5·18 민중항쟁은 하나회 내란을 주도한 전두환의 보안사가 5월 17일 자정을 기해 비상계엄 전국 확대 조치와 함께 재야 민주인사들을 이른바 국가 기강 문란자로 낙인찍어 불법 검거한 것이 도화선이 되었다. 보안사는 미리 명단을 짜놓은 김대중, 문익환, 리영희, 한완상, 정동년 등의 인사들을 학생 시위의 배후 조종 혐의로 불법 체포됐다. 이에 광주의 시민과 학생들은 "유신헌법 철폐하라, 김대중을 석방하라, 전두환은 퇴진하라."라는 3대 구호를 외치며 전두환 하나회 집단의 내란에 대한

항쟁에 나섰던 것이다.

나는 당시 3년 차 기자로 신문 가인쇄 대장을 들고 서울시청에 자리 잡은 계엄사령부 언론 검열단에 드나들었다. 광주항쟁이 터지기 전 어느 날, 칠판에 "대학생들이 시위를 끝낸 후 거리 청소했다는 기사는 보도 불가"라는 검열 지침이 적힌 것을 보면서 그들의 주적이 언론과 대학생층이라는 사실을 실감했다. 광주에서 엄청난 상황이 벌어졌던 5월 18일부터 20일 아침까지 시민 항쟁과 잔혹한 살상 진압 행위는 검열에 잘려 일절 보도되지 못했다. 우리 기자들은 광주항쟁을 보도하지 못하는 신문은 발행할 수 없다며 검열과 제작을 거부했다.

그 후 내란 집단은 국권 찬탈의 마지막 수순으로 언론인 강제 해직과 언론사 통폐합을 감행했다. 정치군인들은 광주항쟁의 전국화를 막고, 나아가 내란 정권을 수립하기 위해선 언론 장악이 필수라는 것을 알고 있었다. 나 역시 8년이라는 긴 시간 동안 강제 해직의 피해자로 살아야 했다. 그들이 이 사회에 남긴 광범위한 고통은 아직도 다 회복되지 않았으며, 역사적인 기록으로 남기지 못한 부분도 많은 실정이다.

비극적인 역사의 공백을 채워주는 것이 문학의 힘이라고 해야 할까. 그로부터 40여 년이 지난 2024년 10월 10일, 한강 작가는 대한민국 최초이자 아시아 여성으로는 최초로 노벨문학상을 수상했다. 한강이 노벨문학상 수상자가 된 이유는 명료했다. "역사적 트라우마에 맞서고 인간 삶의 연약함을 드러내는 시적 산문(For her intense

poetic prose that confronts historical traumas and exposes the fragility of human life)"이
라는 게 스웨덴 한림원이 밝힌 선정 이유였다. 우리 사회에 짧고도
강렬한 메시지를 남기는 문장이라고 하지 않을 수 없다.

**1970년 광주에서 태어난 한강은 1980년의 광주민주화운동이 자
신의 인생을 바꿔놓았다고 고백했다.** 그녀가 1980년 1월 가족과 함
께 광주를 떠난 뒤 4개월이 채 지나지 않아 그곳에서는 학살이 벌어
졌다. 한강은 그때 자신이 아홉 살이었다고, 이후 몇 해가 흘러 서가
에 거꾸로 꽂힌 '광주 사진첩'을 우연히 발견해 어른들 몰래 읽었을
때는 열두 살이었다고 회고했다. 한강 작가는 자신의 소설『소년이
온다』(창비, 2014)에서 이렇게 썼다. "총검으로 길게 내리그어 으깨어
진 여자애의 얼굴을 마주한 순간을 기억한다. 거기 있는지도 미처
모르고 있었던 내 안의 연한 부분이 소리 없이 깨어졌다." 작가의 역
사적 트라우마가 그 여자애의 얼굴 상처만큼이나 마음속에 깊게 그
어지는 순간이었다.

작가는 또『소년이 온다』에서 진압군의 잔혹 행위에 대해 이렇게
고발하고 있다. "가능한 한 과격하게 진압하라는 명령이 있었다고
그는 말했습니다. 특별히 잔인하게 행동한 군인들에게는 상부에서
몇십만 원씩 포상금이 내려왔다고 했습니다." 진압군의 비인간적
잔혹 행위들에 대한 이유를 알게 해주는 대목이다. 그녀가 2012년
겨울 광주에 가서 꼬박 석 달 동안 5·18과 관련한 취재와 인터뷰를
이어가고, 수백 명의 증언이 빽빽하게 기록된 자료집을 읽은 것은
잘 알려진 사실이다.『소년이 온다』그 자체로 1980년 5월의 실증적

고발이었던 것이다.

한강 작가의 노벨문학상 수상 소식에 한국인이라면 누구나 당연히 축하할 줄만 알았던 나는 이내 그것이 순진한 착각임을 깨닫고 머릿속이 먹먹해졌다. 그가 노벨문학상에 선정된 이유가 두려운 사람들이 있음을 예상하지 못했다. 그들은 아직도 5·18 광주민주화운동을 폄훼하는 이들이었다. 그들은 5·18을 소재로 삼은 작가의 노벨문학상 수상에 불편한 심기를 감추지 않았다. 그건 물론 두려움과 불안감의 발로라 할 것이다. **한강 작가가 복원했던 '역사적 트라우마'의 메시지가 널리 알려지는 것을 꺼린 사람들은 2024년 겨울 또 한 번의 내란을 용인하고 지지했다.**

▌ 12·3 내란 세력은 하나회를 어떻게 모방했는가

역사를 잊는 국민에게는 미래가 없다. 이번 12·3 내란 계엄 사태를 통해 일반 시민뿐만 아니라 계엄군 지휘관과 병사들의 가슴속에서도 우리 역사의 교훈이 반면교사로 꿈틀대며 살아 움직였다. 비상계엄 뉴스가 보도되자 한밤중에도 많은 시민이 국회로 모여들었다. 그들이 이 나라의 민주주의를 지켜냈다. 박정희 대통령의 유신 선포와 비상계엄 때처럼 그저 무력하게 바라만 보던 수동적인 시민이 아니었다. 내게는 전두환과 하나회 집단의 5·18 내란에 항거하던 국민주권 정신이 되살아난 듯 느껴졌다.

12·3 비상계엄을 맞닥뜨린 후 한밤의 국회의사당을 지키면서 많은 이들이 5·18을 떠올렸다고 증언했다. 5월 광주, 불의에 항거하던

역사와 정신이 잊히지 않고 작동된 것이다. 계엄군 장병들은 모두 특전사나 수방사의 특수부대원으로 단순히 '상명하복'의 기강에만 충실하지 않았다. 그들은 국회에서 의원들을 끌어내라는 부당한 명령에 적극적으로 복종하지 않았다. 계엄군 중 많은 병사들은 국회 현장에 투입된 뒤 작전 대상이 민간 정치인이라는 것을 알게 되자 명령 이행을 사보타주했다. 어느 계엄군 병사는 자신에게 손가락질하며 질책하는 중년의 시민을 향해 머리를 숙이기도 했다.

무조건적인 상명하복은 민주 사회의 군대가 지향해야 할 이념이 아니다. 우리는 12·3 내란의 상황에서 그것을 두 눈으로 똑똑히 확인했다. 그것은 과거의 역사가 우리에게 깨우쳐주는, 또 진정 새로운 세대가 우리에게 도래했음을 알려주는 이번 사태의 가장 귀중한 교훈으로 기록될 것이다. 군대의 무조건적인 복종이 가져온 비극이 5·18 광주 민중항쟁에 대한 살상 진압이었으며, 더구나 잔인한 진압 작전의 지휘부는 군부 내의 지하 사조직인 하나회였다.

5·18 당시 전두환 내란 집단인 정치군벌 하나회 지휘관들의 행동은 그 사조직을 '해부'하지 않고서는 이해하기 어렵다. 2장에서 자세히 살펴보았듯, 하나회는 회원을 가입시킬 때 4개 항목의 서약을 선서하는 의식을 엄수했다. 그중 두 번째 서약인 "하나회의 선후배 동료들에 의해 합의된 명령에 복종한다."라는 선서가 그들이 가졌던 응집력의 배경이다. 이른바 '평생 동지'로서 사적 의리를 다졌던 것이다. 그처럼 구시대의 봉건적 의리에 기반했던, 무조건적 복종이 낳은 살상과 진압 행위는 어떤 결과를 가져왔는가. 그때 그 군인들

은 도대체 무엇에 충성했던 것인가. 나는 이 질문에 답하고자 이 책을 썼다. 내가 지난 30여 년간 남긴 기록들을 모조리 복원하고 새롭게 가다듬어 이 원고에 담아냈다.

1961년 5·16 군사쿠데타 이후 32년 동안 한국 민주 헌정사를 옥죄었던 정치군인들의 권력 놀음은 이제 다양한 저술과 기록물, 영화와 드라마 등을 통해 우리에게 잘 알려져 있다. 군부와 권력에 얽힌 역사의 뒤안길과 비화들이 깨어있는 시민들에게 공유되고 미래세대에게도 구전되었다. 그 증거가 바로 12월 3일의 국회 현장이었다. 폭압적 내란이 벌어지던 국회 경내에서 마주친 새로운 세대인 군 장병과 한겨울 밤에 모여든 시민들의 마음이 통했던 것이다. 나는 이 책 역시 앞으로 태어나고 자랄 미래 세대의 마음에 분명 닿으리라고 믿는다.

12·3 비상계엄의 주모자들은 내란 피의자로 모두 구속, 기소돼 재판받고 있다. 그들이 벌인 짓이 명백한 반헌법적 내란이라는 것은 검찰과 경찰의 수사를 통해 쌓인 수많은 증거로 뒷받침된다. 여기서는 그들이 하나회 지휘부에 의한 12·12 군사 반란과 5·18 광주 민중항쟁의 내란 행위들을 모방하고 답습한 증거를 간략히 요약해 보고자 한다.

첫째, 국회와 정당의 수뇌급 지도자들과 이른바 **'반국가세력'**에 대해 "다 잡아들여 싹 정리하라."라고 대통령 윤석열이 전화 지시했다는 증언이다. 이는 12·12와 5·18 당시 전두환이 사령관이던 보안사가 국가 기강 문란자들을 검거한 것을 그대로 답습한 모방범죄였다. 전두환 보안사가 검거한 국가 기강 문란자는 김대중, 문익환, 함세웅, 리영희, 한완상, 정동년 등이었고 12·3 내란 집단이 잡아들이려 했던 반국가 세력은 우원식, 이재명, 김민석, 조국, 한동훈, 김어준 등이었다.

둘째, 윤석열과 그 수하들은 **비상 입법 기구**를 설치해 유사 입법 활동으로 국회를 무력화시키려 준비했다. 이는 1980년 5월 전두환이 국가보위비상대책위원회 상임위원장을 맡은 후 그해 10월 국가보위입법회의를 설치한 것과 똑같은 반헌법적인 내란 행위라 하지 않을 수 없다. 윤석열 대통령이 최상목 경제부총리에게 건네준 메모가 비상 입법 기구에 대한 예산지원을 지시한 것이라는 증언도 검찰의 수사 조서에서 공개된 것이다.

셋째, 12·3 내란 계엄은 정치적 목적을 위해 **전쟁 시 특공 작전이나 대테러 임무를 수행하도록 훈련된 특수부대**들을 동원했다는 점에서 12·12와 5·18 내란의 구체적인 수단을 그대로 모방했다. 정치적 목적의 군대 동원에서 전두환, 노태우가 이승만, 박정희와 다른 점은 특수부대를 이용했다는 것이다. 이승만과 박정희는 일반 보병부대를 동원하면서도 그나마 국민에게 불미스러운 사건이 발생하지 않도록 통제했다.

그러나 12·12와 5·18에서 확인할 수 있듯 전두환을 수괴로 한 하나회 내란 집단은 특전사 공수부대와 수방사와 같은 특수임무로 훈련된 부대들을 활용하는 데 주저함이 없었다. 그러한 특수부대를 시위 진압에 투입했던 것은 그 자체가 처음부터 참상을 예고한 작전이었다. 사납고 공격적인 특수부대를 자국민의 시위 현장에 투입해 진압하는 나라는 쉽게 찾을 수 없다. 그것은 선진국 이전에 문명국의 가장 기초적인 존립 목적을 위배한 최악의 행태였다.

넷째, 12·12와 5·18 내란의 주범 집단은 전두환, 노태우, 정호용, 박희도 등을 중심으로 한 육사 출신 하나회였으며, 12·3 내란 계엄에서는 대통령 윤석열을 정점으로 한 '충암파 하나회'가 그것을 답습했다. 당시 국방부 장관 김용현, 방첩사령관 여인형, 행안부 장관 이상민 등은 윤석열 대통령과 충암고 선후배 사이로 정부와 군 안팎에 인맥 카르텔을 형성하고 있었다. 이미 많은 이들이 '충암파'가 전두환 등의 육사 출신 하나회와 동종의 권력 내부 카르텔이라고 지적했던 바 있다. 그만큼 그들의 직무와 역할이 제도화돼 있지 않고 정치적으로 운용된 것이다.

‖ 윤석열 사단과 하나회의 직접적 연결고리

12·3 비상계엄의 흉계를 꾸민 윤석열 정권의 방첩사, 정보사, 특전사, 수방사 등 군 특수부대들의 조직화는 **2021년 대통령선거 캠프의 국방안보지원본부**에서 시작됐다. 여기서 12·3 계엄의 주범 집단과 하나회라는 암 덩어리와의 현재적인 연결고리가 만들어졌다. 내란의 중요임무 종사자로 구속, 기소된 김용현 전 국방부 장관은 그 국방안보지원본부의 본부장이었다. 김용현은 윤석열 당시 대통령 후보의 고교 동문 선배였으며, 캠프의 영입 인사 1호였고 그만큼 실세였다. 대선 후 그는 윤석열 정권의 대통령실 경호처장과 국방부

장관에 오른다.

어느 대선 캠프에든 국방 안보 분야의 정책을 자문하는 그룹은 있게 마련이다. 문제는 그것이 어떤 정책 철학과 성향을 지닌 그룹이냐에 달려 있다. 당시 언론들은 정치활동이 금지된 현역 군인 400여 명이 윤석열 캠프를 지원하고 있다고 보도하면서 김용현 국방 안보 책임자의 행보를 추적했다.

그가 중요하게 접촉한 군 예비역단체로 한미자유안보정책센터가 떠올랐다. 여기서 경악할 만한 사실이 드러난다. 이 단체의 회장은 김진영 전 육군참모총장(예비역 대장, 육사 17기)이었고, 부회장은 김재창 전 한미연합사 부사령관(예비역 대장, 육사 18기)이었던 것이다. 김진영은 앞에서도 독자들이 숱하게 보아왔던 바로 그 김진영이다. **박정희, 전두환, 노태우 정권 시절 한 시대를 풍미한 정치군벌 하나회 소속 고위 장성이자 1993년 3월 8일 김영삼에 의해 숙청된 육군참모총장, 김진영.** 이 단체는 군 주위에서도 강경 보수성향으로 알려져 있으며 6·25전쟁의 종전 선언 추진에 반대 목소리를 높여왔다. 2018년 문재인 정부가 남북정상회담의 후속 조치로 내놓은 9·19 남북군사합의에도 반대 성명을 발표했다.

김용현이 관련된 또 다른 예비역 장성 단체로 대한민국수호예비역장성단(이하 '대수장')이 있다. 대수장 또한 하나회 출신 예비역 장성들이 주도했다. 첫 상임대표가 하나회의 주요 멤버인 김재창 예비역 대장이었으며, 3기 상임대표도 하나회인 이명구 예비역 소장(육사 29기)이었다.

전두환, 노태우, 정호용이 주도했던 육사 11기부터 20기까지의 제1세대 하나회 회원은 분명하게 밝혀져 있다. 21기부터 36기까지의 제2세대는 김영삼 전 대통령이 하나회 숙정에 나서자 명단이 폭로돼 군 수사기관이 수사했으나 규명되지 못한 부분도 많다. 그 후 하나회는 대가 끊겼기 때문에 육사 38기인 김용현 이하 여인형 등은 그 집단에 가입할 기회가 없었다. **12·3 관련자들은 하나회에 가입할 기회를 얻지 못했으나 대선 캠프의 국방 안보 자문을 연결고리로 끈이 맺어졌다.**

또한 대수장은 12·3 비상계엄의 기획자로 구속, 기소된 노상원 전 국군정보사령관이 활동한 곳이기도 하다. 대수장은 '장군의 소리'라는 유튜브 채널을 운영하고 있으며 김용현, 노상원 둘 다 그곳에 출연했다. '장군의 소리'는 국방 안보와 관련된 콘텐츠를 올리다가 언제부터인가 **부정선거론**을 적극적으로 전파하기 시작했다. 윤석열 대통령이 직접 중앙선거관리위원회에 병력 투입을 지시한 동기가 극우 유튜브 채널들의 부정선거론에 영향받은 것으로 알려진 바, 구체적으로는 '장군의 소리'가 이를 대표하는 채널일 것이다.

❚❚ '검찰 하나회'가 지배하던 나라

우리는 이번 내란 사태와 관련해 검찰 이야기를 빼놓을 수 없다. 윤석열 정권이 '검찰 하나회' 출신을 정권 곳곳에 포진시킨 것은 전두환 정권의 육사 하나회 요직 독과점을 뺨치는 수준이었다. 윤석열은 정부 내각과 권력기관, 대통령실 등의 핵심 자리에 검찰 출신을 임명했다. 검찰 하나회는 윤석열 검사와의 근무 인연을 '끈'으로 형성된 윤석열 사단, 즉 검찰 내부의 카르텔을 지칭했다. 전두환 정권은 세칭 '육사 하나회 공화국'으로 불렸고, 윤석열 정권은 '검찰 하나회 공화국'이라고 불러도 부족함이 없을 정도였다.

세간에 검찰 공화국을 비판하는 여론이 나돌 때 국민은 이미 그것이 박정희 – 전두환 – 노태우 정권에서 전해 내려온 악습인 **'하나회 증상'**임을 인지했다. 한국에선 지역사회와 학교와 직장 등 어느 모임에서나 특별한 인연으로 배가 맞는 소수 그룹이 공동체를 지배하려는 카르텔이 창궐한다. 이른바 '실세'와 '왕따'가 등장하면서 미래의 동력을 꺾어버리는 것이다. 이와 같은 하나회 증상은 한국 사회 곳곳에 내재하며 이것이 개방사회의 적으로서 미래세대에 멍에가 되고 있다.

윤석열 정권을 검찰 하나회 공화국으로 덧칠한, 전문성과는 거리가 먼 주요 인사를 기용한 사례는 검사 출신인 김홍일, 이복현을 각각 방송통신위원장과 금융감독원장에 임명한 것이 대표적이다. 이외에도 한동훈 법무부 장관, 원희룡 국토부 장관, 권영세 통일부 장관, 박민식 보훈부 장관, 안창호 국가인권위원장 등이 모두 검사 출신 장관급들이었다. 차관급으로는 이완규 법제처장, 박성근 국무총리 비서실장, 이명순·정승윤 국민권익위원회 부위원장, 김남우·조성준 국정원 기조실장, 조상준 인권위 상임위원, 석동현 민주평통 사무처장 등 검사 출신이 포진했다.

윤석열 사단이라 불렸던 검찰 하나회 출신의 정부와 공공기관 요

직 기용은 전문성 등의 인사 검증도 도외시한 채 인사권자인 대통령 1인이 전횡을 일삼은 데서 비롯되었다. 이에 관해 주위에서 비판적 의견을 내거나 결정을 만류하면 윤석열은 "네가 대통령이냐."라며 격노했다고 전해진다. 검찰 하나회는 학연과 지연보다도 근무 인연이 가장 중요한 기반이었다. 검사 외에도 그와 함께 일했던 검찰 수사관이나 그가 검찰총장을 지낼 때 비서실장을 지냈던 이가 대통령실 비서관이나 부속실장으로 수평 이동한 꼴이었다.

윤석열 대통령은 광주지검에서 근무하던 2003년, 자신과 함께 일했던 수사관 출신 주기환을 국민의힘 비례대표 국회의원으로 밀어넣으려 시도하기도 했다. 그러나 정당에선 지역구 선거를 거치지 않는 비례대표 공천에 상당한 자격과 전문성 등을 따지게 마련이고, 이런 그의 시도는 당연히 커다란 논란을 불러일으켰다. 주기환의 비례대표 당선권 공천이 불발된 지 하루 만에 그는 대통령실의 민생특별보좌관으로 임명됐다. 또 특보에서 퇴임한 지 한 달여 만에 연봉 3억 원을 상회하는 공기업(연합자산관리)의 상임감사에 선임되었다. 주기환 한 사람만이 아니다. 윤석열 대통령이 검사 시절 연이 있던 검찰 수사관 출신들은 줄줄이 '꽃보직'이라 불리는 공기업 감사 자리를 꿰찼다.

나는 검찰 하나회가 정부 요직을 독과점한 와중에 12·3 비상계엄과 같은 헌정질서 파괴를 막을 수 있었던 대통령 비서관의 진용이 너무도 개탄스러웠다. 과거 정권에서 '문고리권력'이라 비판받았던 대통령실 비서관과 부속실장 등은 거의 전원이 검사나 수사관 출신

일색이었다. 김주현 민정수석, 이시원·이원모 공직기강비서관, 주진우·한정희 법률비서관, 이영상 국제재무비서관, 이원모·복두규(전 검찰 수사관) 인사비서관, 윤재순(전 검찰 수사관) 총무비서관, 강의구(전 검찰 수사관) 부속실장, 위에서 언급한 주기환 민생특별보좌관 등이 모두 대통령실 요직을 차지한 검찰 하나회 출신이었다.

12·3 비상계엄은 군대 동원을 지휘한 김용현이 국방 안보 정책 자문을 연결고리로 육사 하나회 예비역 장성들과 접촉해서 벌어진 일이었다. 그러나 우린 청와대의 각료들과 보좌진이 애초에 왜 그러한 비정상적인 일을 막지 못했는지 묻지 않으면 안 된다. 윤석열 정권을 구성하는 장·차관과 대통령실 비서관직을 검찰 하나회가 독과점하고 있었던 것이야말로 뼈아픈 문제였던 것이다.

▌▌정치군인 전성시대의 정점, 보안사령부

이제 대한민국에 하나회와 정치군인이 군림했던 시절을 파헤친 이 책을 마무리할 때다. 30여 년의 정치군인, 정치군벌 지배기를 가장 압축적으로 보여주는 마지막 키워드는 바로 **보안사령부**다. 나는 2024년 12월 3일의 내란 사태와도 직접적으로 연결된 보안사에 관한 분석으로 책을 끝맺고자 한다.

한국 현대정치사에서 32년에 걸친 군의 정치 개입은 1961년 5·16 군사쿠데타로 시작됐다. 쿠데타를 일으킨 정치군인들은 군사혁명위원회와 국가재건최고회의라는 간판을 내걸었다. 두 개 쿠데타 기구에서는 권력투쟁의 민낯인 이른바 반(反)혁명 사건이 연달아

불거지면서 초기에 가담한 여러 군부 인맥이 박정희 소장과 김종필 등의 육사 8기 중심으로 정리돼 갔다.

쿠데타에 실병력을 동원한 것은 육사 5기 출신인 채명신 소장의 5사단과 문재준 대령의 6군단 포병부대 그리고 김동하, 김윤근의 해병대였다. 육사 5기는 육군참모총장 장도영과 인연이 있었고 김동하, 김윤근은 이북 군맥에 속했다. 이 같은 실병력 동원을 기획해 쿠데타 전반을 조직하고 통제한 그룹이 김종필 등의 육사 8기였으며 이들은 박정희 직계였다. 5·16 쿠데타는 초기에 장도영 중장과 박정희 소장, 육사 5기와 8기 그리고 해병대 등 여러 세력이 가담했으나 두 달도 안 돼 장도영이 반혁명 사건으로 체포되면서 조기에 박정희와 김종필 등의 육사 8기 중심으로 개편돼 갔다.

쿠데타 세력 내부의 권력투쟁 과정에서 정적에 대한 감시와 반혁명 조작 등을 위해 김종필이 주도해 설치한 것이 **중앙정보부**였다. 이때만 해도 중앙정보부에 정치군인들이 현역 신분으로 들어갔기 때문에 군사정보·사정 기관으로 보안사의 전신이라 할 수 있는 방첩대는 정치 공작에 별로 나서지 않았다. 중앙정보부가 정치군인들의 쿠데타 군정 기구를 뒷받침하는 도구였다. 중앙정보부는 5·16 쿠데타 세력의 내부 권력투쟁에서 박정희와 김종필 그룹이 주도권을 장악하는 데 핵심 공작을 수행했으며 그 후 박정희 정권 내내 **정보 공안 통치**의 본거지가 됐다.

박정희는 1963년 민정 이양 이후 중앙정보부를 정치 영역과 대북한 정보활동으로 전문화하는 한편 군사정보 사정기관의 역할을 보안사령부에 맡겼다. 박정희 정권은 중앙정보부가 군부 내 정보수집이 필요한 경우에도 직접 개입하지 않고 보안사를 통해서 정보를 수집하도록 보안사와 중앙정보부의 업무영역을 이원화했다. 이는 양대 정보·공안 기관이 상호 견제하도록 하여 권력 집중을 막는 통치술이기도 했다.

중앙정보부의 후신인 안기부와 군 보안사의 이 같은 역할 분담과 권력 이원화는 전두환 5공 정권 아래서 경계선이 무너진다. 중앙정보부가 10·26 박정희 살해 사건을 주도했기에 보안사를 주축으로 한 합동수사본부의 수사 대상으로 전락하면서 보안사가 국가정보기관보다 우위에 서는 현상이 지속된 것이다. **이는 보안사령관들이 전원 하나회 출신으로 전두환의 직계 장성이었기 때문이다. 정치군인들의 개인적 관계가 국가정보기관의 위상과 역할을 그렇게 결정지었다.**

더구나 보안사령관으로 합수부장인 전두환이 법으로 금지된 중앙정보부장 서리를 겸임하여 정부의 장관급 회의 참석자가 되면서 그는 공식적으로 내각을 조정하고 통제하게 된다. 그 후 전두환 정권 아래서는 그의 최측근인 장세동이 안기부장으로 재임한 기간 외에는 보안사령관이 '대통령 독대' 등을 통해 더 막강한 영향력을 발휘했다. 정치군벌 하나회의 국가권력 지배와 정치 개입이 제도적으로 정점에 이르는 시기였다.

박정희와 전두환 정권 아래서 군의 정치 개입과 국가권력 독과점은 중앙정보부와 보안사령부, 청와대 경호실과 비서실 등을 통해서 전방위적으로 이루어졌지만, 특히 1979년 10·26 사건 이후 12·12 군사 반란과 1980년 5·18 광주항쟁에 대한 군의 살상 진압 과정에서는 보안사가 군병력의 동원 지령 등의 핵심 역할을 감행했다. 당시 보안사는 사령관 전두환 소장을 위시해서 비서실장 허화평(육사 17기), 보안처장 정도영(육사 14기), 대공처장 이학봉(육사 18기), 인사처장 허삼수(육사 17기) 등 지휘부가 모두 정치군벌 하나회 소속이었다. 정보처장 권정달(육사 17기)은 하나회 회원은 아니었으나 '하나회 지원 세력'으로 함께 움직였다. 하나회는 회원을 핵심 세력으로, 비회원 장교들을 지원 세력, 후원 세력, 견제 세력으로 분류했다.

다시 말해 하나회가 보안사에 할거하면서 12·12 군사 반란으로 군권을 탈취하고 이어 5·18 광주항쟁에 대한 유혈진압 등 일련의 내란을 기획하고 지령하여 정권을 찬탈하기에 이른 것이다. 보안사령관 전두환은 보안사 정보처장 권정달 대령에게 이른바 시국 불량인사 명단 작성을 사전에 지시했다. 이렇게 준비된 명단에 따라 5·17 비상계엄 전국 확대가 결정된 직후인 당일 밤 10시, 합수부 보안사가 군대 작전 수행과도 같이 신속하게 주요 정치인과 재야 민주화 인사들을 검거할 수 있었다.

박정희 정권은 5·16 쿠데타 이후 정권에 대해 대학생과 종교인 등 시민사회의 민주화운동과 비판 목소리가 비등할 때마다 1964년 6·3 계엄령과 1971년 10·15 위수령 그리고 1972년 10·17 유신 선포 때의 계엄령 등 총 10차례에 걸쳐 군부대를 후방에 투입했다. 전두환 정권은 12·12 군사 반란과 5·18 광주항쟁 진압 등 내란 과정에서 극단적인 군대 폭력을 동원했다. 윤석열 역시 야당이 다수 의석인 국회의 국정 부조리 비판과 견제를 견디지 못하고 2024년 12·3 내란 계엄으로 군병력을 국회에 투입했고, 야당의 다수 의석에 대해 불복하는 부정선거론을 내세워 헌법기관인 중앙선거관리위원회까지 군병력을 보내 불법 침탈했다. 군의 정치적 동원과 '반국가 세력 처단'이라는 극단적 내란 행위로 치달은 상황은 이처럼 뿌리 깊은 역사를 지녔던 것이다.

▌▌ 이승만의 특무대, 전두환의 보안사, 윤석열의 방첩사

윤석열의 이번 내란엔 방첩사와 정보사, 수방사와 특전사의 군인들이 모두 투입되었다. 과거 이와 같은 군대 동원에서 모든 것을 기획하고 총괄한 조직이 바로 보안사령부다. 박정희는 이 보안사를 군부 내 장교들의 정치 개입을 유인하는 창구이자 독재 정치의 도구로 이용했다. 그 전신은 해방 후 1948년 5월 조선경비대 총사령부 정보처의 특별조사과였다. 이 조직은 육군방첩대로 이름을 바꾸었다가 1950년 10월 육군본부 직할 **특무부대**로 개편된다.

1951년 6·25 전쟁 중 특무부대장에 임명된 김창룡은 이승만 대통령과 독대하고 직보하는 일이 잦았다. 군인으로서는 육군본부 예하 부대장 신분이었지만 정치적 위상과 권력은 육군참모총장보다 훨씬 높았다. 애초 군사정보 기구로서 특무부대의 임무란 북한의 대남간첩 활동과 대북 정보수집 등 반공 방첩이었으나, 김창룡은 이승만의 신임을 업고 그에게 반대하는 야당과 정적들에 대한 사찰과 위협까지 일삼았다. 이승만의 비밀경찰 역할을 수행한 것이다.

김창룡 특무부대는 6·25 전쟁 중 북한 인민군 점령지역에서 북측에 부역한 민간인들을 색출하고 징벌함으로써 공포와 원성의 대상이기도 했다. 특무부대장 김창룡은 그런 군사정보 기구의 권력남용과 전횡에 반감을 품은 특무부대 내부 부하들에 의해 총격을 받아 암살당하고 만다.

4·19 혁명 후 민주당의 장면 정부는 특무부대의 악명을 지우려고 특무대를 육군방첩부대라는 과거 명칭으로 환원시켰다. 그러나 장면 정부의 방첩부대는 군부 내 정부 전복 음모를 제대로 탐지하지 못해 박정희 소장의 5·16 쿠데타를 방지하는 데 실패했다.

박정희 정권은 1968년 육군보안사령부를 발족시키고 1977년 이를 육해공군 전체 군을 대상으로 삼는 국군보안사령부로 확대 개편했다. 보안사는 본부의 직무편제와 함께 군의 각급 부대단위에 파견대를 배속시켰으며, 군 외부 전국 주요 지역에 지구대를 설치했다. 보안사가 개혁되기 전 1980년대 군사정보·사정 기구로서 전성기를 맞았을 때 본부의 편제는 크게 두 개의 기둥을 중심으로 이루어졌다. 보안사는 군 내부 방첩 및 지휘관 동향 보고를 주 임무로 하는 보안처와 정치, 언론, 대학, 종교 등 다양한 민간 영역에 대한 정보수집과 대간첩 업무를 담당하는 정보처를 두었다. 군대 내 각급 부대의 파견대 활동은 보안처가 지휘했으며 군부대 외부 지역 지구대는 정보처 산하였다.

보안처는 군사정보·사정 기구로서 본연의 직무를 위한 조직편제라고도 할 수 있지만 군을 지배하는 권력을 장악한 부서로서 12·12 군사 반란 등에 부대 동원 지령을 내리기도 했다. 정치권과 대학가 그리고 시민사회의 비판 활동과 시위 등을 진압하기 위해 군부대를 투입할 때 지령을 보내는 부서가 보안처였다.

보안사의 정치 개입과 민간 영역 침범은 주로 정보처에서 벌어졌다. 정보처의 편제는 △정치과 △경제과 △언론과 △학원과 △종교과로 이루어졌다. 군사정보 부대에 이처럼 정치권이나 언론 그리고 대학 등의 학원 동향을 사찰하고 조정 통제하는 부서를 두었다는 것 자체부터 문제였다. 보안사도 박정희 정권 때부터 중앙정보부나 경찰 정보대와 똑같이 언론사와 대학에 정보원을 상주시켜 왔으며 그 담당 부서가 정보처였다.

군 내부와 민간 영역에 대한 보안처와 정보처의 정보활동을 '힘'으로 뒷받침하는 기구가 바로 대공처였다. 대공처의 주 임무는 수사와 공안 조작이었다. 10·26 사건 당시 박정희를 권총으로 살해한 김재규 중앙정보부장을 체포해 심문하고 조사했던 기구가 바로 합동수사본부의 핵심인 보안사 대공처 수사국이었다. 당시 대공처 수사국장은 육사 18기의 하나회 핵심 인물인 이학봉 중령이었다. 이학봉은 10·26 사건 수사 직후 대령으로 진급해 대공처장으로 보임된다.

인사처는 통상적인 내부 인사와 인력 운영을 담당하는 부서다. 그러나 12·12 군사 반란 당시 서울 한남동 육군참모총장 공관에 들어가 계엄사령관이던 정승화 총장을 불법 연행한 두 명의 대령 중

한 사람이 보안사 인사처장이던 하나회의 허삼수 대령이었다. 이같은 행위는 인사처장의 통상 업무가 아니며 하나회 회원으로서 군사 반란의 임무를 수행한 증거라고 봐야 할 것이다. 보안사에는 4개의 처 외에 사령관을 보좌하는 측근 조직으로 비서실이 있으며 전두환 사령관의 비서실장은 육사 17기의 하나회 핵심 인물 중 한 명인 허화평 대령이었다. 허화평은 나중에 군의 정치 개입을 정당화하는 주장을 펴기도 했다.

▮ 업보의 굴레는 끝나지 않았다

군사정보·사정 기구는 명칭 변경뿐 아니라 정권에 따라서 성격과 활동에도 큰 차이를 보였다. 이중 정치 개입과 공안 조작으로 가장 악명이 높았던 것은 이승만 정권 시기 특무대와 박정희, 전두환 정권 아래 보안사였다. 그리고 이번 12·3 비상계엄 때 주요 정치인과 법관, 언론인들을 잡아들이는 흉계를 행동에 옮기려 했던 윤석열 정권의 방첩사도 그런 흑역사 중 하나로 기록되는 것을 피하기 어려워 보인다.

보안사의 힘은 통치권자에게 계엄령을 건의하고 군의 정규 지휘체계에 병력 동원을 조언하는 데서 나온다. 보안사는 민간인에 대한 단순한 사찰뿐만 아니라 계엄령에 대비한 치밀한 체포계획까지 수립했다. 합동수사부를 주도하면서 정치인 체포 계획을 수립하고 그것을 자체 수사 인력으로 직접 수행했던 것이다. 보안사의 이러한 속성은 2024년 12월 3일 반국가세력의 수거 계획을 수립한 보안사의 후신, 방첩사가 반복적으로 보여주었다.

1980년 들어선 전두환 정권 아래서는 보안사령관뿐 아니라 수방사령관, 특전사령관 등 군의 핵심 요직에 하나회가 아니면 보임되지 않았다. 군부의 성골 놀음을 한 하나회만이 보안사령관을 거쳐 군사령관으로 진출하면서 대장 계급을 달았다. 1987년 6월 시민 항쟁으로 대통령 직선제 개헌을 거쳐 노태우 정권이 출범한 뒤 5공 청산 바람이 불었을 때 보안사령관이던 최평욱이 중장으로 예편한 것이 유일한 예외였다.

앞서 6장에서 살펴보았듯, 노태우 정권이 들어선 1990년대 이후엔 비로소 이 사회에 경종을 울리는 양심선언이 봇물 터지듯 쏟아졌다. **1990년 10월, 윤석양 이병이 보안사의 민간 사찰을 폭로해 엄청난 파문이 일었다.** 윤석양 이병은 사찰 대상자 명단을 "김대중 평민당 총재, 김영삼 민자당 대표최고위원, 이기택 민주당 총재 등 여야 정치인과 언론계, 학계, 종교계, 노동계, 문화예술계, 대학가 등의 주요 인사 1,300여 명"이라고 공개했다. 일명 **'청명 계획'**이었다.

청명 계획은 1989년 3월 공안정국이 조성된 직후인 4월, 비상계엄이 내려질 경우 예비 검속할 만한 민간인 주요 인사들의 명단과 함께 대상자의 성향, 자택의 가구 배치, 진입 및 도주 가능 경로, 친인척 거주지, 세세한 인적 사항과 담당 체포조까지 작성해 놓았던 것을 말한다. 계엄령이 발동되었을 때 민주화 운동계 주요 인사들을 체포하기 위해 세운 상세한 실행계획이었다고 할 수 있다. 보안사 3처의 '청명 태스크포스'가 작성한 청명 대상자 선정과 등급 분류는 검찰, 경찰의 좌익 인사 자료 및 보안사의 좌익 인사 명단과 등급 등을 참조했고, 1989년 8월 을지훈련 기간에는 이 계획의 시행을 위하여 8개 부대를 선정하고 도상 훈련까지 실시한 것으로 드러났다. 사실상의 친위 쿠데타를 계획해 두고 있었던 것이다.

노태우 대통령은 이 사건에 대한 국민의 분노를 보안사 개혁으로 무마하고자 했다. 서빙고분실을 폐쇄하고 국방부 장관과 보안사령관직을 경질했으며, 보안사의 명칭은 기무사로 변경했다. 그 후 1993년 3월 군부 개혁에 나선 김영삼 대통령은 군사정보·사정 기구의 영역을 넘어 민간 사찰과 야당 감시 등의 권력남용으로 지탄받은 보안사의 후신 기무사를 숙군의 우선순위로 삼았다. 기무사령관에 대한 국방부 장관 예속 지휘권을 정립하고 대통령 독대 관행도 폐지했다.

전두환과 노태우 정권에선 장군들이 소장으로 사단장을 마치면 육본의 인사참모부장이나 작전참모부장을 거쳐 중장으로 승진해 군단장 등으로 보임되었다. 군단장 이상의 중장급 중에서 보안사령관을 임명했으며, 3년 임기 후엔 대장을 달고 군사령관으로 영전하는 '꽃길'이었던 것이다. 그러나 김영삼 대통령이 하나회를 숙정한 이후 기무사령관 자리는 중장으로 전역하는 코스가 되었다. 기무사령관을 지낸 뒤 대장까지 진급한 경우는 김대중 정부 때 이남신 장군이 유일했다. 이남신 대장은 기무사령관에 보임되기 전에 야전군단장을 거쳐서 대장 승진 필수요건을 갖추었기 때문에 진급이 가능했다. 다른 기무사령관들은 대체로 사단장을 마친 야전군인 출신으로 군단장 경력을 갖지 못했고 이 보직을 끝으로 전역했다. 보안사가 권력도 가지면서 높은 계급을 누리는 시대는 김영삼 문민정부의 군부 숙정으로 마감한 것이다.

김영삼 대통령은 당시 권영해 국방부 장관에게 "기무사령관은 지금 중장이 하고 있는데 한 계급을 내리고 군 정보에 밝은 전문가를 써야겠어."라며 "권력도 갖고 계급도 높으면 안 돼."라고 말했다. 권력은 직무에서 나오는 것이고 직무란 전문적 기능에 의해 설정된다. 그러기에 따로 직급이 높을 필요가 없으며 권력 집중을 방지해야 한다고 나름의 권력관을 피력한 것이다.

김영삼 정부는 기무사의 민간 영역에 대한 정보수집과 방첩 업무를 폐지하고, 사령관을 7개월여 만에 두 차례 교체하면서 육사 출신이 아닌 ROTC 출신 임재문 준장을 임명했다. 비육사 출신으로는 첫 보안사령관인 임재문 준장은 4년 반 이상 재임해 김영삼 정부와 임기를 같이하면서 소장으로 진급했고 전역 직전 중장 계급을 달았다.

그러나 보안사의 정치적 친위대 역할은 기무사로 명칭을 변경하고 개혁한 후에도 결코 바뀌지 않았다. 박근혜 정권이 몰락해 가던 2016년 10월, 촛불집회가 빈발하고 2017년 대통령 탄핵 절차가 시작되자 기무사가 계엄령을 검토했다는 문건이 공개됐다. 박정희, 전두환의 군사독재 시기에 흔히 보았던 보안사의 정치적 친위대 역할이 그대로 반복된 것이다.

이후 문재인 정권은 기무사 개혁위원회를 설치하고 명칭을 다시 군사안보지원사령부로 고쳤다. 이처럼 해방 이후 방첩대, 특무부대,

방첩부대, 보안사, 기무사, 군사안보지원사 그리고 다시 방첩사로 명칭이 연달아 개칭되는 군사정보·사정 기구의 기구한 운명은 순수한 직무 범위를 일탈해 정치 개입과 권력남용을 벌여 온 과거사로부터 물려받은 업보였다.

그 업보의 굴레는 끝났을까. 윤석열 정권이 들어선 후 2024년 10월, 군 방첩사가 그들의 전신인 보안사령부 제20대, 21대 사령관이었던 전두환과 노태우의 사진을 다시 본청 복도에 내걸었다는 소식이 전해졌다. 문재인 정부의 군사안보지원사령부에서 방첩사로 간판을 바꿔 단 직후, 두 전직 사령관의 사진을 다시 내건 것이다. 역사는 쉽게 전진하지 않고, 정치군벌의 어두운 그림자는 여전하다.

|| 우리는 과거를 뛰어넘을 수 있을까

1980년 5월 18일 오전, 전남대와 조선대에 주둔해 있던 7공수여단 4개 대대는 대학생과 청년들을 무자비하게 폭행한다. 공수부대원들은 도주하는 젊은이들을 끝까지 추격해 옷을 벗기고 머리를 땅에 처박는다. 5월 20일엔 11공수와 3공수가 증파되었고, 이날 밤 11시경엔 첫 발포가 시작된다.

책의 1장에서 살펴보았듯, 3공수는 12·12 군사 반란 때 특공조를 투입해 직속상관인 특전사령관 정병주 소장과 비서실장 김오랑 소령에게 M16을 난사한, 무자비하고 반인륜적인 작전을 자행한 부대다. 12·12와 5·18의 3공수여단장은 동일인이었다. 육사 13기의 하나회 핵심인 최세창 준장이었다. 그는 전두환과 노태우 정권 아래서 3군사령관, 합참의장, 광업진흥공사 사장, 국방부 장관을 지냈다.

한편, 내란 집단은 5월 20일로 소집 공고된 임시국회를 무산시키기 위해 30사단의 101연대 병력으로 국회의사당을 봉쇄했다. 계엄 해제 요구권을 가진 국회를 사실상 해산시켜 버렸다. 비상계엄을 해제할 수 있는 국회 결의를 원천적으로 막아 버린 것이다. 윤석열이 비상계엄을 획책하며 무엇을 모방했는지는 자명하다.

5월 21일 오후 1시 도청 앞 광장, 느닷없이 애국가가 방송되면서 공수부대의 집단 발포가 시작됐다. 11공수여단장 역시 육사 12기의 하나회 핵심 인물 최웅 준장이었다. 그는 전두환과 노태우 정권 아래서 특전사령관, 합참본부장, 파키스탄 대사를 지냈다. 5월 21일 오후 광주 시내의 병원은 복도까지 사망자와 부상자로 넘쳐났다.

공수부대의 집단 발포로 엄청난 희생을 치른 광주 시민들은 더 이상의 희생을 막기 위해 무장에 나섰다. 5·18 시민군이 탄생한 것이다. 이후 나흘간의 대치 끝에 5월 26일 새벽 5시 반, 탱크를 앞세운 20사단 병력이 각 방면에서 광주 시내로 진군해 왔다. 내란 집단 하나회 지휘부가 하달한 도청 진압 작전의 시각이 27일 0시였다는 사실을 고려하면, 이는 시민군의 항쟁 의지를 시험해 보기 위한 전초전의 성격이었다.

도청에서 수습위 긴급회의가 열렸다. **"우리 어른들이 방패가 됩시다. 전차 앞에 나서도 죽고 여기 있어도 죽을 것입니다."** 남동성당 김성용 주임신부였다. 결사 항전 의지를 밝히면서 어른들이 몸을 던져야 한다고, 그는 주문했다.

그들은 금남로에서 광주대교를 거쳐 농촌진흥원 앞에 도열한 탱크 앞까지 약 4km를 걸었다. 목숨을 건 행진이었다. 시민들이 그 뒤를 따랐고, 수는 갈수록 늘어나 수백 명에 이르렀다. 5·18 광주민주화운동에서 '죽음의 행진'이라 불리는 결행이었다. 공동체적 동지애로 뭉친 연대감이 없었다면 불가능한 동행이었다.

행진 후 탱크 앞 계엄군 측 전투교육사령부(전교사) 지휘부와 마주 선 수습 위원들은 협상을 위해 탱크를 전날 밤의 위치로 후퇴시키라고 요구했다. 전교사 부사령관 김기석 소장의 명령으로 탱크는 물러났다. 협상은 종국적으로 결렬됐지만, 수습 위원들의 목숨을 건 항쟁 정신은 결코 잊힐 수 없다.

그 연대 의식은 5월 27일 새벽 3공수여단의 도청 진압 작전이 본격화된 극한 상황에서도 기록으로 남아있다. 5·18의 '마지막 불꽃'이라 불리는 도청 사수의 새벽 시간, 한 청년이 외쳤다. **"고등학생들은 총을 버리고 투항해라. 우리는 사살당하거나 살아남아도 잡혀서 죽는다. 그러나 고등학생들은 반드시 살아남아야 한다. 민주주의와 민족 통일의 빛나는 미래를 위해서 고등학생들은 먼저 나가라."**

5·18 광주민주화운동의 가운데 펼쳐진 '죽음의 행진', 그리고 "고등학생은 먼저 나가라."라는 외침은 인간의 한계를 뛰어넘는 상호 우애와 연대를 보여주었다. 내가 우리 대한민국 정치군인의 과거를 마무리하며 5·18의 이 현장을 복기한 이유가 있다. 대한민국은 민주공화국이다. 우리 헌법 제1조 제1항이다. 그리고 헌법 제1조 제2항은 "대한민국의 주권은 국민에게 있고, 모든 권력은 국민으로부

터 나온다."이다.

부당한 정치권력에 의해 살해당했던 광주의 시민들도 국민이고, 대한민국의 방패를 자임하며 자기 목숨을 나라에 바치는 군인들 또한 국민이다. 그들은 '국민'이라는 이름으로 하나의 공동체에 묶여 있고, 이 공동체가 서로를 지켜주기 위한 울타리임을 알고 있다. 여기서 공화주의의 가치가 등장한다. 서로 간의 우애와 동지애 그리고 이에 바탕을 둔 상호 신뢰와 연대라는 가치는 공화주의의 핵심이다. 우리 헌법 제1조 제2항엔 민주주의만큼이나 공화주의의 정신이 깃들어 있다. 이 나라의 주권을 갖고 운명을 결정하는 것은 군주나 소수의 귀족이 아니며. 서로를 아끼고 사랑하는 평범한 국민 한 사람 한 사람이란 것을 말해주기 때문이다.

그래서 공화주의는 개인의 사적 자유보다는 공동선을 추구하는 공동체 구성원으로서 시민과 공민의 덕목을 중시한다. 현대 정치사상의 발전 과정에서 개인주의적 자유주의와 대립하기도 했지만, 공화주의와 자유주의는 대립적 이념이 아니라 경쟁 관계로서 상호 보완을 이뤄왔다. 공화(共和)라는 공동체적 가치가 발전되고 존중될 때 개인의 자유가 고도화될 수 있다는 것을 궁극적 목표로 삼는다는 점에서 전체주의나 파시즘과 구분된다.

1980년 광주에선 "우리 어른들이 방패가 되자", "고등학생들은 반드시 살아남아야 한다"라고 외쳤다. 나는 한 나라의 군인이 자기 존재 자체로 그러한 외침을 웅변하는 존재라고 생각한다. 그들은 공화주의의 화신이며, 우리나라를 존립하게 하는 '방패를 든 전사들'이다. 평시엔 조직의 엄격한 규율에 따르며, 전시에는 생사를 넘나들며 임무를 수행해야 한다. 우리는 모두 군인이라는 직업의 존엄하고 숭고한 가치를 알고 있다. 그것은 저 별을 주렁주렁 단 정치 군벌들이 보였던 수십 년간의 행태에 가려질 만한 것이 아니다. 또 그것은 어느 정신 나간 지도자의 '국회를 포위하라'는 동원 명령과 지시에 가려질 만한 것도 아니다.

이탈리아를 건국하는 데 지대한 영향을 끼친 주세페 마치니는 이렇게 썼다. "조국은 땅이 아니다. 조국은 땅 위에 건립한 이념이다. 그것은 사랑에 대한 사상이며, 그 땅의 자식들을 하나로 엮어내는 공동체에 대한 의식이다." 나는 우리 군대가 이 땅에 진정한 사랑과 연대를 보여줄 수 있다고 믿는다. 그 강건함과 단호함으로 이 땅에 살아가는 우리 모두를 하나로 엮어낼 수 있다고 믿는다. 우리에게 이 나라에 대한 변함없는 충성의 아름다움을 보여줄 수 있다고 믿는다. 그것이 어떻게 가능할까? **모든 해결의 실마리는, 이미 우리 헌법에 담겨있다.**

그 남자들은 무엇에 충성하였는가

정치군벌 하나회의 살아있는 망령

발행일	2025년 5월 15일 초판 1쇄

지은이	김재홍
편집	박성열, 배선화, 신수빈
디자인	박은정
인쇄	민언프린텍
제본	라정문화사

발행인	박성열
발행처	도서출판 사이드웨이
출판등록	2017년 4월 4일 제406-2017-000041호
주소	서울시 영등포구 선유로 114, 양평자이비즈타워 705호
전화	031)935-4027 팩스 031)935-4028
이메일	sideway.books@gmail.com

ISBN	979-11-91998-48-1 (03300)